Für

meine Mum und meinen Dad.

Mathew Lovel

Frauenheld
Fünf Schritte zum erfüllten Sex- und Liebesleben

Ein Wegweiser für Männer

Impressum

Bibliografische Information der Deutschen Bibliothek

Die Deutsche Bibliothek verzeichnet diese Publikation in der Deutschen Nationalbibliografie; detaillierte bibliografische Daten sind im Internet über http://dnb.d-nb.de abrufbar.

ISBN: 978-3000400995

1. Auflage Dezember 2012
2. Auflage April 2013

Alle Rechte vorbehalten
Copyright: © Advanced Personality Coaching HQ Ltd. - Berlin, 2012

www.advanced-personality-coaching.de

Das Werk einschließlich all seiner Texte und Abbildungen ist urheberrechtlich geschützt. Jede Verwertung außerhalb der engen Grenzen des Urheberrechts ist ohne ausdrückliche Zustimmung des Autors und des Verlags unzulässig und strafbar. Das gilt insbesondere für Vervielfältigungen, Übersetzungen in andere Sprachen, Mikroverfilmungen und die Einspeicherung und Verarbeitung in elektronischen Systemen.

Umschlaggestaltung, Satz und Lektorat: Advanced Personality Coaching HQ Ltd., Berlin

Druck: Lindemann-Verlag, Offenbach am Main
Printed in Germany

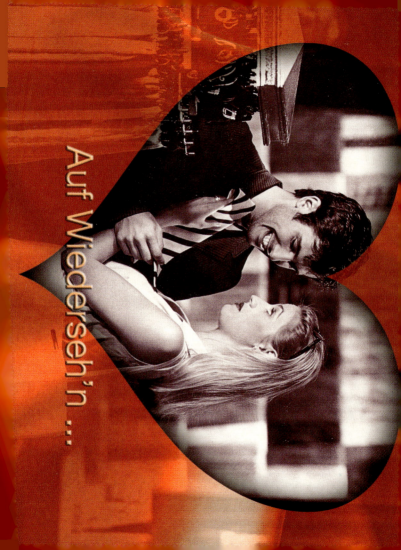

Auf Wiederseh'n ...

DB Station&Service — Die Bahnhöfe der Deutschen Bahn
Deutsche Bahn Gruppe

... im Bahnhof

♡ Laß uns zusammen bummeln

♡ Wünsch Dir was

♡ Sei mein Einkaufsberater

♡ Ich werd' die ganze Zeit an Dich denken

♡ Gehn wir essen?

♡ Ich wünschte, Du ....

Edgar Medien GmbH • Tel. 0 40-4 14 60 40 • Copyright • Verkauf untersagt • www.edgar.de • #3.304

Inhaltsverzeichnis

Vorwort 9
Prolog 11
A. Grundlagen der Persönlichkeitsentwicklung zum attraktiven Mann 22
Das Innere Feld 29
Das Äußere Feld 31
B. Die fünf Stufen der Reife 35
C. Die Zweite Stufe der Reife 40
<u>I1: Selbstwertgefühl, Selbstvertrauen und Selbstbewusstsein —
Selbstbewusstsein entwickeln</u> 41
Wer bist Du? 41
Wo liegen Deine Stärken und Schwächen? 41
Lege Deine Ziele fest! 43
Ruhe und Selbstsicherheit 45
Offenheit 46
   Aktionsplan zur ersten Säule des Inneres Feldes: Selbstwertgefühl, Selbstvertrauen und Selbstbewusstsein — Selbstbewusstsein entwickeln 48
<u>I2: Soziale Kalibration — *Raus mit Dir!*</u> 49
Raus — aber wohin? 49
Deine Gefühle 50
Nichtbedürftigkeit 52
Ergebnisunabhängigkeit 56
Unreactiveness 57
Polarisieren 60
Die Stimme des attraktiven Mannes 62
   Aktionsplan zur zweiten Säule des Inneren Feldes: Soziale Kalibration — Raus mit Dir! 64
<u>Ä1: Methoden, Systeme und Strategien — *Frauen kennen lernen*</u> 65
Prozess der Verführung 65
Game — was ist das überhaupt? 66
Was Du über Frauen wissen solltest 67
Logistik, Lebenssituation und harte Fakten 72
Anziehung — was ist das eigentlich? 73
Wert eines attraktiven Mannes 86

Körpersprache 93
Der Blickkontakt 97
Die Gesprächseröffnung 98
Der Übergang 113
Frauen in Gruppen 118
Change her mood 119
Vertrauen aufbauen 119
Kontaktdaten der Frau bekommen 132
Sich verabreden 138
Rumknutschen 141
    Aktionsplan zur ersten Säule des Äußeren Feldes: Methoden, Systeme und Strategien —
    Frauen kennen lernen 143
Ä2: Gesundheit, Fitness und Ernährung — *Grundlagen schaffen* 146
Dein Fitnesstraining — Teil I 147
Deine Ernährung 154
Hormone und Potenz 156
    Aktionsplan zur zweiten Säule des Äußeren Feldes: Gesundheit, Fitness und Ernährung —
    Grundlagen schaffen 162
Ä3: Lifestyle, Fashion und Pflege — *Attraktivität entfalten* 163
Deine Haare 163
Deine Hände 165
Deine Zähne 166
Dein Duft 166
Deine Wohnungssituation 168
Dein Stil — Teil I 170
    Aktionsplan zur dritten Säule des Äußeren Feldes: Lifestyle, Fashion und Pflege —
    Attraktivität entwickeln 173
Ä4: Karriere, Ziele und Vision — *Erste Schritte* 174
Dein Umfeld 175
    Aktionsplan zur vierten Säule des Äußeren Feldes: Karriere, Ziele und Vision —
    Erste Schritte 177
Ä5: Familie, Freundschaften und Glück — *Die Basis* 177
    Aktionsplan zur fünften Säule des Äußeren Feldes: Familie, Freundschaften und Glück —
    Die Basis 179

D. Die Dritte Stufe der Reife 185

I1: Selbstwertgefühl, Selbstvertrauen und Selbstbewusstsein —
Selbstvertrauen entwickeln 185

Motivation 188

    Aktionsplan zur ersten Säule des Inneren Feldes: Selbstwertgefühl, Selbstvertrauen und Selbstbewusstsein — Selbstvertrauen entwickeln 196

I2: Soziale Kalibration — *Dates* 197

    Aktionsplan zur zweiten Säule des Inneren Feldes: Soziale Kalibration — Dates 198

Ä1: Methoden, Systeme und Strategien — *Dating* 199

Dates mit Frauen aus Deinem Bekannten- und Freundeskreis 203

Unterhaltungen auf Dates 203

Meta-Frames 204

Nested Loops und Open Loops 207

Die Beziehung der Frau zum Vater 211

Methoden für besonders attraktive Frauen 212

Umgang mit Absagen 214

Ausgehen mit einem Date 216

Sex — Teil I 218

    Aktionsplan zur ersten Säule des Äußeren Feldes: Methoden, Systeme und Strategien — Dating 220

Ä2: Gesundheit, Fitness und Ernährung — *Ziele erreichen* 221

Dein Fitnesstraining — Teil II 221

Tipps für echten Masseaufbau 225

Tipps für ein Sixpack 227

    Aktionsplan zur zweiten Säule des Äußeren Feldes: Gesundheit, Fitness und Ernährung — Ziele erreichen 229

Ä3: Lifestyle, Fashion und Pflege — *Attraktivität ausbauen* 230

Dein Stil — Teil II 230

    Aktionsplan zur dritten Säule des Äußeren Feldes: Lifestyle, Fashion und Pflege — Attraktivität ausbauen 232

Ä4: Karriere, Ziele und Vision — *Deine Entwicklung* 232

Vorbilder 232

Dein Job 233

    Aktionsplan zur vierten Säule des Äußeren Feldes: Karriere, Ziele und Vision —

Deine Entwicklung 234
Ä5: Familie, Freundschaften und Glück — *Der Weg zum Glück* 234
Dein privates Umfeld 235
Aktionsplan zur fünften Säule des Äußeren Feldes: Familie, Freundschaften und Glück —
Der Weg zum Glück 237
E. Die Vierte Stufe der Reife 239
I1: Selbstwertgefühl, Selbstvertrauen und Selbstbewusstsein —
Selbstwertgefühl maximieren 242
I2: Soziale Kalibration — *Charisma* 244
Ä1: Methoden, Systeme und Strategien — *Erfolgreich Beziehungen führen* 248
Sex — Teil II 249
Freundschaft Plus und Affären 251
Feste Beziehungen 254
Oneitis 258
Ä2: Gesundheit, Fitness und Ernährung — *Langfristiger Erfolg* 261
Dein Fitnesstraining — Teil III 262
Meditation 266
Ä3: Lifestyle, Fashion und Pflege — *Langfristige Attraktivität* 267
Ä4: Karriere, Ziele und Vision — *Umsetzung Deiner Pläne* 268
DULG 268
KLUW 269
Ä5: Familie, Freundschaften und Glück — *Zukünftige Entscheidungen* 270
F. Die Fünfte Stufe der Reife 272
Epilog 275
Empfehlungen 277

Vorwort

Da wären wir also. Du hältst eine der besten Veröffentlichungen aller Zeiten zu den Themen Frauen, Verführung und Persönlichkeitsentwicklung in den Händen und ich beglückwünsche Dich herzlich. Nein, nicht einfach zum Kauf eines Buches. Ich gratuliere Dir, weil Du damit bewundernswerten Willen zur Veränderung zeigst. Vielleicht sogar die Bereitschaft, Dein ganzes Leben zu ändern. Den ersten Schritt in diese Richtung hast Du nun gemacht und viele weitere werden folgen!

Ich bin stolz, das Vorwort eines Wegweisers verfassen zu dürfen, der diese Bezeichnung wirklich verdient hat. Er wird Deine Entwicklung auf ein völlig neues Level bringen — wenn Du das wirklich willst. Verfasst von einem Mann, der als Dating-Coach seit mittlerweile über einem Jahrzehnt Männern zu unglaublichen Fortschritten verhilft. Tausenden Klienten hat er bereits ermöglicht, Barrieren niederzureißen und ein neues Selbstbewusstsein aufzubauen. Insofern war es also allerhöchste Zeit für dieses Buch. Sein Wissen aus unzähligen Coachings, Workshops und Seminaren musste endlich gebündelt und einer breiten Öffentlichkeit zugänglich gemacht werden.

Mathew Lovel heißt dieser Mann. Bekannt unter seinem Pseudonym MathewM hat er sich vor Jahren aufgemacht, die Männerwelt ein für alle Mal von falschen Glaubenssätzen und Missverständnissen zu befreien. Ich persönlich kannte ihn bis vor einem Jahr nur aus dem Fernsehen. Seitdem ist viel passiert …

Kennst Du das, wenn man sich über den Weg läuft und instinktiv weiß, dass die gemeinsame Verbindung von Dauer ist? So war es bei ihm und mir. Der Vibe war sofort da. Ähnliche Erfahrungen und vergleichbare Lebenseinstellungen ließen uns kaum eine Wahl — wir mussten einfach zusammenarbeiten!

Nun bin ich durchaus kritisch, was Dating-Coaches angeht — und ich verrate Dir auch weshalb. Meiner Ansicht nach versprechen fast alle mehr, als sie halten können. Die meisten schwadronieren über Dinge, von denen sie nur begrenzt Ahnung haben. Einige davon sind sogar regelrechte Hochstapler, die kaum praktische Erfahrung mit dem anderen Geschlecht haben. Ihr Material ist zusammengeklaut, ihre Geschichten sind erfunden und ihre Veranstaltungen keinen Cent wert.

Mathew ist das Gegenteil dieser Scharlatane. Ein Vollblut-Coach, der selbst lebt und von Herzen liebt, was er lehrt. Einer, der jedem Mann auf der Welt noch etwas Neues über Frauen beibringen könnte. Einer, für den ich meine Hand ins Feuer lege. Alles, was er Dir rät, hat er selbst hundertfach getestet und danach für gut befunden.

Was Mathew und mich vielleicht am meisten verbindet? Unsere Ehrlichkeit. Aufrichtigkeit ist uns am wichtigsten. Wir sagen niemandem was er hören will — sondern was er hören muss! Wer mich kennt oder meine Bücher gelesen hat weiß das und wer Mathew kennt und eines seiner Coachings besucht hat ebenso. „Frauenheld" setzt genau diese Tradition fort.

Lieber Leser, dieser Wegweiser wird Dich aus Deinen vier Wänden in die Welt hinaus treiben und dazu bringen, Wagnisse einzugehen. Er wird Deine soziale Komfortzone nicht nur erweitern, sondern ihre Grenzen förmlich pulverisieren. Vielleicht hast Du durch dieses Buch die aufregendsten Zeiten Deines Lebens vor Dir. Du wirst motiviert sein, auf nie dagewesene Weise zu experimentieren. Du wirst den Antrieb haben, an Dir zu arbeiten wie Du noch nie an Dir gearbeitet hast. Es könnte sogar sein, dass Du Dich ganz neu kennen lernst. Du wirst Dich auf eine Weise weiterentwickeln, die Du vorher wahrscheinlich nie für möglich gehalten hättest.

Mehr ist nicht zu sagen. Mathew wird ab hier übernehmen. Alles, was ich Dir noch mit auf den Weg geben will, ist das hier: Genieße die Reise!

Kolja Alexander Bonke

Prolog

Wer Du bist, wo Du Dich gerade aufhältst und welchen Weg Du in Deinem Leben bisher beschritten hast weiß ich nicht. Ebenso wenig weiß ich, welche Erfahrungen Du bisher sammeln konntest.

Was ich allerdings sicher weiß: Du hältst dieses Buch aus einem ganz bestimmten Grund in Deinen Händen. Du hegst den Wunsch nach Veränderung. Vielleicht ist es sogar ein starkes Verlangen. Und genau zu diesem Zweck ist dieses Buch da: Um Dir Veränderung zu bringen. Du hast also das richtige Buch gewählt.

Ich habe diesen Leitfaden geschrieben, um Dich dabei zu unterstützen, Deine Sehnsüchte zu stillen. Um Dir dabei zu helfen, ein Mann zu werden, der Glück und Zufriedenheit aus seinem Inneren schöpft. Der sich die richtige innere Haltung aneignet und mit diesem *Mindset* den Grundstein für den Erfolg in der Liebe und im Leben legt.

Jeder von uns hat seine ganz eigenen Wünsche, seine Vorstellungen von Glück und einem zufriedenen Leben. Was uns eint ist der Wunsch nach erfüllenden Partnerschaften mit wertvollen Menschen. Ich werde Dich dabei unterstützen, diesen Wunsch wahr werden zu lassen. Mit meiner Hilfe wirst Du solche Menschen treffen, kennen lernen und fest in Deinem Leben verankern.

Um dieses Ziel zu erreichen, ist gewisses Rüstzeug notwendig. Angefangen beim Erlernen der Grundlagen, die Dir helfen, die nötigen Schritte zu gehen und wichtige Erfahrungen zu sammeln. Vom ersten erfolgreichen Flirt bis hin zur glücklichen Liebe und Beziehung möchte ich Dein persönlicher Wegweiser sein.

Liebe existiert in unterschiedlichsten Formen und ist ein Mix aus emotionaler Nähe, Leidenschaft und Bindung an einen anderen Menschen. Das Zusammenspiel dieser drei Bestandteile ergibt die verschiedenen Arten der Liebe — freundschaftliche Liebe, die eher körperliche Liebe und die Liebe, die Verliebtheit produziert. Ich möchte Dir mit diesem Buch meine auf einer langen Reise gesammelten Erfahrungen zum Thema Liebe zur Verfügung stellen — Wissen, das ich zum ersten Mal in derart gebündelter

Form teile.
Die wichtigste Erkenntnis meiner Reise? Sich selbst zu lieben ist das Fundament jeden Erfolgs. Sich selbst lieben, um Liebe geben und von anderen geliebt werden zu können. Eine Erkenntnis, die Dich durch das gesamte Buch und auf Deinem weiteren Weg begleiten wird.
Auf diesem Weg kannst Du mit meiner Hilfe viele Fehler und Irrwege von vornherein vermeiden. Wie das gehen soll? Ganz einfach — indem Du die Ratschläge dieses Leitfadens befolgst. Dadurch wirst Du Deinen Weg nicht nur eleganter beschreiten, sondern auch lernen, aus Deinen Fehlern die richtigen Schlüsse zu ziehen. So soll ein Reifeprozess entstehen, der Dir ermöglicht, Dein Ideal von Männlichkeit zu entdecken und dieses Ideal zum Leben zu erwecken.
Wichtig ist, dass Du bereit bist, Dich für Deine Ziele zu verändern und an Dir zu arbeiten. Lass mich Dir dabei helfen zu wachsen, um irgendwann vielleicht sogar über Dich hinaus zu wachsen.
Ich will ehrlich zu Dir sein. Das alles klingt für Dich vielleicht gerade sehr nach Schmusekurs, doch das Gegenteil ist der Fall. Es warten echte Herausforderungen auf Dich.
Stell Dir vor, Du wärst ein Fels im Meer. Das Dich umgebende Wasser symbolisiert dabei die Frau. Wenn Du wie der Fels dem Wellengang in allen Wetterlagen standhalten kannst, bist Du als Mann dort wo Du sein solltest. Manchmal stürmt es und die schiere Kraft der Brandung lässt den Felsen beinahe zerbersten. Zu anderen Zeiten ist es ruhig und das Meer umschmiegt den Felsen mit einer sanften Strömung. Doch ganz gleich was das Wasser auch treibt, der Fels bleibt beständig.
Die Aufgabe, die vor Dir liegt, wird dadurch sehr gut dargestellt. Du kannst dieser Fels werden und in allen Situationen bestehen, die Du in Zukunft mit Frauen erlebst. Genau dadurch wirst Du Frauen oder *die eine* Frau glücklich machen — unter einer Bedingung: Du wirst lernen müssen, Dein Herz zu öffnen und gleichzeitig stark zu bleiben, zu lieben ohne einer Fixierung zum Opfer zu fallen und so ein Mann zu werden, der die Frau seiner Träume erobern und auch dauerhaft halten kann.
Dazu wirst Du einen Weg gehen müssen, der Dich manchmal an Deine äußersten Grenzen bringen und Dich oft mit knallharten Prüfungen kon-

frontieren wird. Nur so wirst Du zu diesem Felsen, der mit dem Wasser in all seinen Formen glücklich und zufrieden sein kann.

Wann Du so weit sein wirst, steht in den Sternen. Welche Deiner kommenden Begegnungen mit Frauen Dich letztendlich zum Ziel führen wird ebenso. Alles was Du tun kannst, ist Dich auf diesen Zeitpunkt perfekt vorzubereiten und alles Nötige zu lernen, um punktgenau Deine Fähigkeiten einsetzen und Deine Chance nutzen zu können.

Bis dahin solltest Du versuchen, möglichst viele Frauen von Dir zu begeistern. Ja, möglichst viele, um Deine Fähigkeiten zu schulen und irgendwann die Kraft zu haben, die Frau Deiner Träume zu erobern. Wenn Du diesen Weg beschreitest, wirst Du ausreichend Entschlossenheit entwickeln, um *sie* in Dein Leben zu ziehen — eine Frau, die Dein Glück vollkommen machen kann.

Gleichwohl solltest Du immer im Hinterkopf haben, dass kein Mensch auf ein Podest gehört. Eine ungesunde Fixierung auf eine Frau, die so genannte *Oneitis*, darf gar nicht erst entstehen. Es gibt Millionen von Frauen auf der Welt und deshalb viel mehr als nur eine passende Partnerin für Dich.

Eines solltest Du nie vergessen: Es geht hier um Dich und um niemand anderen. Du führst eine Beziehung, weil Du sie führen willst. Mit der Frau, die Du willst. Lass Dir von niemandem reinreden und lass nicht zu, dass Urteile von Anderen das Verhältnis zu dieser Frau beeinträchtigen. Dieser Hinweis ist mir wichtig, denn ich habe oft erlebt, wie Männer sich um ihr eigenes Glück gebracht haben. Sie haben nicht erkannt, dass sie schon längst gefunden hatten, wonach sie auf der Suche waren.

Es geht nicht um das Einsammeln einer Schulterklappe nach der anderen auf irgendwelchen Eroberungsfeldzügen, sondern darum die Augen offen zu halten nach einer wertvollen Person. Um diese zu finden wird es nötig sein, vielen Menschen offen zu begegnen, alles andere wäre eine Illusion. Lass Dich mit Haut und Haaren auf dieses Abenteuer ein und Du wirst dabei unglaubliche Entdeckungen machen.

Illusionen sind ein gutes Stichwort. Vor einigen Jahren war auch ich das Opfer einer Illusion. Ich bildete mir ein, dass Erfolg bei Frauen eine von Gott gegebene Gabe sein müsse. Ich war Opfer falscher Glaubenssätze und gesellschaftlicher Mythen, die sich um Sexualität und Frauen ranken. Wie viele andere Männer dachte ich damals, dass mein Liebesleben voll und ganz dem Schicksal ausgeliefert ist. Über Jahre hinweg habe ich diesen Bereich meines Lebens deshalb größtenteils dem Zufall überlassen. Viele Beziehungen sind dadurch gescheitert — falls es überhaupt zu festeren Bindungen kam. Ich hatte schließlich nicht die geringste Ahnung, wie ich ein Mädchen in mein Leben ziehen könnte. Und wenn es mir durch Glück gelang, war leider auch der Lauf der Beziehung dem Zufall überlassen. Schnell war ich dann mit meinem Latein am Ende. Ich ahnte einfach nicht, dass der Erfolg im Umgang mit Frauen sehr von meinen Fähigkeiten abhängt. Noch viel weniger war mir allerdings klar, dass diese Fähigkeiten erlernbar sind ...

Zu dieser Zeit lernte ich häufig Männer kennen, die auf den ersten Blick nicht dem gängigen Schönheitsideal entsprachen und trotzdem ständig mit den tollsten Frauen zusammen waren. Mir war das vollkommen unerklärlich. Daran kannst Du erkennen, an welchem Punkt ich mich damals befand und was die Gesellschaft und meine Eltern mir von klein auf über Frauen beigebracht hatten. Vielen anderen Männern geht es genauso, vielleicht auch Dir — womit übrigens auch das große Angebot an Ratgebern für den Mann auf dem Buchmarkt zu erklären ist ...

Irgendwann konnte und wollte ich das alles nicht mehr akzeptieren. Ich konnte nicht mehr zulassen, dass allein der Zufall über mein Leben bestimmt und ich musste etwas verändern. Ich war es leid, mich wie ein Schiff ohne Steuermann und Kompass mit zerfetzten Segeln zu fühlen, das durch den Ozean treibt.

Bald begann ich, all das anzuzweifeln, was ich jemals über Frauen gelernt hatte. Ich wollte mich verändern und alles daran setzen, diesen Lebensbereich in den Griff zu bekommen. Ich machte mich auf den Weg und investierte über Jahre hinweg einen bedeutenden Teil meiner Energie darauf, dieses Ziel zu erreichen.

So habe ich es geschafft, mich aus eigener Kraft von kontraproduktivem Glauben und vermeintlichem Wissen zu befreien. Jetzt versuche ich Dir mit meinen Erfahrungen zu helfen und hoffe für Dich, dass Du Dich ebenfalls emanzipierst und ein Mann wirst, der besser mit Frauen umzugehen lernt. Ich sehe es als meine Berufung an, Männer zu unterstützen, die sich entschlossen haben ihr Schicksal selbst in die Hand zu nehmen.

Ich vergleiche diesen Reife- und Erfahrungsprozess in der Liebe und im Umgang mit Frauen gerne mit einer Schiffsreise auf dem weiten Meer. Du kannst auf das Meer hinausfahren und Dich den Gefahren passiv übergeben. Du lässt alles zurück und übergibst den Ausgang Deiner Reise einfach dem Zufall. Was die Natur dann mit Dir anstellt, kannst Du Dir sicher ausmalen.

Die Alternative: Du planst die Reise gut durch und nimmst alles mit an Bord, was Dir helfen wird um sicher und gesund Dein Ziel zu erreichen. In beiden Fällen kannst Du im Vorfeld nicht genau sagen, was Dich auf hoher See erwarten wird — Stürme, Windstillen oder ideales Wetter, alles ist möglich. Aber Du kannst den Verlauf der Reise besser beeinflussen, wenn Du die richtigen Methoden anwendest und die richtigen Werkzeuge dabei hast. Die Wahrscheinlichkeit, den sicheren Hafen zu erreichen, wächst dadurch enorm. In jedem Fall ist die zweite Variante also die sinnvollere, um die Reise durchzuführen.

Ich kann Dir allerdings keine Garantie für den Erfolg geben, dass Du genau *die eine* Frau in Dein Leben ziehst und bei Dir halten kannst, das wäre unseriös. Die Wahrheit ist: In den meisten Fällen wählt die Frau. Aber ich kann Dir versprechen, dass Du Deinen Wert als Mann drastisch erhöhen wirst, wenn Du gemäß der Ratschläge dieses Leitfadens an Dir arbeitest. Du kannst Deine Persönlichkeit nachhaltig positiv verändern, um mit höherer Wahrscheinlichkeit gewählt zu werden. Vielleicht wirst Du irgendwann sogar derjenige sein, der wählt. Deshalb: Nimm ab heute die Planung Deiner Reise selbst in die Hand!

Vielleicht stellst Du Dir gerade die Frage, ob das überhaupt moralisch vertretbar ist. Schließlich wirst Du durch dieses Buch unter anderem lernen, wie sich Frauen beeinflussen lassen und auf diese Weise Geheimnisse der *Seduction Community* ergründen, die bisher nur in kostspieligen Seminaren und Workshops zu erfahren waren.

Man mag über die *Seduction Community* denken wie man will. Natürlich treiben sich dort neben inspirierenden Persönlichkeiten auch viele Männer herum, die sich nicht einmal ansatzweise mit moralischen Fragen beschäftigen. Und ja, das Diskussionsniveau ist in den Foren häufig alles andere als hoch — was übrigens ganz einfach zu erklären ist: Die meisten Männer verlassen die Szene, sobald sie erfolgreich geworden sind. Langfristig bleiben nur die, für die das Thema Frauen eine Baustelle im Leben bleibt. Dadurch fließt ständig erfolgversprechendes Know-How ab, das Niveau sinkt und in ihrer Entwicklung stagnierende und frustrierte Männer, die kaum jemandem wirklich helfen können, dominieren die Foren. Ströme von blutigen Anfängern, die tagtäglich frisch ankommen, verstärken diesen Effekt zusätzlich ...

Doch zurück zur moralischen Frage. Es ist sehr wohl moralisch vertretbar, das eigene Schicksal in Liebesdingen selbst in die Hand zu nehmen — solange man sich an gewisse Grundsätze hält. Ein klassisches Zitat der *Seduction Community* zu diesem Thema ist „Leave her better than you found her". Auch wenn die konkrete Ausgestaltung dieser Handlungsmaxime höchst subjektiv ist und sehr unterschiedlich verstanden werden kann, sollte sie nie bewusst missachtet werden. Wir alle wissen, was es heißt, verletzt zu werden. Schon deshalb sollte man nie rücksichtslos auf Gefühlen anderer Menschen herumtrampeln.

An dieser Stelle möchte ich deshalb noch *Ben Parker* zitieren, *Spidermans* Onkel: „Aus großer Kraft folgt große Verantwortung". Je größer Deine Veränderungen und Fortschritte in Sachen Verführung durch dieses Buch werden, desto mehr solltest Du Deine Fähigkeiten mit Bedacht einsetzen. Verführung heißt übrigens nicht, jemanden zu etwas zu bringen, was er eigentlich nicht will. Im Gegenteil. Verführung heißt, jemanden zu etwas zu bringen, was er insgeheim möchte.

Nach diesen mahnenden Worten möchte ich aber noch auf die andere Seite der Medaille hinweisen. Frauen sind keineswegs die unschuldigen Opfer männlicher Sexualität, wie uns Teile der Medien und unsere Erziehung weismachen wollen. Vielmehr sind sie gleichberechtigte Teilnehmer an einem großen Spiel, dessen Regeln von sexueller Anziehung bestimmt werden. Gewissermaßen sind sie also *Mitspielerinnen*. Gerade was Manipulation und trickreiches Verhalten im Bereich Dating angeht, sind uns Frauen allerdings um mehr als eine Brustweite voraus ...

Doch bevor wir weibliche Strategien der Partnerwahl und −suche näher beleuchten, sollten wir den Begriff Manipulation für uns definieren. Dieses eigentlich recht unschuldige Wort hat einen extrem negativen Beigeschmack, obwohl es in seiner ursprünglichen Bedeutung auf Latein einfach nur *Handhabung* bedeutet. Eine ältere Ausgabe von „Knaurs Wörterbuch" beschreibt Manipulation als „jemanden in die gewünschte Richtung lenken; beeinflussen; steuern". Mit dieser Definition wird klar, dass Manipulation keineswegs per se böse ist, sondern durchaus für gute Zwecke verwendet werden kann. Man denke nur an einen Fußballtrainer, der in der Halbzeitpause mit einer flammenden Rede versucht, die eigene Mannschaft trotz Rückstand für eine Aufholjagd zu motivieren. Oder an eine Mutter, die ihrem Kind mit warmen Worten die Angst vor dem ersten Schultag nimmt. Beides Beispiele für positive Manipulation, es ließen sich problemlos unzählige weitere finden.

Wenn wir manipulieren, sollten wir dabei also nicht nur unser Wohl, sondern immer auch das unserer Mitmenschen im Auge haben — getreu dem inoffiziellen *Google*-Motto „Don't be evil".

Außerdem wird mit dieser Definition klar, dass fast jede Art von Kommunikation Manipulation beinhaltet. Kommunikation, egal ob verbal oder nonverbal, hat immer auch die Beeinflussung des Gegenübers zum Ziel. Beispiel gefällig? Stell Dir ein Pärchen auf dem Sofa vor und wie sie zu ihm sagt: „Findest du es nicht auch etwas kalt hier?" Was ist wohl Sinn und Zweck ihrer Aussage? Will sie wirklich wissen, ob er es auch zu kühl findet? Nein, will sie nicht. Sie will, dass er aufsteht und die Balkontür schließt. Und selbst wenn ihm nicht zu kalt wäre, sollte er ihr diesen Gefallen tun, findet sie. Deshalb legt sie ihm insbesondere mit den beiden Worten „nicht auch" nahe, dass es im Wohnzimmer kühl sei. Damit haben wir ein einfaches Beispiel völlig alltäglicher Kommunikation, die Manipulation nicht nur beinhaltet, sondern deren einziger Zweck darin besteht, den Gesprächspartner zu manipulieren.

Die zweite Bedeutung des Begriffs Manipulation ist übrigens *Kunstgriff* und genau genommen hat sie auch ausgesprochen viel mit Kunst zu tun. Gerade Frauen beherrschen diese Kunst oft auf außergewöhnliche Weise. Sie verschleiern ihre wahren Absichten so geschickt, dass der Beeinflusste die Beeinflussung überhaupt nicht mitbekommt. Ihre Strategien sind dabei häufig noch um ein Vielfaches raffinierter als in unserem kleinen Balkontür-Beispiel von eben …

Frauen manipulieren nicht zuletzt mit ihrer eigenen Attraktivität, also hauptsächlich auf nonverbale Weise. Heterosexuelle Männer werden so manipuliert, weil sie ausladende Dekolletés oder kurze Röcke nur schwer ignorieren können. Aber auch Frauen werden von den *Waffen der Frau* beeinflusst: Schönheit bestimmt nämlich zu einem großen Teil die Hackordnung unter Frauen. Und wie wir alle wissen: Der weibliche Konkurrenzkampf ist hart — und in vieler Hinsicht härter als der unter Männern. Frauen bedienen sich von klein auf vieler Tricks und Kniffe und beschäftigen sich sehr ausführlich damit, wie sie attraktiv auf Männer wirken können. Frauenzeitschriften sind voller Tipps zu diesem Thema, die Kosmetik- und Wäscheindustrie setzt mit diesem weiblichen Trieb Milliarden um. Frauen investieren jede Menge Geld und Zeit in die eigene Attraktivität und indirekt auch in die Erreichung ihrer Ziele bei Männern.

Schon aus diesem Grund kann es überhaupt nicht verwerflich sein, wenn sich auch Männer mit Strategien und Methoden auseinandersetzen, die ihnen zu größeren Chancen bei der Partnersuche verhelfen. Denn genau da besteht ein fulminanter Unterschied zwischen der Durchschnittsfrau und dem Durchschnittsmann: Während er im Normalfall clevere Kommunikationsstrategien und erfolgversprechende Taktiken auf dem Singlemarkt erst mühsam lernen muss, ist die Durchschnittsfrau spätestens seit ihrer frühen Jugend darin geübt, Mitmenschen um den Finger zu wickeln und ihre weibliche Attraktivität für ihre Zwecke zu nutzen. Frauen durchschauen soziale Dynamiken schneller und sind deutlich sozialer als Männer. Dazu kommt, dass Frauen im Durchschnitt über stärkere Fähigkeiten in Sachen Kommunikation verfügen und laut neuesten Studien mittlerweile sogar intelligenter als Männer sind.

All das sollte für Dich Anreiz genug sein, das Ruder wieder in die Hand zu nehmen und Anstrengungen für Deinen Datingerfolg zu unternehmen. Wer glaubt, sich in diesem Bereich nicht weiterentwickeln zu müssen, wird mit hoher Wahrscheinlichkeit früher oder später im Abseits landen. Auch für Männer empfiehlt es sich, an der eigenen Anziehungskraft zu arbeiten.

Genau dafür ist dieses Buch da. Das eigene Verhalten und den eigenen Lebensstil darauf auszurichten, erfolgreicher beim anderen Geschlecht zu werden, sollten Männer nicht länger den Frauen überlassen. Im Gegenteil: Aufholen und die Kontrolle in diesem Bereich zurückgewinnen muss die Devise lauten!

Leider geht dieses Aufholen und Kontrolle Zurückgewinnen nicht von heute auf morgen. Und nicht ohne große Anstrengungen. Bitte begehe nicht dieselben Fehler wie viele andere Mitglieder der *Seduction Community*, die nur auf der Suche nach *Magic Pills* sind. Das Problem dabei: Magische Pillen, beispielsweise in Form von geheimen Tricks oder Strategien, die ohne Aufwand sofortigen Erfolg bei jeder Frau bescheren, gibt es nicht. Auch wenn Dir viele Dating-Coaches solche Dinge versprechen, sie werden ihre Versprechen nicht halten können. Der Weg zu Glück und Erfolg führt in den seltensten Fällen über Abkürzungen zum Ziel, Shortcuts sind meist pure Illusion. Höre deshalb nicht auf selbsternannte Gurus, die Dir magische Pillen verkaufen wollen, mit denen Du angeblich ohne Anstrengung Deine Ziele erreichst. Das Einzige, was fast ohne Anstrengung und vor allem ohne einen Gegenwert zu liefern passiert, ist die Vermehrung der Nullen auf den Bankkonten dieser Leute.

Um mehr Erfolg bei Frauen zu haben, musst Du Deine Ängste überwinden. Deine Angst, Frauen anzusprechen. Deine Angst vor Zurückweisung. Deine Angst, Dein Gesicht zu verlieren. Deine Angst vor Misserfolg. Ja, vielleicht sogar Deine Angst vor Erfolg. Zum unerschütterlichen Felsen wirst Du nur, wenn Du die Angst vor dem Wasser verlierst. Bücher lesen und Seminare besuchen genügt nicht. Eine zehnminütige Unterhaltung mit einer fremden attraktiven Frau bringt Dich weiter als ein ganzer Tag auf einem Pick-Up-Forum.

Die meisten Männer wollen mehr Erfolg bei Frauen, aber möglichst wenig investieren oder riskieren. Sie wollen, dass außer der Steigerung ihres Datingerfolgs alles so bleibt, wie es ist. Ich hoffe sehr, dass Du bereit bist einen anderen Weg zu gehen. Ich würde mir wünschen, dass Du motiviert genug bist, um an Dir zu arbeiten wie Du es noch nie in Deinem Leben getan hast. Wenn nicht wird mit hoher Wahrscheinlichkeit alles in Deinem Leben so bleiben wie es ist. Ja, alles. Dann gibt es keinerlei Veränderung, aber auch kein Stück mehr Erfolg.

Es warten viele Herausforderungen auf Dich, wenn Du endlich die Frau oder die Frauen in Deinem Leben haben willst, die Du wirklich begehrst. Die erste Herausforderung besteht darin, dieses Buch nicht nur zu lesen sondern zu verinnerlichen. Lass Dich vom Inhalt inspirieren und gehe neue Wege.

In jedem Fall möchte ich erreichen, dass wir Dein Schiff in Bewegung setzen und den Heimathafen endlich verlassen. Und mit Heimathafen meine ich vor allem Deine *Komfortzone*. Die soziale Komfortzone umfasst all die Situationen, in denen Du Dich ohne jede Anstrengung einigermaßen wohlfühlst. Komfortzone heißt aber gleichzeitig Bequemlichkeit, vom inneren Schweinehund bestimmtes faules Verhalten und immer die Situationen zu vermeiden, die neuartig und riskant sind.

Zum Beispiel das ständige Erfinden von Ausreden, nur um die heiße Brünette auf der Straße schon wieder nicht ansprechen zu müssen. Oder der dritte *McDonald's*-Besuch in dieser Woche, obwohl Du eigentlich abnehmen wolltest. Oder der fünfte Cocktail im Club, der Dich endgültig zu betrunken rüberkommen lässt, um die Nummer des süßen aber stocknüchternen Mädchens bekommen zu können.

Dieses Buch kann Dich aus dem Heimathafen aufs freie Meer hinausziehen, wenn Du es zulässt. Danach wirst Du Dein Schiff aus eigener Kraft lenken können und alle Mühen haben sich gelohnt. Arbeite dieses Buch gründlich durch, streiche die für Dich wichtigsten Sätze an und wiederhole sie regelmäßig. Du wirst sehen, dass Du mit jedem neuen Erlebnis immer wieder neue Erkenntnisse in diesem Leitfaden entdeckst. Manche Dinge kann man erst dann begreifen, wenn sie mit praktischer Erfahrung unterlegt werden. Und manchmal muss etwas immer wieder gehört oder gelesen werden, damit es wirklich verstanden wird.

Wie eingangs erwähnt, geht es um mehr als nur sein Glück bei anderen Menschen zu suchen. Es geht darum, seine Zufriedenheit und Geborgenheit in sich zu finden, um sie dann später nach außen zu geben und weiteres Glück anzuziehen. Viele Männer haben meine Methode schon erfolgreich umgesetzt — auch bei Dir wird sie funktionieren. Alles, was ich Dir rate, habe ich selbst erlebt und erprobt. In diesem Buch steckt also mein gesammelter Erfahrungsschatz aus vielen Jahren. Unzählige Stunden Gespräche mit Männern, die es in Sachen Frauen, Liebe und Beziehungen weit gebracht haben. Und natürlich mit Frauen selbst. Mit und von ihnen habe ich wohl am meisten gelernt, durch sie habe ich meine kostbarsten Erkenntnisse sammeln dürfen.

Falls Du etwas nicht verstehst, schreibe mir eine E-Mail, statt Dich sofort auf den nächsten Ratgeber zu stürzen. Lesen allein genügt nicht, nur den Inhalt auch tatsächlich auszuprobieren bringt Dich weiter. Ziel muss es sein, dass dieses Buch Dein letztes zum Thema Erfolg bei Frauen wird. Dann haben wir alles richtig gemacht. Falls Du noch ein weiteres Buch lesen solltest, dann nur aus Lust am Lesen und um Dinge aufzufrischen. Bevor wir in See stechen noch ein Wort zur Navigation. Eine realitätsgetreue Landkarte ist wichtig, um dort anzukommen wo man hin will. Diese Landkarte in Dir ist Dein Glaubenssystem, Dein Weltbild, das sich im Laufe Deines Lebens aus Deiner Erziehung, Deinen Erfahrungen und Erlebnissen gebildet hat. Der menschliche Verstand versucht immer, das bisherige Weltbild zu bewahren, Veränderungen gegenüber sträubt er sich meist. So wird es auch Dir gehen, wenn Du dieses Buch liest und daraufhin Teile Deiner Denke ändern willst. Stell Dich auf hartnäckigen Widerstand Deines Verstandes ein. Um erfolgreicher zu werden, musst Du Teile Deines bisherigen Weltbildes über Bord werfen. Für mangelnden Erfolg sind bestimmte Annahmen verantwortlich, nach denen Du Dich seit Jahren richtest, die aber mit der Realität wenig zu tun haben. In jedem einzelnen meiner unzähligen Coachings der letzten Jahre musste ich schädliche Einstellungen von Männern auflösen. Einstellungen, die den entscheidenden Schritt Richtung Erfolg verhindern. Auch die längste Reise beginnt mit einem ersten Schritt. Lass uns gemeinsam diesen Schritt gehen. Packen wir es an — Segel setzen, Leinen los!

A.
Grundlagen der Persönlichkeitsentwicklung zum attraktiven Mann

Beginnen wir dieses Kapitel doch mit einer Geschichte.
Ein junger Mann macht sich auf den Weg, um einen uralten Eremiten in den Bergen zu finden. Im Dorf erzählt man sich, dass es sich bei diesem Einsiedler um einen der letzten großen Meister einer fast ausgestorbenen Kampfkunst handeln soll. Der junge Mann findet ihn und begibt sich bei ihm in die Lehre. Gleich am ersten Tag der Ausbildung soll der Schüler etwas lernen, das seine Sicht auf das Kämpfen grundsätzlich verändern wird.
Der Meister zeigt ihm eine Reihe von Schwertern. Eines von ihnen ist das größte Schwert, das der junge Schüler jemals gesehen hat. Es ist prächtig verziert und unglaublich scharf.
„Such dir eine Waffe aus und greif mich an", befiehlt der Alte.
Der junge Mann ergreift voller Zuversicht das größte Schwert. Schnell muss er jedoch feststellen, dass es ihm wegen der schieren Größe und des Gewichts kaum möglich ist, auszuholen oder zu schwingen. Seine Kraft reicht dafür einfach nicht aus.
Natürlich versucht er es trotzdem und greift den Meister an. Mühelos wird er vom alten Mann mit einer einzigen Bewegung entwaffnet.
Was diese Geschichte mit dem Erfolg bei Frauen zu tun hat? Nun, sie erinnert mich an viele Männer, die ich als Dating-Coach kennen gelernt habe.
Das Schwert in der kleinen Geschichte symbolisiert die Methode, mit der Männer versuchen, Frauen anzusprechen und zu erobern. Und genau wie der Schüler mit dem Schwert nicht umgehen kann, kommen viele Männer nicht mit der Methode zum Erfolg, die sie sich ausgesucht haben.
Mit Schwertern verhält es sich also genau wie mit Methoden der Verführung. Eine an sich sinnvolle Methode funktioniert nicht bei jedem, der sie anwendet. Manche Methoden funktionieren bei einem Nutzer, aber

beim anderen nicht. Wie in unserem Schwertkampf-Beispiel: Ein stärkerer Mann könnte die gewaltige Waffe womöglich gekonnt führen, der junge Mann ist von ihrem Gewicht jedoch überfordert.
Genauso sind manche Methoden starke Waffen, aber erfordern sehr viel Stärke und Geschick. Stärke und Geschick, die man aufbauen muss, bevor man die Methode erfolgreich anwenden kann.
Beim Schwert in unserer Geschichte geht es dabei vor allem um körperliche Kraft, Verführungsmethoden verlangen dagegen meist eher innere Stärke.
Die Aussage ist in beiden Fällen die gleiche:

Die Grundvoraussetzungen müssen erfüllt sein, bevor sich Erfolg einstellen kann.

Doch es geht hier nicht nur um Voraussetzungen, die beim Anwender vorliegen müssen: Nicht nur auf ihn, sondern auch auf das Gegenüber will die Wahl der Methode abgestimmt sein. Manche Methoden funktionieren bei der einen Frau, aber bei der nächsten nicht. Keine Frau ist wie die andere, jede hat ihre ganz eigenen Wünsche, Werte und Vorlieben. Es gibt keine Methode, die bei jeder Frau zum Erfolg führt.
Du erinnerst Dich noch an meine Ausführungen zum Thema magische Pillen im Prolog? Richtig, magische Pillen gibt es nicht.
Eine Methode muss also auf den Anwender und die Frau passen. Doch damit nicht genug: Auch die Situation entscheidet über Erfolg und Misserfolg. Manche Methoden würden bei einer Frau in einer bestimmten Umgebung funktionieren, in einer anderen Situation jedoch nicht — obwohl es sich dabei um dieselbe Frau handelt. Ihr emotionaler Zustand variiert je nach Umgebung, was in der einen Situation angemessen ist, kann in einer anderen nerven.

Wenn Du also eine Methode wählst, um Frauen anzusprechen und zu erobern, solltest Du sicher sein, dass diese Methode
    1. zu Dir,
    2. zur Frau und
    3. zur Situation
passt.

Beispiele gefällig? Stell Dir einen etwas nerdigen Kerl vor, der in Sachen Selbstsicherheit und Datingerfolg noch ganz am Anfang seiner Entwicklung steht. Nun hat er in einem Forum der *Seduction Community* gelesen, dass *Nice Guys* angeblich besonders schlecht bei Frauen ankommen und Bad Boys besonders gut. Also zieht er mit aufgesetzter Gangster-Attitude, breiten Hosen und unbewegtem Gesichtsausdruck in den nächsten Hip-Hop-Club der Stadt und versucht dort, im Konzert der harten Jungs mitzuspielen ...

Was glaubst Du wird passieren? Richtig, spätestens nach zwei Sätzen aus seinem Mund merkt jede HipHop-Braut des Clubs, dass er ihr etwas vormacht, wenn er sie im coolen Ghetto-Slang auf eine Spritztour in seinem Auto einlädt.

Weshalb hat er auf diese Weise keinen Erfolg? Weil die von ihm gewählte „Methode" nicht zu ihm passt. Sie passt aus mehreren Gründen nicht zu ihm. Seine Masche ist aufgesetzt und nicht real, sein Verhalten deshalb total *inkongruent*. Inkongruenz bezeichnet einen wahrnehmbaren Unterschied zwischen dem was er ist und dem was er versucht zu sein. Im Klartext: Er spielt eine Persönlichkeit vor, die er nicht ist. Und je inkongruenter das Verhalten eines Mannes, desto geringer wird sein Erfolg sein.

Warum das so ist? Frauen wollen authentische Männer, die sie selbst sind und niemanden imitieren. Nur solche Männer sind langfristig erfolgreich. Zu diesem Thema später mehr.

Nach diesem Desaster im Black-Music-Club versucht es unser nerdiger Freund auf der Straße. Er hat mittlerweile gelernt, dass er am besten funktioniert, wenn er nicht versucht jemand anderes zu sein. Seine Gangster-Verkleidung hat er deshalb abgelegt. Dafür hat er sich einige flotte Sprüche und Routinen zum Ansprechen von Frauen zurechtgelegt.

Beispielsweise fragt er Passantinnen nach auffälligen Kleidungsstücken und gibt vor, auf der Suche nach genau diesem Teil zu sein — für seine beste Freundin als Geburtstagsgeschenk. An sich keine schlechte Methode, die durchaus zu vielversprechenden Gesprächen auf offener Straße führen kann. Nun will er dabei allerdings auch kleine Neckereien einbauen, weil er gelesen hat, dass so jede Menge Anziehung produziert wird. Völlig klar, auch das *kann* funktionieren, aber ...
Leider sucht sich unser Freund als erstes Opfer eine Lady, die das ein oder andere Kilo mehr auf den Rippen hat. Und bei dieser Dame kommt der eigentlich lustig gemeinte Spruch „Meine beste Freundin hat ungefähr deine Größe, na ja, bisschen schlanker vielleicht" nicht besonders gut an. Auch wenn die gewählte Methode prinzipiell funktionieren kann und ein schlankes selbstbewusstes Mädchen vielleicht darüber lachen würde, ist seine Methode für diese Frau leider vollkommen unpassend. Und wenn die Methode nicht zur Frau passt, wird der Erfolg ausbleiben.
Drittes Beispiel: Unser Freund hat in der Zwischenzeit viel darüber gelesen, dass Männer durch sexuelle Kommunikation und zügige Eskalation schnell zum Ziel kommen. Eines Nachts ist er auf der Autobahn unterwegs und sieht an einem verlassenen Rastplatz eine attraktive Frau mit einer Reifenpanne. Er hält an und wechselt ihr den Reifen. Gleichzeitig stolpert er von einem anzüglichen Thema zum nächsten und rückt der armen Frau immer weiter auf die Pelle, der irgendwann angst und bange wird ...
Seine gewählte Methode kann in einem Club um zwei Uhr nachts nach einigen Longdrinks durchaus funktionieren, vielleicht sogar mit genau dieser Frau. Zur gleichen Zeit an einem menschenleeren Rastplatz läuft er damit allerdings Gefahr, anderen Menschen Angst zu machen. Sein Verhalten ist einfach überhaupt nicht auf die Situation abgestimmt.
Da Du nun verstanden hast, dass eine Methode zu dir, zur Frau und zur Situation passen muss, bist Du einem Großteil Deiner männlichen Konkurrenz schon jetzt weit voraus. Die Welt ist voller Männer, die Anmachsprüche und Verführungstaktiken wählen, die weder zu ihnen, noch zur Situation oder zur Frau passen.
Jedem professionellen Dating-Coach begegnet oft dasselbe Muster: Män-

ner suchen nach *der einen* Strategie und *der einen* Methode, mit denen sie endlich reihenweise die Frauen kriegen, die sie wollen. In einem Coaching wollen sie universell gültige Sprüche und Gesprächsroutinen lernen, die sie bei jeder Frau erfolgreich anwenden können. Leider funktioniert das so nicht. Auswendig gelernter Kram allein wird nicht reichen, um eine Frau im Sturm zu erobern und langfristig zu begeistern. Nicht, wenn Du an der Basis Deiner Persönlichkeit nicht die richtige Einstellung und Geisteshaltung sowie das dazu nötige Selbstbewusstsein aufgebaut hast, um diese Inhalte richtig transportieren zu können.

Um es klar zu sagen: Nichts gegen lustige Storys, die man auf Lager hat und hin und wieder mal zu bestimmten Gelegenheiten auspackt. Jeder von uns erzählt eine interessante Urlaubsgeschichte mehrfach, nämlich irgendwelchen Freunden, Freundinnen und Bekannten — das ist ganz normal. Auch der ein oder andere Spruch in der ersten Kennenlernphase mit einer Frau darf im richtigen Moment gern aus der Konserve kommen, jeder Mann macht das von Zeit zu Zeit. Und warum nicht mal einen Opener mehrfach verwenden, wenn er in ähnlicher Situation gut funktioniert hat?

Gefährlich kann das gezielte Auswendiglernen und Anwenden von solchem *Canned Material* für viele Männer trotzdem werden. Spätestens dann nämlich, wenn

1. die Illusion besteht, dass so etwas genügen könnte, um eine hochklassige Frau langfristig zu begeistern,
2. wenn die Voraussetzungen noch nicht da sind, um solches Kommunikationsmaterial auch entsprechend vortrags-, selbst- und zielsicher an die Frau zu bringen,
3. wenn jegliches Verlassen der gewohnten Gesprächsroutine damit endet, dass man überhaupt nicht mehr weiß, was man sagen soll und
4. wenn das Ganze einstudiert wirkt und jede Spontaneität damit im Keim erstickt wird. Der *Sozialroboter* lässt grüßen.

Eine freie, kreative, interessante, außergewöhnliche und vor allem spontane Persönlichkeit bringt Dir langfristigen Erfolg bei Frauen.

Spontaneität macht Dich spannend und unterhaltsam. Mit Dir verbrachte Zeit ist abwechslungsreich und das Gegenteil von langweilig.

Deshalb: Bevor Du anfängst, Dir tonnenweise *Pick-Up-Routinen* in den Kopf zu prügeln, solltest Du an Dir selbst arbeiten und die nötigen Voraussetzungen in Dir schaffen. Die Frau, die Du ansprichst, wird nicht die Methodik anziehend finden, die Du gelernt hast und bei ihr anwendest. Sie wird den Mann dahinter sehen, der da spricht. Und wenn dieser Mann nichts vorweisen kann außer auswendig gelernter Sprüche und Geschichten, wird sie schneller wieder verschwunden sein als das Glas Champagner, das Du ihr bezahlt hast. Ach ja, und fremde Frauen auf Getränke einzuladen solltest Du in Zukunft übrigens auch gleich bleiben lassen. Weshalb das so ist, werden wir in einem späteren Kapitel behandeln.

Wenn Du wirklich etwas ändern und Dich verbessern willst, sollte der Schwerpunkt Deiner Bemühungen auf der Arbeit an Dir und Deiner Persönlichkeit liegen und nicht darauf, Sprüche von anderen aufzuschnappen und zu wiederholen. Nichtsdestotrotz werden wir uns in späteren Teilen dieses Leitfadens noch genauer mit Methoden und Routinen beschäftigen. Wie bereits erwähnt, gibt es durchaus Situationen, in denen vorbereitetes Material sinnvoll angewendet werden kann. Und natürlich kann solches Material gerade Anfängern sehr viel Sicherheit bieten. Man kann es mit den Stützrädern vergleichen, mit denen wir Fahrradfahren gelernt haben. Aber: Je schneller Du lernst ohne Stützräder zu fahren, desto besser.

Beginne lieber mit Deinen Glaubenssätzen statt mit Routinen. Um Deine persönliche Entwicklung in Gang zu bringen, müssen zuerst diese verändert werden. Warum? Ganz einfach: Solange Du „das geht nicht" denkst, geht es nicht. Solange Du „das schaffe ich nicht" denkst, schaffst Du es nicht. Und solange Du „so eine kriege ich nicht" denkst, kriegst Du sie nicht. Denke positiv statt negativ und es wird gehen, Du wirst es schaffen und Du wirst auch sie kriegen!

Das bedeutet aber nicht, dass es mit Deinen Glaubenssätzen getan wäre, um erfolgreich zu werden — bitte nie die Praxis vergessen!

Hast Du Dich bei den negativen Glaubenssätzen gerade eben wiedererkannt? Dann muss dringend Veränderung her — und zwar vor allem auf

dem ersten der folgenden zwei Felder:
1. Auf dem *Inneren Feld*, das aus Deiner Geisteshaltung und Deiner Persönlichkeit besteht und
2. auf dem *Äußeren Feld*, das durch Deine Werkzeuge, Kommunikationsfähigkeiten und Verhaltensmethoden definiert wird.
Beide Felder sind miteinander verbunden und beeinflussen sich gegenseitig. Das zweite Feld hängt etwas stärker vom ersten ab als umgekehrt, deshalb sollte im Zweifel das erste zuerst in Angriff genommen werden. Wenn es wirklich einen allerersten Schritt gibt, dann sollte der sich eher aufs Innere Feld beziehen. Wird das eine Feld stärker, profitiert auch das andere — aber sei Dir immer bewusst, dass der Schlüssel zum Erfolg in Dir liegt, das Innere Feld also besondere Beachtung verdient. Eine Methode, die auf dem Papier toll klingt, ist wirkungslos, wenn Haltung und Persönlichkeit noch zu schwach sind, um sie vernünftig zur Frau zu transportieren.
Der umgekehrte Weg, wie viele argumentieren, ist zwar ebenfalls möglich — durch bloßes Trainieren der Methoden des Äußeren Feldes zu ersten Erfolgen kommen, die dann das Innere Feld stärken. Aber das geht nur unter bestimmten Voraussetzungen. Beispielsweise muss das Innere Feld dafür ein Mindestmaß an Stärke haben. Wenn es zu schwach ist, hilft keine Methode der Welt. Deshalb rate ich Dir, das Pferd nicht von hinten aufzuzäumen, sondern Schritt für Schritt vorzugehen: Erst das Fundament legen, dann darauf aufbauen. Ansonsten läufst Du Gefahr, nach anfänglichen Erfolgen in Deiner Entwicklung stehen zu bleiben oder Dich sogar zurück zu entwickeln. Wie ein ohne Fundament gebautes Haus, das wieder in sich zusammensackt. Glaub mir, ich habe solche Verläufe bei Männern miterlebt und bitte Dich deshalb, nicht die gleichen Fehler zu machen. Lass uns deshalb jetzt damit beginnen, zuerst am Inneren Feld zu arbeiten und dann effektiv am Äußeren.
Noch ein letztes Beispiel zu diesem Thema. Jeder von uns hat schon mal eine Geschichte in einem Kreis von Zuhörern gehört, die er mit anderen Menschen und von einem anderen Erzähler bereits gehört hat. Hast Du auch schon mal erlebt, wie ein und dieselbe Geschichte von zwei verschiedenen Personen vorgetragen völlig unterschiedliche Reaktionen auslöst?

Sind Dir die Unterschiede aufgefallen, wie die Story ankommt?
Einmal von einer Person mit Charisma, selbstbewusst und stark, die die richtige innere Haltung hat und bei der das Innere und das Äußere Feld perfekt harmonieren. Die Geschichte reißt die Zuhörer mit, selbst wenn der Vortrag technisch nicht perfekt ist.
Ein zweites Mal von einer Person, deren Selbstbewusstsein noch schwach ist und deren Vortrag deshalb eher kraftlos dahinplätschert. Die Leute wenden sich irgendwann gelangweilt ab, auch wenn der Vortragende rein technisch gesehen vielleicht sogar weniger Fehler macht als sein Vorgänger. Dieses Beispiel zeigt, dass das Erzählen einer Geschichte keine reine Frage des Könnens ist. Es geht hier nicht um Erzähltechniken oder Methoden, sondern um Ausstrahlung, Sicherheit und Authentizität, die der erste Vortragende besitzt. Nur deshalb ist er überlegen.

Es gilt die Regel: Wenn zwei das Gleiche sagen,
ist es noch lange nicht dasselbe.

Lass uns deshalb zusammen erreichen, dass Du in Zukunft Zuhörer mit Deinem Charisma mitreißen kannst. Arbeiten wir an Deinem Inneren Feld.

Das Innere Feld

Das Innere Feld steht auf zwei Säulen:
Erste Säule: *Selbstwertgefühl, Selbstvertrauen und Selbstbewusstsein*
Zweite Säule: *Soziale Kalibration*

Lass uns die erste Säule betrachten — die Grundlage von allem, was Du durch dieses Buch lernen wirst.

Erste Säule des Inneren Feldes: Selbstwertgefühl, Selbstvertrauen und Selbstbewusstsein

Auch wenn die drei Begriffe Selbstwertgefühl, Selbstvertrauen und Selbstbewusstsein nicht die gleiche Bedeutung haben, möchte ich Dich hier nicht mit seitenlangen Abgrenzungen der Definitionen und irgendwelchen Unterschieden langweilen. Wir wollen schließlich an diesen Dingen arbeiten und keine Doktorarbeit aus ihnen machen. Dazu kommt, dass alle drei zumindest teilweise zusammenhängen und größtenteils aufeinander aufbauen oder sich sogar gegenseitig bedingen.
Einigen wir uns auf folgende einfache Definitionen:
1. Selbstbewusstsein heißt, sich der eigenen Persönlichkeit, der eigenen Stärken und der eigenen Schwächen bewusst zu sein.
Die Frage dazu lautet: „Wer oder was bin ich?"
2. Selbstvertrauen ist das Vertrauen in die eigenen Fähigkeiten und die eigene Kraft und Leistungsfähigkeit.
Die Frage dazu lautet: „Was kann ich und wie gut kann ich es?"
3. Selbstwertgefühl ist das Gefühl für den eigenen Wert als Mensch, also eine prinzipiell bejahende Haltung zu sich selbst und damit die Wertschätzung des eigenen Ichs.
Die Frage dazu lautet: „Was bin ich wert?"
Wenn Du anfängst mit der richtigen Einstellung in allen wichtigen Lebensbereichen an Dir zu arbeiten und Erfolge dadurch zu erzwingen, dann wächst Dein Selbstbewusstsein, Dein Selbstvertrauen und Dein Selbstwertgefühl von allein. Umgekehrt sind diese „Drei S" aber die Grundlage von Glück und Erfolg und das erste Angriffsziel, wenn Du Dich selbst verbessern willst.
Wir werden in späteren Kapiteln dieses Buches immer wieder auf die Entwicklung von Selbstbewusstsein, Selbstvertrauen und Selbstwertgefühl zurückkommen. Lass uns nun die zweite Säule des Inneren Feldes betrachten.

Zweite Säule des Inneren Feldes: Soziale Kalibration

Soziale Kalibration ist die Abstimmung von Kommunikation und Verhalten auf die jeweilige Situation und das Gegenüber. Wer sozial kalibriert ist, berücksichtigt immer die Stimmung des Gesprächspartners und den

Kontext, in dem die Unterhaltung stattfindet.
Soziale Kalibration lernt man durch häufigen Umgang mit Menschen. Sich auf bestimmte Situationen präzise anpassen zu können, ist Übungssache. Du lernst mit der Zeit, Dich immer besser auf Personen und Umgebungen einzustellen. Je mehr Unterhaltungen Du führst, desto besser wirst Du werden. Irgendwann wirst Du in sozialen Situationen so weit sein, fast immer Deine Ziele zu erreichen. Dann wird Dein Verhalten und Deine Art zu kommunizieren in jeder Situation angemessen sein und Du wirst instinktiv das Richtige tun oder sagen, um Frauen zu begeistern — praktisch ohne nachzudenken. Du wirst es dann einfach fließen lassen können. In späteren Teilen dieses Buches werden wir en détail auf diesen Punkt zurückkommen.
Doch Vorsicht. Ich warne Dich davor, zum so genannten sozialen Roboter zu mutieren: Alles anzusprechen, was sich bewegt, ständig wie eine Maschine und total verbissen Gespräche zu führen und in Menschen nur noch Trainingsgeräte für die eigenen kommunikativen Fähigkeiten zu sehen — das soll Dir nicht passieren. Trainieren ja, aber dabei immer locker und menschlich bleiben!
In vielen Situationen, die Dir widerfahren werden, wirst Du Fehler machen. Das ist vollkommen normal, unvermeidbar und sehr nützlich, solange Du aus ihnen lernst. Du wirst dadurch langfristig immer souveräner werden und verstehen, worauf es ankommt.
Im optimalen Zustand wirst Du gar nicht mehr darüber nachdenken und alles geschieht wie von selbst. Du hast dann immer das Passende zu sagen und bewirkst damit, dass die Menschen um Dich herum sich wohl fühlen. Durch diesen Leitfaden wirst Du auf dem schnellsten Wege Deine Soziale Kalibration verbessern.

Das Äußere Feld

Schauen wir uns das Äußere Feld etwas genauer an. Es wird von fünf Säulen getragen, an denen wir in der Zukunft arbeiten werden:

Erste Säule: *Methoden, Systeme und Strategien*
Zweite Säule: *Gesundheit, Fitness und Ernährung*
Dritte Säule: *Lifestyle, Fashion und Pflege*
Vierte Säule: *Karriere, Ziele und Vision*
Fünfte Säule: *Familie, Freundschaften und Glück*

Das Äußere Feld könnte man mit einer Kutsche vergleichen, die von fünf Pferden gezogen wird. Die Kutsche soll Dich schnellstmöglich auf die nächsthöhere Stufe bringen. Das Problem dabei: Eine Kutsche ist nur so schnell wie das langsamste Pferd. Soll heißen: Sollte eine Säule im Gegensatz zu den anderen Säulen deutlich unterentwickelt sein, wird Dein Sprung zur nächsthöheren Stufe auf sich warten lassen. Wenn beispielsweise Deine Lifestyle- und Karrieresäulen nicht stimmen, weil Du als Arbeitsloser jeden Tag nur zwischen Couch und Bett pendelst, wird es schwierig mit dem Erfolg bei Frauen — selbst wenn Du bei den anderen Säulen bestens aufgestellt sein solltest. Ähnlich verhält es sich mit der Zweiten Säule des Äußeren Feldes: Mit 100 Kilo über Idealgewicht wird die Sache nicht gerade einfacher, egal wie gut Deine kommunikativen Fähigkeiten auch sein mögen.
Mache deshalb nicht denselben Fehler wie viele andere Männer, die nur auf ein Pferd setzen, zum Beispiel ihre Karriere. Nur wenn alle Pferde schneller werden, wird das Gespann schneller. Arbeite deshalb an allen fünf Säulen des Äußeren Feldes möglichst simultan.
Bleiben wir noch kurz beim beruflichen Leben: Nur die dicke Kohle und die große Karriere allein bringen in seltenen Fällen echten, langfristigen Erfolg bei Frauen. Mann läuft eher Gefahr, jede Menge *Gold Digger* anzulocken, die es nicht besonders ernst meinen. Echte Zuneigung sollte man nicht bei Frauen suchen, die nur auf das Geld aus sind. Natürlich sind Geld und beruflicher Erfolg sehr wichtige Faktoren für den Erfolg bei Frauen, aber Allheilmittel sind sie nicht. Wenn alle anderen Säulen vernachlässigt wurden, sind diese Faktoren auf Dauer nahezu wirkungslos.
Wie gesagt, wir werden erst am Inneren und dann am Äußeren Feld arbeiten. Vorerst stehen deshalb die beiden Säulen des Inneren Feldes im Fokus: Selbstwertgefühl, Selbstvertrauen und Selbstbewusstsein auf der

einen und Soziale Kalibration auf der anderen Seite.

Am Ende dieses Kapitel findest Du eine kurze Zusammenfassung. Gleiches gilt für alle anderen Kapitel dieses Buches. Dort findest Du immer in komprimierter Form die zentralen Aussagen jedes Abschnitts. Präge sie Dir sorgfältig ein.

<u>Zusammenfassung von Teil A. Grundlagen der Persönlichkeitsentwicklung zum attraktiven Mann</u>

- Die Grundvoraussetzungen müssen erfüllt sein, bevor sich Erfolg einstellen kann. Deshalb werden wir zuerst verstärkt am Inneren Feld arbeiten, bevor wir zum Äußeren Feld kommen.

- Das Innere Feld besteht aus Selbstwertgefühl, Selbstvertrauen und Selbstbewusstsein auf der einen und Sozialer Kalibration auf der anderen Seite.

- An dieser Stelle eine erste Buchempfehlung, falls Du Dich noch viel tiefer in die für diesen Leitfaden und Deine Entwicklung zentralen Themen Selbstwertgefühl, Selbstvertrauen und Selbstbewusstsein einlesen willst: „Die 6 Säulen des Selbstwertgefühls: Erfolgreich und zufrieden durch ein starkes Selbst" von Nathaniel Branden ist das beste Buch, das ich bisher über dieses Thema gelesen habe.

- Soziale Kalibration ist die Abstimmung von Kommunikation und Verhalten auf die jeweilige Situation und das Gegenüber. Sie ist im Prinzip reine Übungssache.

- Übe Deine sozialen Fähigkeiten unter Menschen, aber werde kein Sozialroboter. Nur eine freie, kreative, interessante und vor allem spontane Persönlichkeit bringt Dir langfristigen Erfolg bei Frauen.

- Arbeite an Deinen Glaubenssätzen. Um Deine persönliche Entwicklung in Gang zu bringen, müssen zuerst diese verändert werden. Warum? Ganz einfach: Solange Du „das geht nicht" denkst, geht es nicht. Solange Du „das schaffe ich nicht" denkst, schaffst Du es nicht. Und solange Du „so eine kriege ich nicht" denkst, kriegst du sie nicht. Denke stattdessen immer positiv!

- Das Äußere Feld besteht aus fünf Säulen: Erste Säule: Methoden, Systeme und Strategien. Zweite Säule: Gesundheit, Fitness und Ernährung. Dritte Säule: Lifestyle, Fashion und Pflege. Vierte Säule: Karriere, Ziele und Vision. Fünfte Säule: Familie, Freundschaften und Glück.

- Wenn Du eine Methode wählst, um Frauen anzusprechen und zu erobern, solltest Du sicher sein, dass diese Methode 1. zu Dir, 2. zur Frau und 3. zur Situation passt. Wobei wir wieder bei der Sozialen Kalibration und dem Inneren Feld wären, das die Grundlage für das Äußere Feld ist.

B.

Die fünf Stufen der Reife

In der Entwicklung zum attraktiven Mann gibt es fünf Stufen. Das sind sie:

Erste Stufe: *Ist-Situation zu Beginn der Entwicklung zum Mann — noch keine charismatische, gefestigte Persönlichkeit und sich dieser Tatsache nicht bewusst.*

Zweite Stufe: *Der Mann ist aufgewacht, wird sich seiner Schwachstellen bewusst und beginnt daran zu arbeiten. Erste Schritte werden unternommen, um die eigene Persönlichkeit zu entwickeln und die Basis auszubilden. Hilfestellungen werden genutzt, mittels Trial-and-Error-Methode und Routinen werden erste Erfahrungen gesammelt.*

Dritte Stufe: *Ein gewisses Maß an Erfahrungen wurde angehäuft und das Selbstvertrauen ist stärker geworden. Er ist langsam in der Lage, die Krücken loszulassen und verstärkt auf die eigene Persönlichkeit zu setzen.*

Vierte Stufe: *Eine maskuline Persönlichkeit ist mittlerweile vorhanden, ausreichend Erfahrung ist da. Charisma entwickelt sich, die Anziehungskraft wirkt nun auch ohne Systeme und Routinen attraktiv auf Frauen — sie fühlen sich von Natur aus zu diesem Mann hingezogen.*

Fünfte Stufe: *Auf dieser Stufe sind Inneres und Äußeres Feld symbiotisch vereint. Der Mann lässt Kommunikation und Verhalten in Gesellschaft attraktivster Frauen einfach fließen und denkt nicht mehr darüber nach. Alles geschieht wie von selbst und mit meisterhafter Leichtigkeit.*

Gut möglich, dass Du Dich bereits auf einer der Stufen eingeordnet hast und Dich fragst, warum es bei Dir bisher nicht weiter nach oben ging. Vielleicht hast Du es mit bestimmten Methoden sogar schon bis zu Stufe Drei geschafft und stagnierst dort, weil Du Deine an sich funktionierenden Systeme nicht mit genug Arbeit an Deiner Persönlichkeit unterfüttert hast — übrigens einer der häufigsten Fälle! Dann solltest Du schleunigst die Krücken wegschmeißen, versuchen allein zu laufen und noch mehr in Deine Persönlichkeit investieren. Was das konkret heißt, wird Dir in einem späteren Teil des Buches vor Augen geführt werden.

Solltest Du Dich auf den ersten beiden Stufen einordnen, dann bitte nicht in Panik verfallen — dafür gibt es nämlich keinen Grund. Du hältst genau das richtige Buch in den Händen, um Deinen Zustand zu verbessern.

Auch wenn Deine persönliche Entwicklung des Inneren Feldes immer im Vordergrund steht, brauchen wir für Deine ersten Stufen zusätzlich die ein oder andere Hilfestellung und Methode, um die nötigen Schritte zu absolvieren. Mit der Zeit wird sich dann Deine Persönlichkeit immer weiter ausbilden und Deine Stärken werden deutlich mehr zur Entfaltung kommen. Du wirst Dir ein neues, spannendes Leben aufbauen, das anziehend auf Frauen wirken wird.

Das letztendliche Ziel, die fünfte und höchste Stufe stellt übrigens nicht das Ende der Fahnenstange dar. Auch auf diesem Level kannst Du immer weiter an Dir als Mensch und an Deiner Persönlichkeit arbeiten. Diese Entwicklung hört nie auf, sie findet nur auf derselben Stufe statt. Mit jedem Erlebnis und jeder Erkenntnis wirst Du immer mehr über Dich selbst erfahren und dadurch immer mehr dahinter kommen, wo Dein bevorzugter Platz in der Gesellschaft ist. Dazu gehört selbstverständlich auch, dass Du die Frau oder die Frauen an Deiner Seite hast, die Du Dir wünschst. Hier geht es also um weit mehr als um Verführung. Es geht darum, ein Meister in allen wichtigen Bereichen Deines Lebens zu werden und dadurch für praktisch alle Mitmenschen attraktiv zu werden — als Freund oder Partner.

Ein Mann auf der Fünften Stufe der Reife täuscht niemals etwas vor, was er nicht ist. Er verfügt über eine Persönlichkeit, die durch das Leben und dessen Aufgaben gewachsen ist: 100 % authentisch, 100 % real. Dazu gehört selbstverständlich, dass man aus dem Wissen von Menschen, die vor einem in bestimmten Bereichen erfolgreich waren, die richtigen Schlüsse zieht.

Du solltest Dir bewusst sein, dass Du jeden Tag neu an Deiner Attrakti-

vität und Deiner Aura arbeiten musst. Nicht umsonst lautet das bekannteste Zitat der Schriftstellerin Marie von Ebner-Eschenbach:
„Wer aufhört, besser werden zu wollen, hört auf, gut zu sein".
Mach Dir das immer wieder bewusst und bleibe am Ball, auch wenn Du bereits Ziele erreicht hast. Die Herausforderung besteht darin, auch noch in Jahren attraktiv für Frauen und vor allem Deine Partnerin zu sein.
Ein Method Man Song aus dem Jahr 1998 endet mit dem Satz eines Typen namens Don „Magic" Juan, der den Nagel auf den Kopf trifft:
„It's easy to get into the game, but once you get on top — can you stay there?"
Also: Es darf keinen Stillstand geben. In unserer Entwicklung geht es entweder aufwärts oder abwärts. Jeden Tag stellt sich die Frage neu, wo wir morgen stehen. Geht es uns morgen ein wenig besser oder ein wenig schlechter?
Bitte beginne jetzt trotzdem nicht damit, Dir Sorgen darüber zu machen, dass Du den Rest Deines Lebens ein Getriebener sein und ständig unter Strom stehen wirst, nur um Deine Attraktivität und Reifestufe zu erhalten. Das wäre nämlich unnötig. Wenn ich in diesem Buch von Veränderungen spreche, meine ich damit hauptsächlich, dass Du Deine Gewohnheiten ändern sollst. Wenn diese einmal geändert sind, bilden sie sich glücklicherweise nicht mehr so einfach wieder zurück — deshalb sind es ja Gewohnheiten. Was Du Dir in dieser Hinsicht erarbeitest, kann Dir niemand mehr nehmen.
Erfolg bei Frauen ist abhängig von Gewohnheiten. Erfolgsversprechende Handlungen wie das Ansprechen von Frauen und Erweitern der eigenen Komfortzone müssen immer wiederholt werden, bis sie in Fleisch und Blut übergehen. Frauen erobern zu wollen muss selbstverständlicher Teil Deines Lebens werden. Ein Coaching zu machen oder ein Buch zu lesen reicht nicht — Du musst das Gelernte anwenden, es ständig wiederholen und es zur Gewohnheit machen.
Um Gewohnheiten dauerhaft zu ändern, brauchst Du Vorsätze. Verknüpfe Deine Vorsätze mit Maßnahmen der Selbstbindung: Schreibe Sie auf und erzähle einem ausgewählten Freund davon, damit er Deine Fortschritte kontrollieren kann. Diese Maßnahmen erhöhen die Wahrscheinlichkeit,

dass Du Dich daran hältst. Aber Vorsicht: Dein Freund muss vertrauenswürdig sein, sich für diese Aufgabe eignen und sollte sich in ähnlicher oder zumindest vergleichbarer Situation befinden wie Du!

Das Thema Gewohnheiten führt mich zum allgegenwärtigen Diätwahn. Frauen essen um abzunehmen zum Beispiel wochenlang nur Kohlsuppe. Nach dieser Diät kehren sie wieder zu ihrer ursprünglichen Ernährung zurück und nehmen wieder zu. Sie haben keine einzige ihrer Gewohnheiten geändert und stehen schnell wieder am Ausgangspunkt ihres Gewichts.

Ich will nicht, dass Du hier eine Crashdiät durchführst. Das wäre sinnlos. Ich will, dass Du es schaffst, Dein Leben zu ändern — und zwar dauerhaft, idealerweise für immer.

Zurück zu den Stufen. Die Übergänge auf die jeweils nächsthöhere Stufe sind fließend, teilweise überlappen sie sich sogar. Wenn Du eine höhere Stufe erreichst, wirst Du das merken. Dieses Phänomen kennst Du vielleicht aus dem Sport. Du arbeitest an einem bestimmten Ziel und scheiterst immer an einem gewissen Punkt. Irgendwann platzt der Knoten und Du nimmst diese Hürde. Ab dann schaffst Du es fast immer, darüber hinaus zu kommen.

Oder stell Dir einfach ein Computerspiel vor. Du spielst das erste Level immer und immer wieder, bis Du das zweite Level erreichst. Danach ist das erste Level nie mehr ein Problem.

Wohin die Reise theoretisch geht, weißt Du jetzt — und das ist als Vorbereitung auch gut und richtig so. Es ist wichtig, dass Du die Grundlagen hinter dem ganzen Konzept verstehst, damit Du Dich in die richtige Richtung bewegst. Lass uns diese Schritte nun praktisch umsetzen und Deine nächsthöhere Stufe erreichen.

Da Du die Erste Stufe der Reife bereits hinter Dir gelassen hast, werden wir uns im Folgenden der zweiten Stufe widmen und klären, wie die Reise für Dich weitergeht. Die Zweite Stufe der Reife wird in diesem Buch den größten Teil aller Stufen einnehmen, weil auf dieser Stufe am meisten zu optimieren ist. Und wie gesagt — selbst wenn Du Dich bereits einer höheren Stufe zugehörig fühlst, solltest Du alle Erkenntnisse aus den kommenden Kapiteln genauso aufsaugen wie alle darauf folgenden.

Zusammenfassung von Teil B. Die fünf Stufen der Reife

- Die fünf Stufen der Reife in Kurzform: Erste Stufe: Noch keine charismatische, gefestigte Persönlichkeit. Zweite Stufe: Erste Schritte werden unternommen. Dritte Stufe: Krücken loslassen. Vierte Stufe: Charisma entwickelt sich. Fünfte Stufe: Inneres und Äußeres Feld symbiotisch vereint. Alles geschieht wie von selbst.

- Bleibe auf Deinem Weg nie stehen: „Wer aufhört, besser werden zu wollen, hört auf, gut zu sein". Hier soll es nicht darum gehen, für eine gewisse Zeit Dinge zu verbessern. Hier geht es darum, Dein Leben zu ändern. Und zwar dauerhaft.

- Dies geht nur mittels konsequenter Änderung Deiner Gewohnheiten. Halte Deine Vorsätze schriftlich fest und informiere einen gut ausgewählten Freund darüber, der ein Auge auf Dich haben soll. Dann wirst Du Dich mit höherer Wahrscheinlichkeit daran halten. Wie schon erwähnt sollte der Freund absolut vertrauenswürdig sein und Dich bei Deinem Vorhaben unterstützen. Lass Dich von niemandem sabotieren — nie wieder!

C.

Die Zweite Stufe der Reife

*„Es sind die Begegnungen mit Menschen,
die das Leben lebenswert machen."*
(Guy de Maupassant)

Beginnen wir dieses Kapitel mit einer Wiederholung: Was passiert auf der Zweiten Stufe der Reife?

„Der Mann ist aufgewacht, wird sich seiner Schwachstellen bewusst und beginnt daran zu arbeiten. Erste Schritte werden unternommen, um die eigene Persönlichkeit zu entwickeln und die Basis auszubilden. Hilfestellungen werden genutzt, mittels Trial-and-Error-Methode und Routinen werden erste Erfahrungen gesammelt."

„*Erste Schritte werden unternommen*" ist die entscheidende Passage dieser Stufenbeschreibung. Welche Schritte das sind und was Du ganz konkret in dieser Phase tun solltest, wird dieses Kapitel aufschlüsseln. Die Struktur dieses Abschnitts wird dabei von den beiden Säulen des Inneren und den fünf Säulen des Äußeren Feldes bestimmt. Wir gehen Säule für Säule vor und beginnen mit dem Inneren Feld.

Wie bereits erwähnt, setzen wir hier bewusst das Innere vor das Äußere Feld. Wenn Du Dir für ein paar Sekunden vorstellst, Du wärst ein Haus — wofür wärst Du dankbarer, für hübsche Fassaden oder ein solides Fundament? Eben. Genau deshalb kommt das Innere Feld zuerst. Es ist Dein Fundament.

Die folgenden Säulen des Inneren Feldes werden in der Überschrift der Einfachheit halber jeweils mit I gekennzeichnet. Da es zwei Säulen gibt, wirst Du folglich I1 und I2 dort finden. Danach folgt das Äußere Feld, es hat fünf Säulen und wird dementsprechend mit Ä1 bis Ä5 markiert.

I1: Selbstwertgefühl, Selbstvertrauen und Selbstbewusstsein —
Selbstbewusstsein entwickeln

Sicher kennst Du den Film „Matrix". Die Szene, als *Neo* aus der Matrix erwacht und sich zum ersten Mal der Realität und seines wirklichen Ichs bewusst wird, ist mit diesem „Aufwachen" vergleichbar. Bei manchen Männern handelt es sich dabei um ein wirklich einschneidendes Erlebnis — Du hast es bereits hinter Dir. Du hast erkannt, dass Du etwas ändern willst.

Dieses Aufwachen passiert während des Übergangs von der Ersten zur Zweiten Stufe der Reife. Genau genommen wird in dieser Phase zum ersten Mal so etwas wie echtes Selbstbewusstsein entwickelt, denn Selbstbewusstsein hatten wir mit „sich der eigenen Persönlichkeit, der eigenen Stärken und der eigenen Schwächen bewusst zu sein" definiert.

Um gesundes und realitätsgetreues Selbstbewusstsein zu entwickeln, muss also folgende Frage geklärt werden:

Wer bist Du?

Versuche, Dich für einen Moment möglichst objektiv und unbeteiligt zu betrachten. Was macht Deine Person aus, was Deine Persönlichkeit?
Wie sehen Dich Deine Freunde und Bekannten?
Wo stehst Du im Leben, was hast Du bereits erreicht?
Wo willst Du hin, wo siehst Du Dich in einigen Jahren?
Und vor allem:

Wo liegen Deine Stärken und Schwächen?

Nimm Dir Zeit, um über Deine Stärken und Schwächen nachzudenken. Nimm ein Blatt Papier und halte sie schriftlich fest: Links die Schwächen, rechts die Stärken, in der Mitte ein Trennungsstrich. Vervollständige diese Liste, indem Du im Geiste die beiden Säulen des Inneren Feldes und die fünf Säulen des Äußeren Feldes durchgehst.

Wie steht es um Dein Selbstbewusstsein und Selbstvertrauen?
Wie sicher bist Du in sozialen Situationen, zum Beispiel im Umgang mit Fremden oder Frauen oder, noch wichtiger, fremden Frauen?
Genügt Dir der Erfolg bei Frauen, den Du heute hast?
Wie sieht es mit Deiner Fitness aus?
Wie zufrieden bist Du mit Deiner beruflichen Situation?
Wie gut sind Deine persönlichen Beziehungen — beispielsweise zu Freunden und Familienmitgliedern?
Mach Dir außerdem Gedanken darüber, was Dich im Speziellen auszeichnet.
Was kannst Du besonders gut, was besonders schlecht?
Inwiefern bist Du vielleicht sogar einzigartig?
Reise gedanklich in Deine Vergangenheit und versuche, sie aufzuarbeiten: Was sind Deine größten Erfolge? Welche Träume sind in Erfüllung gegangen? Warum sind sie das?
Werde Dir Schritt für Schritt Deiner Einzigartigkeit bewusst!
Zum Thema Frauen: Womit hebst Du Dich von der männlichen Konkurrenz ab? Und in welchen Bereichen des Lebens sind andere Männer Dir voraus?
Du solltest annehmen und akzeptieren, auf welcher Stufe Du im Moment stehst. Nur dann gibst Du Dir selbst die Chance zu wachsen. Nimm Deinen Entwicklungsprozess voll und ganz an und höre auf, negativ über Dich selbst zu denken. Gib so Deinem Unbewussten den Spielraum, den es braucht, um sich positiv zu entwickeln.
Wo drückt der Schuh, was willst Du in Deinem Leben konkret verbessern? Was willst Du erreichen? Mehr Frauen, mehr Sex, mehr Dates? Endlich eine feste Freundin? Zehn Kilo ab- oder zunehmen? Muskeln aufbauen und einen Waschbrettbauch? So fit werden wie vor zehn Jahren? Eine komplette Typveränderung inklusive Kleiderschrank und Frisur? Den verhassten Job durch einen besseren ersetzen?
Hier geht es um Deine ganz persönlichen Verbesserungsbereiche. Denke beim Identifizieren dieser Bereiche immer an die zwei plus fünf Säulen der beiden Felder und stelle sicher, dass Du nichts vergisst. Es geht hier schließlich um Dein Leben!

Lege Deine Ziele fest!

Wie vorher die Stärken und Schwächen solltest Du nun Deine Ziele auf Papier festhalten. Nummeriere sie durch und ordne sie nach Priorität — das wichtigste Ziel soll ganz oben stehen.
Ziele zu haben ist im Leben eines Menschen unersetzlich. Nur mit Zielen ist es möglich, etwas zu erreichen. Leider kann man bei der Zielsetzung eine Menge Fehler machen.
Achte darauf, dass Deine Ziele motivierend, realistisch und langfristig erreichbar sind. Sie sollten hoch sein, aber nicht zu hoch. Sie sollten Dich herausfordern und nicht zu leicht zu schaffen sein. Wenn sie auf Deiner Reise durch die Reifestufen zu leicht werden, musst Du die Latte höher legen. Nur so bleiben sie eine Herausforderung. Und natürlich verdienen die Ziele, die sehr direkt mit dem Thema Frauen zu tun haben, besondere Beachtung. Deine Ziele sollten größtenteils ohne fremde Unterstützung erreichbar sein. Dir Hilfe holen ist selbstverständlich immer in Ordnung und oft empfehlenswert, aber für die Erreichung Deiner Ziele musst allein Du verantwortlich sein und niemand anderes. Das gilt besonders für Ziele, die mit dem Erfolg bei Frauen zu tun haben.
Unterscheide Deine Ziele auch hinsichtlich des zugehörigen Zeithorizontes. Es gibt langfristige Ziele wie eine feste glückliche Partnerschaft mit einer tollen Frau. Solche Meta-Ziele sollten in einzelne Unterziele aufgeteilt werden, die konkret umsetzbar sind und regelmäßig Feedback bringen. Wenn Du beispielsweise abends losziehst um Frauen kennen zu lernen, müssen kurzfristige Ziele her, beispielsweise die Zahl der Frauen, mit denen Du an diesem Abend ein Gespräch beginnen willst. Ziele müssen immer klar formuliert sein und einen zeitlichen Bezug haben.
Wenn Du Schwierigkeiten haben solltest, Deine Ziele festzulegen, dann denke darüber nach, was Du nicht willst. Vielleicht wird Dir so bewusst, was Du wirklich willst. Ein Ziel sollte aber immer positiv sein. Das bedeutet ganz konkret, dass es enthalten sollte, was Du erreichen willst und nicht, was Du vermeiden willst. Wenn wir nun von Zielen ausgehen, die direkt mit Frauen zu tun haben: Ziele wie „nicht mehr alleine sein" oder „nicht länger mit der falschen Frau Zeit verbringen" sind nicht aus-

reichend motivierend und nicht direkt konkret umsetzbar. Deshalb sollte sich Deine Zielformulierung besser darum drehen, mit was für einer Frau Du zukünftig Zeit verbringen willst — viel motivierender und leichter zu operationalisieren, also in Angriff zu nehmen.
Du solltest eine konkrete Vorstellung von Deinen Zielen haben. Mach die Augen zu und stelle sie Dir vor, male sie Dir aus, erzähle Dir selbst kleine Geschichten. Du solltest dann klare und emotional positiv aufgeladene Bilder im Kopf haben, die Dich zum Lächeln bringen und motivieren. Sie sollen Dich wirklich packen und am besten voller Liebe und Leidenschaft sein. Starke Zielmotive, die Dir Kraft geben und Dich Angst vor Abweisung oder Niederlagen überwinden lassen. Wenn Du fällst, wirst Du mit einem leuchtenden Ziel vor Augen schnell wieder aufstehen. Wenn mich in den letzten Jahren irgendetwas immer wieder motiviert hat, dann waren das Ziele so strahlend wie Sterne am Himmel. Und an meine Sterne hab ich immer geglaubt. Nach einer Niederlage standen sie immer noch da — völlig unverändert. Was für die Pflanze die Sonne ist, sind für den Menschen seine Ziele: Sie lassen Dich wachsen.
Nun hast Du zwei Listen vor Dir, eine mit Deinen Stärken und Schwächen und eine mit Deinen Zielen. Bewahre beide Seiten gut auf, unter Umständen sogar sichtbar in Deiner Wohnung — sollte sich Damenbesuch ankündigen aber unbedingt wegräumen! Kontrolliere regelmäßig, ob Du Dich Deinen Zielen näherst, hake erreichte Ziele ab und setze Dir neue.
Erzähle einem ausgewählten Freund von Deinen neuen Vorsätzen — als Maßnahme der Selbstbindung. Das wird Dir helfen, Deine Ziele nie aus den Augen zu verlieren und wirklich zu erreichen. Schließlich wäre es Dir vor Deinen Freunden sicher peinlich, wenn Du zugeben müsstest, nicht hart genug für Deine Ziele gearbeitet zu haben und sie deshalb zu verfehlen. Erneuter Hinweis: Wähle den Freund sorgfältig aus — er muss Dich wirklich unterstützen!
Am besten beginnst Du Deine Reise mit einem Freund, dem Du vertraust und der sich ebenfalls auf diesem Gebiet weiterentwickeln will. Falls es einen solchen Freund nicht gibt, machst Du Dich alleine auf den Weg.
Bestimmt hast Du schon mal den Rat bekommen „sei einfach Du selbst, dann klappt das schon". Leider funktioniert dieser Rat nur, wenn man be-

reits genau weiß wer man ist, über welche Stärken man verfügt und was die eigene Persönlichkeit ausmacht. Dieser Abschnitt sollte Dir deshalb genau diese wichtigen Dinge vor Augen führen — wer Du heute bist, in welche Richtung Du Dich zukünftig entwickeln und welche Ziele Du erreichen willst. Ich hoffe, das weißt Du jetzt.

Ruhe und Selbstsicherheit

Ruhe und Selbstsicherheit sind untrennbar miteinander verbunden. Ohne ein gewisses Maß an Ruhe ist Selbstsicherheit praktisch unmöglich. Wie sollte ein Mann beispielsweise in einer sozialen Stresssituation angemessen ruhig reagieren können, wenn er nicht selbstsicher genug ist?
Gelassenheit und Selbstsicherheit haben viel mit richtigem Atmen und einer gesunden Körperhaltung zu tun. Wenn sich der Körper in Balance befindet, ist meist auch der Geist im Gleichgewicht. Ohne Verspannungen verbesserst Du Dein Wohlbefinden und Deine Selbstsicherheit. Und dadurch wird auch Deine Ausstrahlung auf die Umwelt stärker.
Eine sehr simple und so besonders für Einsteiger geeignete Methode, um schnell Ruhe und Selbstsicherheit zu erzeugen, ist bewusstes Atmen und kontrollierte Entschleunigung. Die Methode besteht also aus zwei Teilen. Erstens: Eine bestimmte Atem-Technik. Wenn Du sie beherrschst, werden sich Ängste wie Ansprechangst schnell halbieren. Und noch eine gute Nachricht: Die Technik ist nicht schwer zu erlernen. In Stresssituationen wie vor und während dem Ansprechen von Frauen einfach immer tief in den Bauch statt in die Brust atmen. Außerdem durch die Nase tief einatmen und durch den Mund langsamer ausatmen. Das bringt Dir enorme Ruhe — geh auf die Straße und probiere es aus!
Zusätzlich kannst Du in regelmäßigen Abständen vor dem Ansprechen von Frauen so genanntes Kompressionsatmen durchführen: Stoßweise Luft aus der Lunge pressen. Auch das macht sicherer!
Noch ruhiger wirst Du, wenn Du zusätzlich die zweite Hälfte der Methode anwendest: Verlangsame schlicht alles, was Du tust. Langsamer sprechen, langsamer gehen, langsamer kauen, langsamer nach dem Handy greifen wenn es klingelt. Hirn und Körper sind eng verbunden und beeinflussen

sich gegenseitig. Bewusst den gesamten Bewegungsablauf zu entschleunigen bringt Dir deshalb auch im Kopf Ruhe. Und Frauen stehen auf Männer, die nicht nervös und hektisch sind wie die, die sie sonst kennen lernen. Die meisten Männer tendieren dazu, sich bei Nervosität schneller zu bewegen und hastiger zu sprechen. Wenn Du Dich ruhiger gibst als Deine Konkurrenten, bist Du Ihnen schnell weit voraus.

Um Deine Nervosität noch weiter zu verringern, kannst Du deinen Zeigefinger und Deinen Daumen zusammenkneifen. Kleiner, unauffälliger Trick, große Wirkung — reduziert nämlich Deine Aufregung.

Also: *Bring durch bewusstes tiefes Atmen in den Bauch und eine Verlangsamung Deines Bewegungsablaufs Ruhe in Dein System!* Versuche, auf diese Weise immer möglichst gechillt zu bleiben. „Nur wer locker ist gewinnt", wie *Hank Moody* aus „Californication" sagt.

Übrigens ist Ansprechangst und Nervosität generell nicht schlimm, im Gegenteil. Wenn Du eine Frau ansprichst und Du nervös bist, zeigt das ja auch, dass Du sie gut findest. Manchmal wirkt eine gewisse Nervosität für die Frau dabei auch süß und authentisch. Sie denkt dann, dass sie nicht schon die Hundertste ist, die Du heute angesprochen hast. So vermeidest Du wirkungsvoll, als Profi-Abschlepper abgestempelt zu werden. Sich zu cool zu geben, ist tatsächlich oft nicht wirkungsvoll — Frauen fahren dann ihre Schutzschilde hoch. Ansprechangst ist also wirklich halb so wild. Lass diese Nervosität Deine Verbündete und Deine Wünschelrute sein, um den richtigen Weg beim Ansprechen von Frauen zu finden. Steh zu Deinen Gefühlen und lass ihnen freien Lauf. Emotionen sind toll, schließlich hast Du vor, mit einer Frau in emotionale Verbindung zu treten, nicht wahr? Versuche Ansprechangst lieber als angenehme Aufregung wie vor einem Fallschirmsprung umzudeuten. Sobald Du Dich wirklich getraut hast, alles fließen zu lassen, wirst Du Dich wie ein Fisch im Wasser fühlen.

Offenheit

Offenheit ist der Erzeuger von Anziehung und Vertrauen schlechthin.
Sei der Welt gegenüber offen und die Welt wird Dir offen stehen.

Eng verwandt mit Offenheit sind Ehrlichkeit und Verletzlichkeit: Ehrlichkeit ist sexy und Verletzlichkeit zu zeigen verlangt sehr viel Stärke. Sobald Du Deine Komfortzone verlässt, machst Du Dich verletzlich — also immer wenn Du Frauen ansprichst oder Dich andere Dinge traust, die sich andere nicht herausnehmen. Schließlich gehst Du dabei das Risiko einer Zurückweisung ein, Du machst Dich dadurch verletzlich. Verletzlichkeit zu zeigen heißt, etwas von Dir selbst zu zeigen, Dich zu zeigen.
Deshalb: Sei stark und zeige Deine Verletzlichkeit und Deine Gefühle. Nicht alle Gefühle und nicht zu jeder Zeit, aber prinzipiell solltest Du bereit dazu sein, andere an Deinem Innenleben teilhaben zu lassen. Nur so können Dich andere Menschen als echte Persönlichkeit wahrnehmen. Wir kommen allerdings gleich noch dazu, welche Gefühle Du eher kritisch betrachten solltest.
Zu Offenheit und Ehrlichkeit gehört auch, Dinge aus Deiner Vergangenheit zu erzählen. Dadurch wirst Du für andere begreifbarer. Außerdem: Gib Deine Schwächen zu und stehe zu Ihnen. Ja, nimm sie sogar auf die Schippe, sei selbstironisch und kokettiere mit Deinen Unzulänglichkeiten. Nur besonders selbstsichere Männer leisten sich Selbstironie und besitzen die Fähigkeit, über sich selbst lachen zu können.
Fazit zum Thema Offenheit, Ehrlichkeit, Verletzlichkeit und Umgang mit den eigenen Schwächen: *Zeige Stärke, indem Du zu Deinen Schwächen stehst —* denn Frauen lieben starke Männer ...
Nach der Feststellung Deines Ist-Zustands, der Festlegung Deiner Ziele sowie der Erläuterung der Zusammenhänge zwischen Ruhe, Selbstsicherheit und Offenheit werden wir nun die Basis für die Erreichung Deiner Ziele schaffen. Damit kommen wir zur Zweiten Säule des Inneren Feldes, der Sozialen Kalibration. Auf der Zweiten Stufe der Reife heißt die Devise in Sachen Kalibration schlicht „Raus mit Dir!"
In den Kapiteln zur Zweiten und Dritten Stufe der Reife findest Du nach jeder Säule einen Aktionsplan. Führe die gestellten Aufgaben aus, um Deine Entwicklung in Gang zu bringen. Mit Lesen alleine ist es nicht getan.

Aktionsplan zur ersten Säule des Inneres Feldes: Selbstwertgefühl, Selbstvertrauen und Selbstbewusstsein — Selbstbewusstsein entwickeln

- Halte Deine Stärken und Schwächen auf einem Blatt Papier fest. Vervollständige diese Liste, indem Du im Geiste die beiden Säulen des Inneren Feldes und die fünf Säulen des Äußeren Feldes durchgehst.

- Orientiere Dich an Deinen Stärken und Schwächen und lege Deine Ziele schriftlich fest. Nummeriere sie durch und ordne sie nach Priorität, das wichtigste Ziel soll ganz oben stehen.

- Diese beiden Listen solltest Du regelmäßig auf Veränderungen kontrollieren und gegebenenfalls aktualisieren.

- Beginne außerdem noch heute damit, ein Erfolgstagebuch zu schreiben. Werde zum Erfolgssammler! Investiere täglich fünf Minuten, um Deine Erfolge festzuhalten. Vom kleinen Lächeln der hübschen Verkäuferin bis hin zu positiven Erlebnissen in Bereichen, die auf den ersten Blick vielleicht wenig bis gar nichts mit Frauen zu tun haben. So trainierst Du Deinen Erfolgsmuskel und fokussierst Dich auf die positiven Dinge des Lebens, wie es fast alle Gewinnertypen tun. Ja, Frauen lieben Gewinner!

- Selbstbewusstsein baust Du in der Praxis, im echten Leben auf — durch Erfolge und die richtige innere Haltung. Halte Dich an die praktischen Anweisungen dieses Leitfadens und Du wirst Erfolge ernten.

- Trainiere so oft wie möglich die dargelegten Übungen für Ruhe und Selbstsicherheit. Es darf keine sozialen Interaktionen mehr geben, ohne dass Du sie anwendest. Arbeite an Ehrlichkeit, Selbstironie und Offenheit und versuche in jedem Gespräch, über Deinen Schatten zu springen.

12: Soziale Kalibration —
Raus mit Dir!

Deine Soziale Kalibration zu verbessern heißt üben, üben, üben. Du solltest jede soziale Situation mitnehmen, die sich ergibt — egal ob mit der Politesse, der süßen studentischen Aushilfskraft im Klamottenladen oder der Bäckereifachverkäuferin. Je mehr Unterhaltungen Du täglich führst, desto besser. Also raus aus den eigenen vier Wänden und ran an die Frau!

Raus — aber wohin?

Frauen kennen lernen kannst Du eigentlich überall. Okay, in der Schwulensauna vielleicht nicht, aber dafür auf der Straße und auf Konzerten, im Club und im Fitnessstudio. Ebenso bei Charity-Veranstaltungen, auf Koch- oder Sprachkursen und als Teilnehmer einer Reisegruppe. Die Möglichkeiten sind praktisch unbegrenzt, Du musst nur entscheiden, worauf Du Lust hast und das dann auch wirklich durchziehen.
Auf der Straße kannst Du alle möglichen Frauen treffen und die herauspicken, die Dir gefallen. Dort findest Du alles, was Du willst. Die Straße ist aber nicht nur in Sachen Auswahl die beste Location. Sie kann Deine Lehrerin sein, um nach Hunderten von Gesprächseröffnungen meisterhafte Fähigkeiten zu erlangen. Du solltest auf ihre Schule nicht verzichten. Und falls Du speziellere Vorlieben hast: Überleg Dir in einer ruhigen Minute, was für Frauen Du kennen lernen willst und wo Du diese Frauen besonders gut treffen kannst.
Im Klartext:
Worauf stehst Du bei Frauen, was ist Deine Zielgruppe?
Welches Alter und welche Interessen sollen sie haben?
Und vor allem — wo laufen diese Frauen herum?
Bei bestimmten Präferenzen solltest Du Dich danach richten und gezielt entsprechende Locations wählen.
Nur als Beispiel: Stell Dir vor, Du stehst auf schwarz gekleidete Gothic-Mädels. Dann wird es in einem Rap-Club schwierig, aber in einer Indie/Alternative-Disco könnte es klappen. Oder auf dem Konzert einer Dark-

Wave-Band. Wenn Du aber auf sportliche Mädels stehst, wirst Du ganz sicher im Sportverein fündig. Und wenn Du Studentinnen magst, dann gehst Du auf Studentenpartys. Eigentlich ganz einfach, oder?
Egal wofür Du Dich entscheidest — die Hauptsache ist, dass Du Deine Pläne dann auch wirklich in die Tat umsetzt und *regelmäßig Deinen Vorlieben entsprechende Locations und Veranstaltungen besuchst*. Daheim wird Dir kaum eine Frau über den Weg laufen, die Du interessant findest — vom Internet jetzt mal abgesehen, das sich für Menschen mit sehr speziellen Neigungen übrigens ganz hervorragend eignet. Das beste Produkt der Welt bringt niemandem etwas, wenn er es nicht kennt. Also: Bring Dich auf den Markt und biete Dich an!

Deine Gefühle

Versuche stets im Einklang mit Deinen Emotionen zu leben — alles andere macht langfristig unglücklich. Wie willst Du sonst mit anderen in tiefe emotionale Verbindungen treten, wenn Du nicht mal mit Dir selbst in emotionaler Verbindung stehst? Und schließlich sind tiefe emotionale Verbindungen mit Frauen genau das, was wir erreichen wollen. Sie sind stärker als jede Technik, Methode oder Strategie und verlangen Deine Offenheit und Deinen Mut.
Was genau heißt das nun? Und was hat das mit Deiner Attraktivität auf Frauen zu tun?
Die meisten Männer mit Defiziten im Liebesleben haben keinen Zugang zu ihrer männlichen Intuition, zu ihren Gefühlen und ihrem Bauchgefühl. Die Verbindung zwischen Kopf und Bauch ist nicht ausreichend vorhanden. Und genau deshalb fehlt auch der Zugang zu Frauen. Erfolgreiche Frauenhelden haben dagegen einen gesunden Draht zu ihrer Gefühlswelt, sie wissen intuitiv ganz genau, was wann zu tun ist und handeln auch danach.
Viele Männer mit Problemen, die dann mit der *Seduction Community* in Berührung kommen, versuchen durch Systeme und Prozessmodelle den fehlenden Zugang zu ihrer Intuition zu ersetzen — aus verständlichen Gründen meist mit eher begrenztem Erfolg. Sie versuchen mangelndes

Gefühl durch noch mehr Rationalität zu kompensieren. Sie versuchen ihre Probleme im Kopf zu lösen und drängen ihre Intuition so noch weiter in den Hintergrund. Deshalb werden viele von ihnen noch erfolgloser. Sie stellen sinnlose und komplizierte Fragen, bekommen sinnlose und komplizierte Antworten und haben plötzlich noch mehr sinnlose und komplizierte Fragen.

Die Kompliziertheit ist einer der Gründe, warum die Lösungen der *Seduction Community* so gerne von diesen Männern angenommen werden. Teile dieser Gemeinschaft suggerieren, dass man ohne Gefühle zu investieren einfach ein System umsetzt und so jede Frau ins Bett bekommt. Das ist leider ein Irrtum. Klar, das eine oder andere Mal funktioniert das. Aber nicht auf Dauer und selten bei hochklassigen Frauen. Und: Es macht nicht glücklich!

Diese Männer merken nicht, dass sie die eigentliche Antwort auf all ihre Fragen tief verborgen in sich tragen. Ihr Gefühl ist die Antwort, die ihnen kein anderer Mensch, kein Buch und keine DVD geben kann. Es ist eine Antwort, die sie sich nur selbst geben können. Und bis sie das tun, werden die Kompliziertheit ihrer Fragen und die Kompliziertheit der Antworten weiterhin besten Nährboden bieten für Ängste, Ausreden und Erfolglosigkeit. Dabei wäre alles so einfach, wenn sie endlich versuchen würden, auf ihren Bauch zu hören …

Leider tun genau das viele erfolglose Männer nicht — und dafür gibt es auch Gründe! Sie bleiben nämlich lieber erfolglos, als sich mit den eigenen Gefühlen auseinanderzusetzen. Denn um ihr Bauchgefühl erfolgreich einsetzen zu können, müssten sie sich auch mit anderen Gefühlen und sich selbst beschäftigen. Das könnte unangenehm werden. Und für manche wäre das schlimmer als ein Leben ohne attraktive Frauen. Deshalb gehen sie nie dorthin, wo es wehtut und setzen sich nie mit ihren Gefühlen auseinander. Sie bleiben emotional blockiert und haben deshalb auch keine Chance auf Aktivierung ihres so wertvollen Bauchgefühls.

Bitte mach Du nicht diesen Fehler, sonst wirst auch Du immer weit unter Deinen Möglichkeiten bleiben. Versuche Dich nicht vor notwendigen Schritten in Richtung Deines Inneren zu drücken. Verschließe Dich nicht, nur um emotionale Verletzungen zu vermeiden — sonst wird Dir auch der

Weg in Herz und Bett von Traumfrauen verschlossen bleiben.

Wenn Du ein echter Frauenheld werden willst, so wie ich ihn verstehe, also ein Mann mit glücklichem und erfülltem Sex- und Liebesleben, dann solltest Du damit anfangen, Dich emotional zu öffnen und lernen, auf Deine Gefühle zu vertrauen. Auch wenn das bedeutet, dass Du verletzt werden könntest. Du bist ein Mann, also erträgst Du den Schmerz wie ein Mann.

Frauen lieben nun mal Männer, die einen Zugang zu ihren Gefühlen haben und diese Emotionen auch kommunizieren können. Ohne einen gesunden Draht zu Deinen Gefühlen wirst Du niemals eine gute Intuition aufbauen, die so wichtig ist für den Erfolg als Mann. Hör auf Dein Gefühl! Auf Dein Gefühl zu hören beginnt damit, eine Frau anzusprechen ohne vorher zu wissen, was Du sagen wirst. Du vertraust dabei einfach auf Dein Bauchgefühl, auf Deine Intuition und vor allem *auf Dich selbst*. Dir wird schon was einfallen! Wirf Dich selbst ins kalte Wasser und lerne so schwimmen. Ohne Wasser wirst Du nie schwimmen lernen und ohne Intuition wirst Du auf dem Weg zu langfristigem Erfolg absaufen — Routinen halten Dich nicht dauerhaft über Wasser. Nur Dein Gefühl kann das. Deshalb: *Face your fear!* Stell Dich Deinen Ängsten und setze Dich mit Deinen Gefühlen auseinander!

Nichtbedürftigkeit

Im letzten Abschnitt habe ich Dir empfohlen, zu Deinen Gefühlen zu stehen. Prinzipiell ist das auch vollkommen richtig, aber ich muss diesen Rat nun tatsächlich ein wenig einschränken.

Der Grund dafür ist folgender: Es gibt Gefühle, die bei erfolgreichen Männern kaum zu finden sind. Und genau deshalb solltest Du sie nicht zulassen. Entgegen der landläufigen Meinung sind Menschen übrigens durchaus innerhalb gewisser Grenzen in der Lage, ihre eigenen Gefühle zu steuern. Was bestimmte Emotionen angeht solltest Du genau das tun. Da wäre zum Beispiel das Gefühl der Knappheit, auch *Knappheitsmentalität* genannt. Es handelt sich dabei um die irrationale Angst eines Mannes, es gäbe nicht genug Frauen und potenzielle Partnerinnen für ihn. Angesichts der Milliarden weiblicher Homo sapiens, die diese Erde bevölkern, ein ziemlich blödsinniger Gedanke, nicht wahr? In Wirklichkeit gibt es für den Durchschnittsmann Hunderttausende potenzielle Geschlechts- und Lebenspartnerinnen auf dieser Welt. Leider hat dieses Knappheitsgefühl nicht nur wenig mit der Realität zu tun — es hat auch noch gefährliche Auswirkungen. Es führt nämlich zu Bedürftigkeit, auch *Neediness* genannt, einem der größten Anziehungs-Killer überhaupt. Ein Mann mit *Knappheitsmentalität* legt früher oder später immer bedürftiges Verhalten an den Tag. Er leidet sowohl an einem gefühlten als auch an einem tatsächlichen Mangel an Frauen, den man ihm anmerkt.

Doch warum ist das so — warum tötet spürbare Bedürftigkeit eines Mannes schnell jede Form von Attraction? Nun, Frauen wollen unabhängige Männer, die stark und echt sind und sich nicht für irgendjemanden verbiegen. Vor allem nicht für eine Frau. Leider tust Du genau das, wenn Du bedürftiges Verhalten zeigst: Du rennst ihr hinterher, Du stimmst ihr bei jedem noch so unwichtigen Satz zu, Du springst wenn sie pfeift, hast immer Zeit für sie und mit anderen Frauen generell eher wenig zu tun, obwohl Du insgeheim gerne mehr Zeit in weiblicher Gesellschaft verbringen würdest ... Falls das alles so zutrifft, muss es sofort aufhören! Bedürftigkeit ist der sicherste Weg, um sich bei einer Frau ins Aus zu schießen. Und deshalb ist Nichtbedürftigkeit oder *Non-Neediness* eines der wichtigsten Leitbilder, die Dir als Orientierung dienen sollten.

Selbst wenn Du aktuell einen Mangel an Frauen aufweisen solltest und somit faktisch bedürftig wärst, ist bedürftiges Verhalten keine Option. Lauf nie einer Frau hinterher, auch wenn Du im Moment keine Alternativen haben solltest. Verhalte Dich, als hättest Du ausreichend Ausweichmöglichkeiten. Versuche, Dein Leben zu verbessern und daraus Befriedigung und Bestätigung zu ziehen, anstatt sie verzweifelt bei Frauen zu suchen. Mache Dein Glück nie von anderen Menschen abhängig. Du selbst bist der erste Ansatzpunkt, nicht die Frau. Genau deshalb rate ich Dir auch, im Zweifel erst mit der Arbeit am Inneren Feld zu beginnen statt planlos am Äußeren Feld herumzudoktern. Wenn Du keine einzige Frau am Start haben solltest und aus oben genannten Gründen aber gezwungen bist, Nichtbedürftigkeit zu demonstrieren, hilft nur eins: Nichtbedürftig sein — trotz Mangel an weiblicher Gesellschaft. Und das geht, wenn Du Deine Befriedigung aus anderen Dingen ziehst, Dich und Dein Leben verbesserst, Abhängigkeiten von anderen Menschen drastisch reduzierst und anfängst, Dich selbst zu mögen.

Nichtbedürftigkeit schwingt in jeder Bewegung des erfolgreichen Mannes mit, ist zwischen jeder seiner Zeilen zu lesen und wird ständig unterschwellig transportiert. Eine Frau erkennt schnell, dass dieser Mann wohl auch ohne sie häufig in weiblicher Gesellschaft ist — wenn er Lust darauf hat.

So ein Mann bittet nicht um ein Date, sondern lädt sie ein, mit ihm einen Teil seiner knapp bemessenen Zeit zu verbringen. Er telefoniert nie jemandem hinterher. Wer nicht zurückruft, wird genextet. Ein solcher Mann verschwendet schließlich niemals seine Zeit.

Ab jetzt wird sich verbiegen für Dich der Vergangenheit angehören!

Frauen testen häufig, ob ihr männliches Gegenüber bedürftig ist. Freche Fragen wie „Und, wie läuft's mit den Mädels?" zielen genau darauf ab. Vor allem auf einer niedrigen Stufe der Reife kommt diese Art von Tests häufig vor. Außerdem versuchen Frauen häufig bewusst oder unbewusst, Dich auf subtile Weise als bedürftig hinzustellen und sich selbst als den erstrebenswerten Preis zu inszenieren, der mehr wert ist als Du. Auf der übergeordneten *Meta-Ebene* der Kommunikation klingt so immer mit, dass Du sie nicht haben kannst. Diesen so genannten *Frame*, also Bezugsrahmen im Sinne einer bestimmten Deutung der Realität, darfst Du selbstverständlich nie zulassen. Du hast es schließlich nicht nötig, ihr hinterherzulaufen. Und nur wenn Du diesen *Frame* nicht akzeptierst, wird sich die Frau wirklich zu Dir hingezogen fühlen. Nur dann signalisiert Du, mindestens so viel wert zu sein wie sie. Im Kapitel zur Dritten Stufe der Reife werden wir noch sehr genau auf diese *Frames* eingehen.

Wenn sie Dinge von sich gibt wie „ich habe einen Freund" oder „du denkst ja nur an das Eine", solltest Du ihr klar machen, aus welchem Holz Du geschnitzt bist. Achte genau auf solche Aussagen von ihr, die mehr oder weniger zwischen den Zeilen kommunizieren, dass Du hinter ihr her wärst. Wenn solche Sätze kommen, musst Du dagegenhalten, sie veräppeln oder auslachen. Schließlich soll sie sich anstrengen müssen, um Dich zu gewinnen und nicht umgekehrt!

Wie das konkret funktioniert? Nun, wenn sie Dich darüber aufklärt, dass sie einen Freund habe, sagst Du beispielsweise:

„Nur einen? Du Ärmste, ich hab sogar mehrere!"
oder
„Sehr cool! Ich hab auch ne Menge Freunde. High five!"
oder
„Keine Sorge, an Männern bin ich nicht interessiert."
oder
„Kein Ding, den nehm' ich dir nicht weg."
oder
„Ich muss dich enttäuschen, ich bin nämlich total hetero."
oder die genau gegenteilige Aussage
„Macht mir nichts, ich bin stockschwul."
oder irgendeine andere witzige Bemerkung, die ihren *Frame* platzen lässt. Du läufst ihr nicht hinterher und deshalb spielt es keine Rolle, ob sie einen Freund hat oder nicht.

Wenn Sie Dich mit „Du denkst ja nur an das Eine" als notgeil herunterstufen will, sagst Du

„Du bist ja ganz schön gierig, beim Thema Sex sind wir noch lange nicht!"
oder
„Vergiss es, ich bin kein Mann für eine Nacht."
oder
„Ich hab das Gefühl, du reißt mir gleich die Klamotten vom Leib. Ich glaub ich bekomme Angst vor dir …"

Auf diese Weise stellst Du elegant die Rollenverteilung auf den Kopf. Antworten wie diese sind außerdem witzig und verhindern, dass ihre *Frames* Realität werden. Und Du bleibst ungeachtet ihrer nutzlosen Versuche der nichtbedürftige zufriedene Kerl, den sie erst überzeugen muss, um ihn für sich zu gewinnen.

Ergebnisunabhängigkeit

Neben der bereits geschilderten Atemtechnik in den Bauch und der Entschleunigung Deiner Bewegungsabläufe kümmern wir uns nun um eine psychologische Methode, um Ansprechangst zu verringern. Die Atemtechnik und die Verlangsamung kommen über die körperliche Schiene — wir versuchen jetzt über das Mentale Deine Ängste zu bekämpfen. Doch diese Methode kann noch mehr: Sie ermöglicht Dir, Dein Ego zu überwinden.
Fast jeder Mann spürt gewisse Nervosität, wenn er eine attraktive Frau anspricht. Das ist vollkommen normal. Man könnte diese Angst durch die unter Umständen ernsten Konsequenzen erklären, die ein Mann in Urzeiten zu fürchten hatte, der sich der falschen Frau näherte. Heute endet eine solche Annäherung zwar seltener in körperlichen Auseinandersetzungen mit Geschlechtsgenossen oder sozialer Ausgrenzung, die Angst davor ist trotzdem kaum kleiner geworden.
Gesteigert wird diese Nervosität, wenn Du Dich ausschließlich an zählbare Ergebnisse klammerst — wenn am Ende einer Nacht im Club für Dich nur zählt, wie viele Telefonnummern oder Körbe Du bekommen hast. Denn darum sollte es nicht gehen, jedenfalls nicht ausschließlich. Warum nicht? Weil es Dich in Deiner Entwicklung behindern würde.
Stattdessen solltest Du Abende genießen, Spaß haben, Dich entspannen und spielerisch auf Leute zugehen, Deine sozialen Fähigkeiten erweitern und Erfahrungen sammeln. Ohne ein Mindestmaß an Lockerheit wird dieses *Socializing* nicht funktionieren. Wenn Dein Denken sich aber nur um Zahlen dreht, wirst Du kaum relaxt genug sein. Andere Menschen mit Deiner echten, spontanen und attraktiven Persönlichkeit zu beeindrucken und auf ungezwungene Weise Frauen kennen zu lernen — darum sollte es gehen!
Deshalb: *Mach Dich frei von zählbaren Ergebnissen!* Ergebnisunabhängigkeit oder *Outcome Independence* ist die beste Herangehensweise, wenn es um das Ansprechen von fremden Frauen geht. Ja, wenn Du eine Abfuhr bekommst, schmerzt das Dein Ego. Genau deshalb solltest Du immer öfter versuchen, Dein Ego einfach jammern zu lassen und es zu überwinden.

Ein Abend mit vielen Körben kann trotzdem sehr erfolgreich gewesen sein. Wichtig ist, dass man durch diese Abfuhren lernt, wie sie in Zukunft vermieden werden können. Genauso werden zukünftige Erfolge wahrscheinlicher. Wie immer ist der Weg das Ziel. Jedes interessante Gespräch, jeder neue Kontakt und jeder funktionierende Smalltalk ist bereits ein kleiner Erfolg. Doch nicht nur das. Ein Erfolg ist es auch, eine Herausforderung anzunehmen, eine Niederlage hinzunehmen und danach wieder aufzustehen und weiterzumachen. Genau an dieser Stelle scheitern viele andere Männer — unterscheide Dich von ihnen!

Unreactiveness

Unreactiveness ist am ehesten zu beschreiben als authentische, also nicht aufgesetzte sondern unverfälschte Coolness plus eine gewisse Unerschütterlichkeit. Eine gelassene, lässige, nonchalante, souveräne und eben nicht nervöse Geisteshaltung, die zu einer charismatischen Aura führt — ungefähr das, was heute auch gerne *Swag* genannt wird.

Unreactiveness bedeutet, auf Handlungen, Personen und Ereignisse mit möglichst wenig negativen Emotionen zu reagieren, sowohl äußerlich als auch innerlich. Und ja, auch mit der Zurschaustellung von positiven Emotionen sollte meist vernünftig gehaushaltet werden.

Wenn irgendwo in einem Club ein Tisch umfällt und Gläser klirren, solltest Du zu den Männern gehören, die sich nicht wie aufgeschreckte Rehe verhalten und nervös herumfahren. Je weniger Du Dich in dieser Situation bewegst, desto besser. Bleib cool, mit etwas Disziplin und Übung kannst Du das lernen. Zügel Deine Reaktionen und erinnere Dich daran, dass äußere Ruhe auch innerliche Ruhe bringt.

Nicht mehr stark auf Menschen und Ereignisse zu reagieren, vermittelt ein Gefühl der Überlegenheit und verleiht Handlungsstärke in Situationen, in denen andere aussteigen und den Kopf verlieren. Frauen wollen souveräne Männer, die in einer chaotischen, hektischen Welt in sich ruhen und vom äußeren Geschehen unabhängig zu sein scheinen.

Ein weiterer Vorteil von *Unreactiveness* ist die automatisch eingebaute Fehlervermeidung, die sie mit sich bringt. Bei Shit Tests oder Beleidigungen unreactive zu reagieren, kann Schaden verhindern und die sicherste Handlungsalternative sein.

Besser als mit einer Reaktion auf einen Test durchzufallen, kann in vielen Fällen eine faktische Nichtreaktion sein, zum Beispiel ein einfaches Achselzucken. Keine Geste charakterisiert das Konzept der *Unreactiveness* besser. Für Beleidigungen gilt übrigens dasselbe, durch *Unreactiveness* verpuffen diese einfach.

Bei aggressiven oder dummen Fragen, die auf die Schnelle nicht zu beantworten sind, kannst Du alternativ auch mit einer Gegenfrage reagieren. Gegenfragen bringen Dir Zeit und den verbalen Angreifer selbst in Bedrängnis.

Also: Wenn Du glaubst, dass sich hinter einem Satz eine Attacke oder ein Shit Test verbergen könnte, solltest Du deshalb eher weniger als mehr reagieren. Das Risiko eines Fehlers wird dadurch geringer. *Unreactiveness* bildet deshalb so etwas wie eine „Default-Handlungsoption", mit der man so gut wie nichts falsch machen kann und die im Zweifel fast immer der sicherste Weg ist.

Unreactiveness hat aber noch weit mehr Vorteile. Sie ist auch in anderer Weise auf den Umgang mit attraktiven Frauen anwendbar.

Von Natur aus sind wir alle sehr empfänglich für Menschen, die wir aus irgendwelchen Gründen attraktiv finden. Zum Beispiel durch sexuelle Anziehung. Das gilt für Männer und Frauen und es gibt praktisch niemanden, dem es nicht so geht.

Nun ist diese Empfänglichkeit, man könnte sie auch Reactiveness nennen, nicht ganz unproblematisch. Wir fangen nämlich an, dieser Person hinterherzulaufen, ihr nach dem Mund zu reden und ihr gefallen zu wollen. Wir reagieren also sehr schnell und sehr leicht auf die Handlungen dieser Person, sind beeinflussbar und schwach. Warum das so ist? Weil uns diese Person *zu wichtig ist*. Und wie wir bereits im Abschnitt über das Konzept der Nichtbedürftigkeit gelernt haben, ist das kein zielführendes Verhalten — vor allem nicht, wenn es um attraktive Frauen geht. Es ist ein Verhalten, dass Du unbedingt abstellen solltest, denn erfolgreiche Männer laufen niemandem hinterher.

Vielmehr solltest Du Dich im Gespräch mit einer attraktiven Frau eben nicht reactive, sondern eher unreactive präsentieren. Also nicht über jedes ihrer Witzchen lachen, Dich wie ein Hündchen verhalten, ihr aus der Hand fressen und an ihren Lippen hängen.

Im Gegenteil, Du solltest Dich so verhalten, dass sie Anstrengungen unternimmt, um sich zu qualifizieren und Dich zu gewinnen. Damit kehrst Du die Verhältnisse um, die sonst zwischen Männern und attraktiven Frauen herrschen. Ein Verhalten, das Deine Anziehung auf Frauen sofort verdoppeln kann.

Betrachten wir den gegenteiligen Fall, damit es noch klarer wird: Einer Person gegenüber, die uns egal ist, sind wir im Normalfall ausgesprochen wenig reactive. Dadurch wird die Wahrscheinlichkeit groß, dass diese Person Anstrengungen unternimmt, Bestätigung von uns zu bekommen. Das haben wir alle schon erlebt, sicher auch Du. Folglich sollten wir versuchen, uns im Umgang mit Personen, von denen wir Bestätigung, Sex oder etwas Vergleichbares wollen, eher unreactive zu verhalten — vor allem in der ersten Phase des Kennenlernens.

Wenn Du wirklich attraktive Frauen erobern willst, musst Du oft hohes Risiko gehen und bereit sein, sie noch in der ersten Kennenlernphase sofort wieder zu verlieren.

Aber ich warne Dich, mit *Unreactiveness* solltest Du es nicht übertreiben, nur weil Du möglichst cool und unreactive rüberkommen willst. Außerdem darf *Unreactiveness* nie als Ausrede missbraucht werden, um sich vor Gesprächseröffnungen oder anderen Aktionen zu drücken. Man sollte immer auf wichtige Personen reagieren! Aber eben nicht übertrieben und nicht deutlich mehr als bei anderen Leuten und keinesfalls auf Spielchen und schädliche Manipulationen, die Menschen manchmal so treiben. Und wenn doch, dann richtig: Mit geeigneten Kontern oder dem erwähnten Achselzucken!

Auf Handlungen und Kommunikation der Personen, die in guter Absicht positive Emotionen in uns wecken wollen, nicht zu reagieren, könnte unnötigerweise Rapport brechen oder verhindern. Das wäre sehr bedauerlich. Rapport ist der vertrauensvolle, wechselseitig aufmerksame Kontakt zwischen zwei Menschen, der genau die tiefe emotionale Verbindung zwischen Frau und Mann schafft,

die ich bereits mehrfach erwähnt habe. Um solche Verbindungen nicht schon früh abzuwürgen, muss in jeder Gesprächssituation erkannt werden, ob *Unreactiveness* tatsächlich noch angebracht ist. Mit genug Übung wirst Du das meisterhaft beherrschen.
Wie Du angemessene *Unreactiveness* ganz konkret erreichen kannst?
Nimm das, was um Dich herum passiert, nicht mehr so ernst. *Nimm das ganze Leben nicht mehr so ernst, dafür ist es nämlich viel zu wertvoll.*
Verbissenheit und Angst sollten möglichst wenig Platz in Deinem Inneren haben, sie schränken Lockerheit und Handlungsfähigkeit ein und machen authentische Coolness unmöglich.
Sorge stets dafür, dass eine ausreichende Trennung zwischen Dir und Deiner Umwelt existiert. Negative Emotionen von anderen Menschen solltest Du nie übernehmen, wehre Dich aktiv gegen schädliche Einflüsse. Du solltest lernen, Deine Emotionen von innen heraus zu steuern.

Mach Dich in der Welt breit, aber lasse nicht zu, dass sich die Welt in Dir breitmacht.

<u>Polarisieren</u>

Machen wir es kurz: Polarisieren, Gerede provozieren und klare Kante zeigen bringt Erfolg bei Frauen.
Aber warum funktioniert dieses Verhalten?
Erstens, weil Frauen dieses Verhalten attraktiv finden. Frauen finden polarisierende Männer, die die Schnauze aufmachen, männlich und spannend. Solche Männer zeigen Eier, sind selbstbewusst, mutig, draufgängerisch, kämpferisch und treten für sich und ihre Ziele ein. Polarisieren verleiht Dir das nötige Profil in einem Meer gesichtsloser, austauschbarer Männer. Es gibt aber auch noch einen zweiten, mindestens ebenso wichtigen Grund, warum Polarisieren Erfolg bei Frauen bringt. Wenn Du polarisierst, gehen die Meinungen über Dich auseinander — Du bist kontrovers. Das sortiert so auf einfache und effektive Weise die Frauen aus, die kein echtes Interesse an Dir haben. In Deiner Nähe bleiben nur die, die Du wirklich anziehst. Dadurch verschwendest Du wenig Zeit auf Frauen, die

nicht auf Dich stehen und kommst schneller zum Ziel. Netter Nebeneffekt: Auf eine Frau, die Dich ablehnt, kommt fast immer eine, die Dich gut findet. Und die Wahrscheinlichkeit ist groß, dass diese Frau Dich nicht nur ein bisschen gut findet.
Der dritte Grund ist, dass durch Polarisieren der schlimmste Fall überhaupt vermieden wird. Der schlimmste Fall ist der, wenn die Leute überhaupt keine Meinung über Dich haben — weder eine gute noch eine schlechte. Dadurch bist Du praktisch bedeutungslos, egal, ein Niemand. Und dann wird es mit Frauen so richtig schwer. Nur wenn Du nicht egal bist, kannst Du erfolgreich bei Frauen sein.

Deshalb: Sei mutig, kontrovers und einzigartig, provoziere und polarisiere!

Es ist wie bei einem Buch, das gerade neu, zum Beispiel bei Amazon erschienen ist. Am Anfang steht es vollkommen jungfräulich da — ohne ein einziges Review. Kaum einer interessiert sich dafür, es ist allen egal. Dann bekommt es irgendwann die erste Kundenbewertung, eine positive, vielleicht von jemandem, der auch vorher schon Fan des Autors war. Dadurch werden mehr Leute auf das Buch aufmerksam, die es kaufen und lesen. Als richtig im Markt angekommen und von einer breiteren Masse wahrgenommen kann es allerdings erst gelten, wenn die ersten Verrisse eintrudeln. Negative Bewertungen kassiert auch das beste Buch. Erst dann ist das Buch dabei, sich seinen Weg zu bahnen, größere Verbreitung zu erreichen und hin und wieder sogar die eigentlich angepeilte Zielgruppe zu verlassen. Verrisse sind aus verschiedenen Gründen genauso wichtig für den Autor und sein Buch wie Reviews mit Höchstnote: Unter anderem weil sie sehr lehrreich sind.
Genauso verhält es sich auch mit Dir. Deine Verrisse sind die Körbe und Abfuhren, die Du in bestimmten Situationen sammeln wirst. Sie sind wichtig für Deine Entwicklung und zeigen, dass Du Dich etwas traust. Dass Du bereit bist, Dich Deinen Ängsten zu stellen und Deine Komfortzone zu verlassen. Und Du kannst eine Menge durch sie lernen.
Ach ja: Für mich als Autor sind Kundenbewertungen bei Amazon und anderen Händlern übrigens unheimlich wichtig. Wenn Du dieses Buch

gelesen hast, würde ich mich sehr über Deine ehrliche Meinung bei Amazon & Co. freuen. Mich interessiert sehr, was Dir in diesem Leitfaden gut und was Dir weniger gut gefallen hat. Was Dir das Lesen gebracht hat. Und was sich durch dieses Buch in Dir und Deinem Leben verändert hat. Vertritt in dieser Rezension mutig Deine Meinung — im Internet genau wie im restlichen Leben.

Mutige Aktionen haben die Eigenheit, manchmal schiefzugehen. Trotzdem überwiegt insgesamt der Gewinn. Feiglinge verlieren zwar selten, gewinnen aber auch nie. Sei zum Verlieren bereit. Zu Anstrengung und Mühe. Sei kein Feigling und stell Dich Deinen Ängsten. Geh neue Wege, mach mal alles anders als bisher. Ausbrechen aus festgefahrenen Routinen wird Dir gut tun. Mach den Mund auf, sei manchmal völlig crazy. Stehe zu Dir und Deinen Bedürfnissen. Und überwinde regelmäßig Dein Ego.

Die Stimme des attraktiven Mannes

Soziale Kalibration hängt nicht zuletzt von der Stimme ab. Eine eher tiefe, volle, laute, aber nicht dröhnende Stimme kommt optimal bei Frauen an. Nicht zu laut und nicht zu leise — wie viel das mit Kalibration zu tun hat dürfte offensichtlich sein. Soziale Kalibration hat fast immer etwas mit dem gesunden Mittelweg zu tun. Dieser sollte auch hier beschritten werden.

Versuche immer, möglichst tief aus dem Bauch heraus zu sprechen und die eher hohe Kopfstimme zu vermeiden. Um Deine Stimme dementsprechend zu formen, gibt es eine sehr gute Übung: Wenn Du alleine bist, solltest Du mit Dir selbst sprechen und Dir dabei die Nase zuhalten. Danach wiederholst Du die Sätze mit freier Nase, später hältst Du sie Dir wieder zu, immer abwechselnd. Dabei solltest Du darauf hinarbeiten, dass sich Deine Stimme immer gleich anhört — ob Du Dir die Nase zuhältst oder nicht. Probier das mal aus, ist gar nicht so einfach. Wenn Du es kannst, sprichst Du perfekt aus dem Bauch heraus und hörst Dich mit hoher Wahrscheinlichkeit am besten an. Diese Art zu sprechen solltest Du dann in Deinen normalen Stimmgebrauch übertragen und Dich nur noch auf diese Weise verständigen.

Worauf Du außerdem in Unterhaltungen achten solltest, ist Deine Stimmlage. Wenn Du am Ende eines Satzes die Stimme hebst, zeugt das von Unsicherheit — der Satz bekommt einen fragenden Charakter, selbst wenn er gar keine Frage sein soll. Dein Gegenüber wird sich genötigt fühlen, zu antworten und einen Schlusspunkt unter das Thema zu setzen. Senkst Du dagegen am Ende einer Aussage Deine Stimme, erzeugst Du Bestimmtheit, so schaffst Du Fakten. Diese Technik nennen wir *Downward Inflection*. Du solltest deshalb darauf achten, dass Deine Stimme bei Aussagen nie nach oben abdriftet. Übrigens: Um Deine Aussagen noch mehr zu unterstreichen, kannst Du während Deiner Rede Deinen Gesprächspartner auf möglichst natürliche Weise berühren. So gehst Du sicher, dass Deine Message ankommt.

Deine Stimme entscheidet neben Deiner Körpersprache und Deiner Mimik zu einem großen Teil darüber, ob Dein Gegenüber sich wohlfühlt und Dich attraktiv findet. Ohne eine angenehme Stimme wird es schwierig, bei Frauen Erfolg zu haben. Umgekehrt willst Du ja auch keine Frau, deren Stimme Dir in den Ohren wehtut, nicht wahr?

Leider haben viele meiner Coachees keine attraktive oder männliche Stimme. Darüber sind sich die meisten leider nicht einmal bewusst. Noch viel weniger sind sie sich darüber im Klaren, dass man für seine Stimme etwas tun kann. Wenn Du Dein Leben lang eine ungünstige Artikulation oder Sprachfehler entwickelt hast oder starken Dialekt sprichst, dann solltest Du Zeit investieren, um daran zu arbeiten. Achte immer darauf, wenn Du sprichst oder nimm bei Bedarf professionelle Hilfe in Anspruch, also zum Beispiel die eines Logopäden. Beobachte Dich selbst im Umgang mit anderen Menschen, höre Dir selbst zu und strenge Dich an, Deine Stimme bewusst in die bestimmte Richtung zu verändern.

Schau Dir Schauspieler an und vergleiche Dein Stimmbild mit ihren Stimmbildern. Du wirst feststellen, dass es enorme Unterschiede gibt. Hast Du Dich jemals gefragt, wie es manche Schauspieler schaffen, Emotionen bei anderen Menschen zu erzeugen? Versuche, diesen Geheimnissen auf den Grund zu gehen und Deine Stimme zu trainieren. Frauen wünschen sich einen Mann mit einer starken maskulinen Stimme, die zugleich Herzlichkeit ausstrahlt. Höre Männern mit attraktiven Stimmen genau zu — dann wird Dir klar, was ich meine.

Aktionsplan zur zweiten Säule des Inneren Feldes: Soziale Kalibration — Raus mit Dir!

- Überlege Dir in einer ruhigen Minute, worauf Du stehst. Welche Art von Frauen willst Du kennen lernen? Nächste Frage: Wo kannst Du diese Frauen besonders gut treffen? Wenn Du diese beiden Fragen für Dich geklärt hast, solltest Du mindestens vier Mal wöchentlich eine entsprechende Location besuchen oder auf die Straße gehen, um dort Frauen kennen zu lernen.

- Betreibe knallharte Kopf-Hygiene: Wann immer sich *Knappheitsmentalität* bei Dir einstellt, vertreibst Du dieses Gefühl konsequent. Es darf keinen Platz in Deinem Kopf haben. Nur so kannst Du Nichtbedürftigkeit leben. Du läufst ab jetzt nie mehr jemandem hinterher.

- Trainiere Deine *Unreactiveness*. Achte jederzeit und sehr bewusst auf eine ausreichende Trennung zwischen Deiner Umwelt und Deinem Innenleben.

- Hör auf, Deine Kontakte mit Frauen im Nachhinein rein zahlenmäßig zu bewerten. Ergebnisunabhängigkeit ist Dein Ziel. Jeder Kontakt ist ein Gewinn, egal wie er verläuft.

- Wage es zu polarisieren. Die Meinung anderer Leute muss ab heute für Dich möglichst irrelevant sein.

- Trainiere täglich Deine Stimme durch die vorgestellten Übungen.

Ä1: Methoden, Systeme und Strategien —
Frauen kennen lernen

Lass uns nun Methoden, Systeme und Strategien besprechen, die auf das Kennenlernen von Frauen ausgerichtet sind. Beginnen wir mit den Grundlagen.
Leider wird diese erste Säule des Äußeren Feldes auf der Zweiten Stufe der Reife von den meisten Männern, die an ihrer Anziehungskraft auf Frauen arbeiten wollen, vollkommen überbewertet. Vor allem von den Männern, die viel auf Pick-Up-Foren nach Lösungen für ihre Probleme suchen. Ja, natürlich können Strategien und Methoden helfen, aber nur in engen Grenzen. Sie werden Dir keinen Erfolg bringen, wenn Du die anderen Säulen vernachlässigst. Frauen funktionieren anders als Männer. Während es vielen Männern für eine schnelle Nummer genügt, wenn eine Frau ausreichende optische Qualitäten vorzuweisen hat, sind die meisten Frauen nicht so leicht zu kriegen. Egal welche Begründungen man dafür anführen will — evolutionsbiologische, medizinische oder gesellschaftliche. Tatsache ist, dass gutes Aussehen oder beruflicher Erfolg allein langfristig keinen stabilen Erfolg bei Frauen bringt. Methoden oder Strategien ohne die anderen Säulen des Äußeren Feldes gepflegt zu haben noch viel weniger. Setze deshalb nie alles auf eine Karte — und schon gar nicht auf diese hier!
Nichtsdestotrotz werde ich Dir jetzt Grundlagen an Methoden, Systemen und Strategien beibringen, die fürs Kennenlernen von attraktiven Frauen sehr hilfreich sein können. Beginnen möchte ich mit dem idealtypischen Prozess der Verführung.

Prozess der Verführung

Eigentlich ist Verführung ganz einfach — und ich werde einen Teufel tun und diese wunderbare Sache unnötig verkomplizieren, wie das viele andere Dating-Coaches tun. Verführungen laufen nach folgendem simplen Schema ab:

1. Gesprächseröffnung.
2. Übergang zu persönlicheren Themen, Aufbau von Anziehung und Vertrauen.
3. Austausch der Kontaktdaten.
4. Ein oder mehrere Treffen — das so genannte Dating.
5. Sex.
6. Freundschaft Plus, Affäre oder Beziehung.

Natürlich kann es auch etwas anders verlaufen, beispielsweise stark verkürzt oder weniger linear. Man denke nur an One-Night-Stands — Phase 3, 4 und 6 fallen bei dieser Variante der Verführung zwar nicht weg, werden aber viel schneller durchlaufen. Auch Phase 2 wird manchmal stark verkürzt.

Auch wenn Prozessmodelle und Schemata auf der Zweiten Stufe der Reife nützlich sind, sollte man sich nie ängstlich daran festklammern. Wir wollen Dinge schaffen, die andere für unmöglich halten, weil sie in ihren Schemata gefangen sind.

Game — was ist das überhaupt?

Vergiss bitte alles, was Du über *Game* zu wissen glaubst. Wenn *Game* überhaupt für irgendetwas steht, dann für das Auslösen von Emotionen. Sonst nichts.

Im Prozess der Verführung haben wir vor allem zu Beginn unserer Entwicklung weniger unter Kontrolle, als die meisten glauben. Erfolg und Misserfolg hängen oft von Zufällen ab. Wenn Dir also irgendwelche Dating-Coaches erzählen wollen, dass Du mit ihren Routinen und Methoden blitzschnell die totale Kontrolle über soziale Interaktionen hast und auf diese Weise immer und überall zum Erfolg kommst, ist das nichts als Geschwafel mit Eurozeichen in den Augen. Im Klartext: Leere Versprechungen!

Das Gegenteil ist der Fall: Gerade weil der Prozess der Verführung oft so chaotisch und unberechenbar ist, solltest Du auf niedrigen Stufen der Reife eher wenig planen und lieber versuchen, möglichst spontan zu sein. Das

gilt vor allem für den Anfang Deiner Entwicklung. Und: Mehr handeln als denken! Dein *Game* muss flexibel genug sein, um auf blitzartig wechselnde Umstände reagieren zu können. Ganz natürlich statt gekünstelt.
In einer höheren Stufe der Reife wirst Du irgendwann so weit sein, viel größere Teile der sozialen Dynamik um Dich herum kontrollieren zu können und Situationen wirklich größtenteils im Griff zu haben. Der Prozess der Verführung wird dann weit weniger zufallsabhängig sein. Bis dahin ist es allerdings ein weiter Weg. Auf der Zweiten Stufe der Reife solltest Du das gar nicht erst versuchen, Du würdest damit Schiffbruch erleiden! Klassisches *Game*, also Methoden, System und Strategien der Verführung, ist auf den niedrigen Stufen der Reife eine Stütze — vor allem wenn Deine Selbstzweifel groß sind und die ersten Schritte schwerfallen. Prozessmodelle und ähnliche Darstellungen können Dir helfen, um zu erkennen, wo Du an Dir arbeiten solltest. So hast Du die Möglichkeit, Problembereiche zu identifizieren und zu verbessern. Bitte mach aber nie den Fehler, diesen Krücken zu große Bedeutung beizumessen. Langfristig ist unser Ziel, natürliche und starke männliche Anziehungskraft auf Frauen aufzubauen — und die hat mit Techniken und Schemata wenig zu tun.

Was Du über Frauen wissen solltest

Albert Einstein soll mal gesagt haben:
„Manche Männer bemühen sich lebenslang, das Wesen einer Frau zu verstehen. Andere befassen sich mit weniger schwierigen Dingen, zum Beispiel der Relativitätstheorie."
Frauen werden für Männer zumindest teilweise immer ein Mysterium bleiben. Erste Begründung für diese These: Keine Frau denkt wie die andere. Jede Frau hat ihr eigenes Wertesystem und ihre eigene Lebensauffassung. Schon deshalb kann es keine Strategien geben, die bei jeder Frau funktionieren.
Weil keine Frau wie die andere denkt, stehen Frauen auf unterschiedliche Typen von Männern. Für die eine hui, für die andere pfui. Männergeschmäcker von Frauen liegen mitunter weiter auseinander als die Augen von Yvonne Catterfeld.

Ein für Männer besonders problematischer Umstand: Frauen sind total unterschiedlich im Bett. Nicht nur, dass jede neue Frau eine Wundertüte ist, bei der man vorher nicht weiß, was einen erwartet. Nein, sie funktionieren auch noch total verschieden. Was Deine Ex-Freundin toll fand, könnte das nächste Mädel hassen. Wo die eine wie ein Kätzchen schnurrt, ist die andere total abgetörnt. Manche mögen's hart, andere zart. Das macht die Sache nicht gerade einfacher. Man muss sich auf jede neue Partnerin neu einstellen.

Fazit: Was Frauen wollen ist häufig unklar. Übrigens nicht nur uns Männern, sondern oft genug auch ihnen selbst ...

Deshalb müssen wir die Sache irgendwie vereinfachen. Je radikaler desto besser. Frauen können wir in drei Gruppen einteilen:

1. An Dir interessierte Frauen,
2. vielleicht an Dir interessierte Frauen und
3. nicht an Dir interessierte Frauen.

Ich würde sagen, diese Einteilung ist radikal genug.

Was bedeutet diese Einteilung jetzt ganz konkret?

Nehmen wir an, Du bist in einem Club und peilst die Lage. Wer ist offensichtlich an Dir interessiert? Nun gibt es an diesem Abend zwei offensichtlich an Dir interessierte Frauen, die Dich ständig anlächeln. Ihre Ansprecheinladungen sind so deutlich, wie es deutlicher kaum möglich ist. Sie himmeln Dich an. Du kannst jetzt eine der beiden auswählen und das Gespräch mit ihr auf ganz einfache Weise eröffnen, keine Frage. Sozusagen die Sicherheitsnummer.

Was aber, wenn beide Frauen für Dich eigentlich überhaupt nicht attraktiv genug sind? Dann solltest Du Dich nach Alternativen umschauen und diese ansprechen, auch ohne dass sie Dir vorher Ansprecheinladungen geschickt haben. In diesem Fall ist *Cold Approaching* unbedingt angesagt — bewusst Gespräche eröffnen mit attraktiven Frauen, mit denen Du vorher vielleicht noch nicht einmal Blicke ausgetauscht hast. Oder willst Du den Abend etwa mit einer Frau verbringen, die Dir nicht gefällt?

Die attraktivsten Frauen sind eben meist deutlich sparsamer, was das Verteilen von Anspracheinladungen angeht — deshalb wird dieser Fall auf Deinem Weg zum Frauenhelden recht häufig vorkommen. Also: Keine Scheu vor dem Ansprechen fremder Frauen, die bisher noch nicht rübergelächelt haben. Geh hin und bring sie zum Lächeln!

Nur wenn es wirklich attraktive Frauen gibt, die offensichtlich an Dir interessiert sind, kannst Du Dir leisten, auf *Cold Approaching* zu verzichten und Dich mit diesen zu begnügen. Aber nur dann! Wenn es diese Frauen gibt, musst Du natürlich auch keine Zeit an Frauen verschwenden, die nicht interessiert sind, völlig klar. Und sich auf die zu konzentrieren, die durch ein Lächeln bereits eine Einladung verschickt haben, ist natürlich elegant und easy. Vor allem zu Beginn einer Entwicklung zum attraktiven Mann zudem auch sehr verlockend. Trotzdem ein weiteres Mal der Hinweis: Wenn es deutlich attraktivere Frauen gibt als die an Dir interessierten, dann versuch unbedingt bei den attraktiveren Dein Glück!

Solche Einladungen zum Ansprechen, *Approach Invitations*, sind alle positiven Signale, die möglichst bald durch eine Gesprächseröffnung beantwortet werden sollten. Ja, wenn sie Dich anlächelt steht sie ziemlich sicher auf Dich, also sprich sie an, wenn sie Dir gefällt! Nimm Einladungen als solche war, Frauen werden Dich im Normalfall nicht ansprechen, sondern Dir nur *Approach Invitations* geben. Diese musst Du erkennen und dann handeln. Einladungen in Form von in Deine Augen schauen, ständig Deine Nähe suchen, Dich anlächeln, mit den Haaren spielen und so weiter. Auch Blicke aus den Augenwinkeln zu Dir, Haltungsänderungen wenn Du sie anschaust, Ausrichtung des Körpers in Deine Richtung oder Neigen des Kopfes sind Aufforderungen für eine Gesprächseröffnung. Wenn Du diese Einladungen wahrnehmen solltest, dann nimm sie unbedingt und schnellstmöglich an!

Auf die Gefahr mich zu wiederholen: Alles im Leben hat zwei Seiten — so auch hier. Immer nur Frauen anzusprechen, die bereits eine Einladung verschickt haben, ist die nette Sicherheitsnummer, nicht besonders kräftezehrend und generell eine chillige Sache. Was aber, wenn es für Dich keine attraktiven Frauen gibt, die offensichtlich interessiert sind? Außerdem hat diese Ausrichtung auf die interessierten Frauen, wie schon angedeutet, noch einen weiteren entscheidenden Nachteil: Viele extrem attraktive Frauen verschicken prinzipiell keine Einladungen. Auch wenn das jetzt möglicherweise ein Hinweis ist, der Dich vielleicht erst eine Reifestufe und einige Kapitel später wirklich betreffen wird: Diese absoluten Klassefrauen lächeln selten zu fremden Kerlen rüber und bieten sich nicht so einfach an. Sie sind so verwöhnt, dass sie das einfach nicht nötig haben. Ihnen laufen rudelweise Männer hinterher und sie können es sich leisten, die stärksten auszusuchen. Oder sie lehnen es aus ideologischen oder moralischen Gründen grundsätzlich ab, Einladungen zu verschicken. Tja, und genau diese meist am oberen Ende der Attraktivitätsskala angesiedelten weiblichen Exemplare lässt man sich durch die Lappen gehen, wenn man auf *Cold Approaching* komplett verzichtet. Dieses Problem muss Dir immer bewusst sein! Verzichte nicht auf *Cold Approaching*, sonst wirst Du Dich zu oft mit Mittelmaß zufrieden geben! Und auf der Straße ist *Cold Approaching* sowieso der Normalfall und meist unvermeidbar. Positive Nebenwirkungen: Es härtet ab, erweitert die eigene Komfortzone und verbessert Deine Fähigkeiten. Also los!

Im Zweifel gilt immer: Einfach ansprechen! Nur wenn Du jede Gelegenheit wahrnimmst, um mit attraktiven Frauen ins Gespräch zu kommen, wirst Du Dich wirklich verbessern.

Auch wenn Du Dich bereits im Gespräch mit einer Frau befindest, gibt es jede Menge nonverbale Signale, die verraten, dass eine Frau an Dir interessiert ist. Wichtig ist, diese richtig zu deuten. Weibliches Interesse kann sich auf viele verschiedene Arten im Verhalten niederschlagen. Viele Punkte der folgenden Aufzählung klingen sehr klischeehaft, aber wie so oft haben Klischees eben auch ihre Berechtigung.

Deine Gesprächspartnerin ist mit hoher Wahrscheinlichkeit an Dir interessiert, wenn

1. sie Dir beim Lächeln Zähne zeigt, je mehr desto besser
2. sie sich über die Lippen leckt, ihre Lippen beißt oder Zunge zeigt
3. sich ihre Pupillen weiten, wenn sie Dich ansieht
4. sie mehr zwinkert als sonst
5. sie Dir ihre Brüste entgegenstreckt
6. sie die Arme hebt und sie Dir Achseln zeigt
7. sie sich ständig durch die Haare fährt oder mit ihnen spielt

8. sie oft mit ihrer Kleidung spielt oder sie richtet
9. sie ihre Beine aneinander reibt oder mit ihnen wippt
10. sie ihre Beine überkreuzt und wieder öffnet oder vom Körper wegstreckt
11. sie Dich mehrfach berührt
12. sie Dich spiegelt, ihre Bewegungen also an Deinen orientiert
13. sie ihren Körper frontal zu Deinem platziert
14. sie ihre Stimme nach Deiner ausrichtet, beispielsweise hinsichtlich Lautstärke
15. sie lacht, wenn Du lachst
16. sie generell viel und mehr lacht als sonst
17. sie rot wird
18. sie häufig den Kopf neigt
19. sie Deinem Blick nie ausweicht oder sofort ausweicht und dann nach unten schaut
20. sie damit anfängt, Dinge zu streicheln.

Wenn Du zukünftig auf diese Signale achtest, wirst Du immer wissen, ob eine Frau an Dir interessiert ist.

Was ich gar nicht oft genug betonen kann: Keine Angst vor Körben! Körbe sind extrem nützlich: Sie trennen die Spreu vom Weizen und zeigen uns, wer an uns interessiert ist und wer nicht. Ich möchte mir gar nicht vorstellen, was passiert wäre, wenn sich jede Frau mit mir verabredet hätte, die ich angesprochen habe. Das wäre auch zeitlich nie machbar gewesen! Zum Glück bin ich bei einigen von vornherein abgeblitzt. Jeder Korb bringt Dich weiter. Und nach einem Korb unbeirrt weiterzumachen ist ein Sieg. Je gleichgültiger Du gegenüber Körben wirst, desto weniger wirst Du kassieren.

Für Deinen weiteren Weg wirst Du Mut brauchen und ohne Wagnisse einzugehen wirst Du nichts erreichen. Dazu passt das folgende Zitat von Lucius Annaeus Seneca: „Nicht weil es schwer ist, wagen wir es nicht, sondern weil wir es nicht wagen, ist es schwer."

Zurück zum eigentlichen Thema dieses Abschnitts: Frauen. *Frauen sind Authentizitätsprüfer.* Sie prüfen Männchen darauf, ob sie wirklich so stark sind, wie sie tun. Ob sie echt sind oder nur Abziehbildchen. Und ja, zu diesem Zweck gibt es Shit Tests, aber deshalb brauchst Du keine Angst vor ihnen zu haben. Im Zweifel oder wenn Dir nichts Besseres einfällt einfach Achselzucken und ignorieren und der Käse ist gegessen. Achselzucken ist — falls Du es schon wieder vergessen haben solltest — ein stark unterschätztes Kommunikationsmittel: Wenn Du zum Beispiel einen Witz erzählst und keiner darüber lacht, einfach Achselzucken und vergessen, nächstes Thema. Über die Vorzüge des Achselzuckens hast Du bereits viel im Abschnitt zur *Unreactiveness* erfahren.

Im Prolog hatte ich bereits erwähnt, dass der Konkurrenzkampf unter Frauen sehr ausgeprägt ist. Im Abschnitt zur Nichtbedürftigkeit hast Du erfahren, dass es vorteilhaft ist, wenn eine Frau weiß, dass Du auch ohne sie in attraktiver weiblicher Gesellschaft sein kannst, wenn Dir danach ist. Weiblicher Jagdinstinkt wird durch Konkurrenz geweckt. Wenn eine Frau merkt, dass Du bei anderen Frauen angesagt bist, wirst Du in ihren Augen schnell attraktiver. In Kolja Alexander Bonkes Buch „Erfolg bei Frauen" steht nicht ohne Grund etwas überspitzt formuliert, dass Frauen wie Kredite seien: Frauen bekommt man vor allem dann besonders einfach, wenn man nachweisen kann, dass man keine braucht. Im Abschnitt zur Anziehung wird uns dieses Thema erneut beschäftigen.

Logistik, Lebenssituation und harte Fakten

Vor allem wenn Du eine Frau auf einer abendlichen Veranstaltung oder im Nachtleben kennen lernst, sollten neben dem Aufbau von Vertrauen und Anziehung auch die harten Fakten gecheckt werden. Eine große Rolle spielen dabei die drei großen L: Logistik, Lebenssituation und Lifestyle.

Es gibt eine Reihe von Fragen, die früher oder später beantwortet werden sollten:
1. Fragen zur Logistik.
Mit wem ist sie hier? Freunde, Bekannte oder Arbeitskollegen?
Wo wohnt sie? In der Nähe oder weit weg? Ist sie vielleicht nur eine Nacht zu Besuch? Besonders wichtig, wenn Du heute Abend noch mehr mit ihr vorhast als Kontaktdatenaustausch.

2. Fragen zur Lebenssituation.
Wie alt ist sie?
Was arbeitet sie?
Hat sie einen Freund?
3. Fragen zum Lifestyle.
Was macht sie in ihrer Freizeit?
Wofür interessiert sie sich?

Wenn einige dieser Fragen geklärt sind, weißt Du, ob es Gemeinsamkeiten zwischen Dir und ihr gibt, auf denen man aufbauen kann. Ob Lebenssituation und Lifestyle wenigstens ansatzweise mit Dir kompatibel sind. Und nicht zuletzt: Was heute Abend noch möglich ist …
Wenn bei vielen dieser Fragen keine Gemeinsamkeiten oder Ähnlichkeiten vorhanden sind und es auf dem Papier nicht passt, wird die Sache nicht gerade einfacher — aber auch nicht unmöglich. Und wenn scheinbar viel zusammenpasst, ist die Sache noch längst nicht in trockenen Tüchern. Dein Erfolg wird aber wahrscheinlicher, schließlich gilt „gleich und gleich gesellt sich gern" vor „Gegensätze ziehen sich an" — vor allem, wenn es nicht nur um die schnelle Nummer sondern um längerfristige Verbindungen gehen könnte.

Anziehung — was ist das eigentlich?

Anziehung ist einer der wichtigsten Pfeiler erfolgreicher Verführung. Es handelt sich dabei um einen nur schlecht kontrollierbaren, wechselseitigen Prozess, der zwischen zwei sexuell kompatiblen Menschen durch Sympathie, Interesse und Lust entstehen kann. Wir wollen uns hier hauptsächlich damit beschäftigen, wie Anziehung auf der weiblichen Seite funktioniert, wann und wodurch sich also Frauen von Männern angezogen fühlen.
Nicht nur Männer aus der *Seduction Community* gehen davon aus, dass eine Frau einen Mann aufgrund bestimmter Dinge sexuell attraktiv findet, die er macht oder sagt. Obwohl auf dieser Sichtweise viele der gängigen Verführungsstrategien basieren, ist sie prinzipiell nicht richtig. Eine Frau wird nie einen Mann sexuell interessant finden, weil er irgendwelche Sprüche

zum Besten gibt oder sich nach einstudierten Mustern verhält. Und das ist auch gut so. Frauen verspüren Anziehung zu Männern, die selbstsicher, spontan, männlich, gesund, authentisch, stark und sexy sind.
Auch wenn viele Männer es nicht begreifen können oder wollen, sind Frauen ausgesprochen sexuelle Wesen. Frauen denken wie Männer viele Male am Tag an Sex. Frauen haben wie Männer Dates, um bei Gefallen irgendwann mit diesem Date im Bett zu landen. Und wenn eine Frau mehrfach mit Dir ausgeht, ist die Wahrscheinlichkeit sehr hoch, dass sie sich zu Dir hingezogen fühlt.
Anziehung beruht vor allem auf sexueller Spannung zwischen zwei Menschen. Diese Spannung ist zu einem Teil naturgegeben, im Prinzip also eine chemische Reaktion durch unterschiedliche genetische Ausstattungen — je unterschiedlicher die Erbanlagen, desto mehr sexuelle Spannung. Zu einem anderen Teil lässt sie sich aber auch erzeugen. Wie das möglich ist, wirst Du in diesem Abschnitt lernen.
Doch woher kommen die Gesetze der Anziehung überhaupt? Die Antwort ist ganz einfach: Aus Urzeiten. Der Mensch hat zwei fundamentale Urinstinkte — den der Fortpflanzung und den des Überlebens. Diese beiden Triebe werden wir im folgenden Abschnitt zum Thema Wert erneut aufgreifen. Wir sollten nie vergessen, dass wir 20, 30 oder 50 Jahre alt sein mögen, aber unser Hirn 10.000 Jahre alt ist. Es ist für eine völlig andere Zeit konzipiert worden. Wenn wir von dieser Tatsache ausgehen, bekommt alles was wir im Umgang mit Frauen tun oder sagen eine ganz neue Bedeutung. Möglicherweise wird Dir dadurch auf einen Schlag vieles klar. Wir verdrängen in unserer modernen Welt gerne, dass unsere Antriebsmechanismen immer noch aus Zeiten stammen, in denen wir unsere Ansprüche an eine Frau mit einer Keule in den Schädel eines Widersachers gemeißelt haben.
Auch deshalb solltest Du zu dem stehen, was Du bist — nicht zuletzt vor Dir selbst. Nur wenn Du Dich akzeptierst wie Du bist kannst Du eins sein mit Dir selbst. Steh zu Deinen Bedürfnissen als Mann, stehe zu Deiner Sexualität, zu Deinem Wunsch nach Sex. Es ist Deine Natur. Außerdem stehen Frauen auf echte und natürliche Männer, die wissen was sie wollen. Du solltest Dir deshalb immer darüber bewusst sein, was Du eigentlich

von einer Frau willst. Die meisten Männer haben Angst davor, zu ihrer Sexualität zu stehen. Schamhaft scheuen sie sexuelles Verhalten vor anderen und am allermeisten vor Frauen. Sie trauen sich nicht, gegenüber Frauen ihre Sexualität auszuleben. Weil Frauen aber auf Männer stehen, die im Reinen mit ihrer Sexualität sind, haben es diese Männer schwer bei Frauen — bei ihnen entsteht nur selten Anziehung.

Die Grundlage, um sexuelle Spannung und Anziehung zu erzeugen, hätten wir also geklärt: Zur eigenen Sexualität stehen!

Zur eigenen Sexualität stehen heißt auch führen, um zu verführen. Wie bereits erwähnt wollen Frauen Männer, die wissen was sie wollen. Wissen was man will heißt auch, Situationen in die Hand zu nehmen — buchstäblich. Du als Mann bist derjenige, der den Drive Richtung Schlafzimmer haben muss. Im Normalfall musst Du die Führung dorthin übernehmen, auch wenn es manchmal so scheint, als würden Frauen das anders sehen. Frauen versuchen Männern hin und wieder das auszureden, was sie eigentlich selbst wollen. Größtenteils um vor sich selbst oder anderen nicht als Schlampe dazustehen und um herauszufinden, ob sie es mit einem entschlossenen Männchen zu tun haben. Denn, und das hast Du bestimmt bereits erraten, männliche Entschlossenheit finden sie sexy.

Nur zur Sicherheit: Entschlossenheit hat Grenzen — ein „nein" oder „stop" heißt aufhören. Sofort.

Trotzdem muss ein „nein" nicht für immer Gültigkeit haben, manchmal bedeutet es nur „jetzt nicht". Ein „nein" kann sich deshalb irgendwann noch in ein „ja" verwandeln.

Anziehung erzeugen lässt sich mit Klavierspielen vergleichen. Jede Klaviertaste steht für eine Möglichkeit, um sexuelle Spannung zu erzeugen. Je besser Du auf der Klaviatur der Anziehung spielen kannst, desto schneller werden Frauen verrückt nach Dir werden. Dazu genügt es mit Sicherheit nicht, auf zwei Tönen am Rand der Klaviatur herumzuklimpern. Ein Mann muss zwar nicht unbedingt alle Töne spielen können, aber genug für ein ganzes Lied sollte er beherrschen. Je mehr, desto besser. Und wie ein guter Klavierspieler wirst Du irgendwann nicht mehr über die Töne nachdenken müssen — das Spielen wird dann einfach fließen.

Um das klarzustellen: Jedes einzelne Kapitel dieses Ratgebers, den Du in

Deinen Händen hast, beschäftigt sich mit Dingen, die direkt oder indirekt anziehungserzeugend wirken — wie zum Beispiel gutes Aussehen oder kaum aktiv beeinflussbare Faktoren wie Gesundheit. Aber es gibt vier große Akkorde der Anziehung, die sich jeweils in viele Töne unterteilen und die wir tatsächlich relativ gut selbst beeinflussen können:

1. Soziale Intelligenz
2. Vorselektion durch andere Frauen
3. Berührungen und Eskalation
4. Eine Herausforderung sein

Soziale Intelligenz zeigt sich in vielen Dingen, aber vor allem im Sinn für Humor. Humor ist wichtig, weil Frauen Männer mögen, mit denen sie lachen können und eine gute Zeit haben. Getreu dem Cyndi Lauper Klassiker „Girls Just Want to Have Fun" solltest Du deshalb für eine gute Zeit sorgen. Vergiss nicht, dass Du Dich immer für ihren Gefühlszustand verantwortlich fühlen solltest.
Es geht übrigens nicht darum, während einer Verabredung mit einer attraktiven Frau Stand-up-Comedy aufzuführen. Über Clowns wird gelacht, aber mit Clowns hat niemand Sex. Nein, es geht darum, Witzigkeit mit Selbstbewusstsein und leichter Überheblichkeit sowie Ironie zu mischen. Zieh sie auf, nimm Dich selbst auf die Schippe und sorge dafür, dass Ihr die Welt um Euch herum kaum mehr wirklich wahrnehmt. Spiele Rollenspiele mit ihr, tu so als wärt Ihr verheiratet, macht Blödsinn, seid albern. Nimm sie nicht allzu ernst, sondern durch!
Neben Humor ist auch Dein Umgang mit Mitmenschen entscheidend. Wenn Du in jeder sozialen Situation Souveränität ausstrahlst und Deine Komfortzone weitläufig ist, hast Du jede Frau auf Deiner Seite. Frauen lieben Männer, die gut mit anderen Menschen umgehen können.
Du hast bereits vor Augen geführt bekommen, warum es so wichtig ist, niemals bedürftig zu erscheinen. Doch nicht nur das ist wichtig — von anderen Frauen als attraktiv eingestuft zu werden ist mindestens ebenso hilfreich, um von einem bestimmten weiblichen Wesen als möglicher Partner wahrgenommen zu werden. Schließlich wird ihr Jagdinstinkt durch

Konkurrenz geweckt. Wir nennen diesen Mechanismus deshalb *Preselection* oder *Vorselektion durch andere Frauen.*

Die Erklärung für dieses Phänomen: Frauen vergleichen sich ständig mit anderen Frauen. Besonders in Anwesenheit attraktiver Männer herrscht zwischen ihnen ein knallharter Konkurrenzkampf in Sachen Optik. Archaisch betrachtet geht es dabei um Fragen wie „wer kriegt den ranghöchsten Mann?" oder auch „wer kann mir den Mann abluchsen?" Du weißt sicher, was ich meine: „Spieglein, Spieglein an der Wand ..." und so weiter.

Dieser weibliche Konkurrenzkampf samt *Preselection*-Effekt kann clever genutzt werden, er sollte deshalb stets im Hinterkopf bleiben. Subtil etwas Eifersucht zu erzeugen und so Begehrlichkeiten zu wecken kann Gold wert sein — und ist verdammt easy. Manchmal eher weniger als mehr machen, entspannt die Füße hochlegen und beispielsweise in Begleitung der richtigen Frau diesen Effekt voll ausnutzen. In attraktiver weiblicher Gesellschaft aufzutauchen genügt manchmal, um die Blicke aller anderen Frauen anzuziehen. Nichts qualifiziert einen Mann mehr als andere Frauen, die ihn begehren. Deshalb auch hin und wieder etwas *Namedropping* betreiben und in Geschichten ruhig mal einen Vornamen einer weiblichen Protagonistin fallen lassen — ganz beiläufig und nicht plump, versteht sich. Und nur, sofern sich die aktuelle Gesprächspartnerin noch nicht genug mit eigenen Augen davon überzeugen konnte, dass Du häufig in attraktiver weiblicher Gesellschaft bist.

Außerdem zu empfehlen: Eine beste Freundin zu haben — falls Du Lust darauf hast. Nicht nur, um diese Tatsache in Gesprächen mit Frauen kalkuliert zu erwähnen, sondern weil eine platonische weibliche Vertrauensperson einem Mann interessante Einblicke in weibliche Denke liefern kann. Und wenn diese Freundin dazu noch hübsch ist, kann sie auch noch als Begleitung im Nachtleben gute Dienste liefern ...

Beginnen wir den nun folgenden Teil mit einer etwas kontroversen Wahrheit: Die Begierde von Frauen besteht zu einem großen Teil darin, begehrt zu werden. Sexuelles Verlangen vieler Frauen ist narzisstisch geprägt. Sie werden nicht zuletzt dadurch erregt, dass ein Mann wegen ihnen erregt ist und sie begehrt.

Spätestens jetzt dürfte Dir noch klarer geworden sein, warum es attraktiv ist, die treibende Kraft Richtung Schlafzimmer zu sein und warum *Berührungen und Eskalation* Deine Anziehungskraft erhöhen.

Keine Frau würde Dich je dafür verurteilen, dass Du sie willst. Sie kann aber in Momenten, wo dieser Umstand unübersehbar wird, mit ihren Emotionen und der Situation überfordert sein. Dann ist es Deine Aufgabe, ihr dabei zu helfen, damit klarzukommen. Und selbst wenn sie Dich dann tatsächlich abweist, solltest Du es nicht gegen Dich richten.

Besonders wenn Du eine indirekte Eröffnung gewählt hast, ist es sehr wichtig, besser jetzt als gleich dafür zu sorgen, dass die ganze Angelegenheit einen sexuelleren Touch bekommt. Also näher rücken, heftig flirten, das Gespräch clever auf physische Themen lenken und eskalieren. Im Klartext: Die Frau anfassen und dann küssen.

Für den ersten Kuss kannst Du Dir mit einer Reihe von Routinen behelfen. Zum Beispiel, indem Du lächelnd mit Rollenverteilungen spielst: „Ich finde, du hast tolle Lippen. Willst du mich küssen?"

Wenn sie „ja" sagt, küsse sie. Wenn sie „vielleicht" oder „weiß nicht" sagt, könntest Du „lass es uns herausfinden" entgegnen und sie küssen.

Wenn sie „nein" oder „das geht mir alles zu schnell" sagt, versuchst Du es in einer Viertelstunde einfach wieder.

Weitere Möglichkeiten:

„Weißt du was? Ich würde gerne wissen wie du schmeckst!"

Oder:

„Ich muss was probieren!"

Dann riechst Du an ihrem Hals, machst ihr ein Kompliment für ihren Duft und küsst sie dort. Dann sagst Du „… ich frage mich, wie deine Lippen schmecken …" und küsst sie.

Mehr Varianten gefällig?

„Stell dir vor, du wärst auf einer Kussschule! Welche Note würde dir dein Lehrer geben? 1 ist Zungenpropeller und 10 ist leidenschaftlich … Lass es uns herausfinden!"

„Bist du abenteuerlich? Ja? Bist du auch spontan? … Ich weiß gar nicht, ob ich dir das so sagen kann … du hast zärtlich geformte Lippen. Ich frag mich, wie sie schmecken …"

Achte darauf, dass Deine Stimmlage am Ende der Sätze nicht nach oben abdriftet und küss sie einfach. Es ist keine große Sache, wirklich nicht.
Wenn es noch etwas romantischer sein soll, eignet sich die folgende Routine, ich glaube ich habe sie aus einem Film mit Nicolas Cage:
Du sagst „… weißt du was?" während Du ihr ein gutes Stück näher kommst und ihre beiden Hände nimmst. Schau ihr dabei in die Augen.
Sie sagt dann zum Beispiel „was?", worauf Du entgegnest:
„Weißt du wie ein Italienischer Dichter der Romantik Schönheit definierte?"
Währenddessen näherst Du Dich jetzt auch auf 30 Zentimeter.
Sie verneint die Frage und Du antwortest darauf ganz ruhig und mit tiefer Stimme:
„Als Summe der Teile, bei deren Anordnung die Notwendigkeit entfällt, etwas hinzuzufügen, entfernen oder zu ändern."
Und wenige Sekunden später, während Du noch näher kommst:
„Das ist Schönheit … du bist wunderschön."
Dann nimmst Du ihr Gesicht in beide Hände und küsst sie. Das war's.
Gibt es einen optimalen Zeitpunkt für die Eskalation? Je länger Du mit dem ersten Kuss wartest, desto schwieriger wird es irgendwann, diesen Zug noch zu erwischen. Es droht die berüchtigte Friend-Zone, aus der es meist kein Entrinnen gibt. Und schließlich willst Du ja irgendwann bei ihr im Bett landen, oder etwa nicht? Nicht vergessen: Dazu solltest Du stehen, vor allem vor Dir selbst. Deshalb solltest Du Dir mit dem Eskalieren auch nicht endlos Zeit lassen. Meiner Erfahrung nach sinkt die Wahrscheinlichkeit für Sex, wenn man insgesamt mehr als zehn Stunden mit einer Frau verbracht hat, ohne dass etwas passiert ist. Durch die Erzeugung von sexueller Spannung und Anziehung sowie zügiger Eskalation wird jegliches Abrutschen in die Friend-Zone wirkungsvoll vermieden. Die Frau sollte von Anfang an förmlich gezwungen sein, sich ernsthaft zu fragen, ob Du als Geschlechtspartner für sie in Frage kommst. Ist das nicht der Fall, wird sie bald verschwinden — was dann für alle Seiten die beste Entscheidung ist. Wenn Sex mit Dir aber möglich sein sollte, wird sie bleiben. Alles andere wäre für sie Zeitverschwendung, ebenso wie für Dich.
Indem Du sie schon zu Beginn zwingst, Dich als sexuelles Wesen wahr-

zunehmen, läufst Du nie Gefahr, zum *Orbiter* zu werden. Das sind Männer, die sich eine Frau trotz fehlender Anziehungskraft in der Umlaufbahn hält, weil sie einen wie auch immer gearteten Nutzen daraus zieht. Zum Beispiel, weil sie vermögend sind oder Seelentröster oder gute Handwerker. Im Klartext: Eine besondere Art der *Friend-Zone* mit ausgenutzt werden und ohne dass man kapiert, dass man längst auf dem Abstellgleis gelandet ist. Sehr unschön, dieser Zustand. Der jeweilige Mann glaubt an seine Chance und spielt dieses Spiel mit, ohne je gewinnen zu können. Obwohl sich der arme Kerl Hoffnungen macht, kommt er für Schweinereien niemals in Frage und wird sexuell immer leer ausgehen. Die Frau spürt bei ihm keine Anziehung. Durch frühzeitige Eskalation wirst Du dieses Schicksal nie erleiden — *Orbiter* wird man nur, wenn man sich brav, wohlerzogen und harmlos verhält. Eskalation hingegen erzeugt Anziehung und macht Dich viel zu anstrengend und gefährlich, um Dich als *Orbiter* zu halten. Sie wird Dich dann entweder schnell loswerden wollen oder auf Deine Avancen eingehen.

Ich empfehle Dir, Frauen von Anfang an wie zufällig immer wieder zu berühren — etabliere Deine Berührungen auf ganz natürliche Art und Weise. Ein Kuss, ohne sich vorher berührt zu haben, wird sich fremd anfühlen. Berührungen steigern Vertrauen und Spannung und sorgen bei der Frau für einen Hormonausstoß, der Dir in die Hände spielt. Steigere langsam die Intensität der Berührungen, arbeite Dich von Hand und Arm zu Rücken und Haaren vor und steige auf der Eskalationsleiter immer weiter nach oben. Sorge dafür, dass sich Eure Hände treffen, lege ihr aus Spaß den Arm um die Schulter, provoziere High fives wenn es etwas zu feiern gibt, umarme sie und belohne sie mit Küsschen. Und wenn Du Dich danach fühlst und die Situation es hergibt, eskalierst Du und küsst sie richtig. Wann das der Fall ist, spürst Du. Wie immer der Hinweis: Achte stets auf ihre Signale und übertreibe nichts!

Die Eskalation weist fünf Stufen auf:
1. Normale Berührungen
2. Intensive Berührungen
3. Küssen
4. Rummachen
5. Sex

Körperkontakt sollte immer passieren, ohne dass Du gleichzeitig auf die Stelle schaust, die Du berührst. Und gewöhne Dich daran, Deine Gesprächspartner beim Sprechen immer wieder auf natürliche Art und Weise zu berühren. Männer von hohem Status berühren andere Menschen ganz selbstverständlich. Lege deshalb unbedingt Deine Ängste vor Nähe ab. Andernfalls wirst Du Deine Ziele nicht erreichen.

Gesunde Bestimmtheit und Dominanz beim Thema Berühren wissen übrigens fast alle Frauen zu schätzen. Frauen stehen schließlich auf echte Männer, vergiss das nicht! Trotzdem wird Dir eine Frau in den wenigsten Fällen von sich aus eine offizielle Erlaubnis zur Eskalation erteilen. Auf solche Einladungen solltest Du deshalb nicht warten, sondern einfach machen. Wie *Charlie Harper* aus „Two And A Half Men" immer gesagt hat: „Bitte lieber um Verzeihung als um Erlaubnis."

Der vierte und letzte große Akkord der Anziehung ist *eine Herausforderung zu sein*. Dafür musst Du über ausreichend Selbstsicherheit und Selbstvertrauen verfügen. Diese grundlegenden Eigenschaften wurden ausführlich im Kapitel zur Ersten Säule des Inneren Feldes behandelt. Dort wurden auch konkrete Übungen zu diesen Themen vorgestellt. Bei Bedarf solltest Du dorthin zurückblättern.

Außerdem sehr wichtig: Nichtbedürftigkeit. Auch diesen Abschnitt solltest Du wiederholen, falls Du Dich nicht mehr ausreichend an dieses Thema erinnern kannst. Denn nur wenn man sich nicht bedürftig verhält, kann man für eine Frau glaubhaft eine Herausforderung darstellen.

Schlecht gespieltes oder übertriebenes *Hard-to-get*-Verhalten bringt hingegen keinen Erfolg. Nie vom eigenen hohen Ross runterzukommen ist genauso wenig zielführend wie sich bedürftig zu verhalten. Als Dating-Coach habe ich Hunderte Männer erlebt, die in Bars und Clubs nur so vor vermeintlichem Desinteresse strotzen. Den Kopf gerade, das Kinn nach oben gerichtet, Brust raus und ein selbstgefälliges Grinsen auf den Lippen. Aber anstatt die Initiative zu ergreifen, Frauen anzusprechen und eine gute Zeit mit ihnen zu verbringen, sind diese Jungs total passiv, stehen betont cool herum und warten darauf, von Frauen angesprochen zu werden. Häufig sind das Männer, die recht gut aussehen und davon auch relativ überzeugt sind.

Sie merken einfach nicht, dass sie durch ihr Verhalten jegliche soziale Interaktion mit ihrem Umfeld im Keim ersticken. Die Frauen in ihrer Umgebung verhalten sich dann oft genauso — sie spiegeln nämlich in diesem Fall das männliche Benehmen.

Diese Männer glauben, dass ihr Status verringert werden könnte, wenn sie eine Frau ansprechen — schließlich könnten sie ja abgewiesen werden und so ihre weiße Weste verlieren. Sie tun alles dafür, damit ihr mühsam aufgebautes Welt- und Selbstbild nicht durch eine Abfuhr wie ein Kartenhaus in sich zusammenfällt. Pech für sie, dass attraktive Frauen eher selten Männer ansprechen — und schon gar nicht Männer, die zwanghaft auf cool machen.

Und selbst wenn einer dieser Männer mal ein Gespräch mit einer Frau beginnt, verschwindet er häufig sehr schnell wieder und hofft dann darauf, dass sie ihm hinterherläuft. Übrigens besonders oft bei Männern aus der *Seduction Community* zu beobachten. Eine halbwegs witzige Bemerkung und es wird sich wieder aus dem Staub gemacht ...

Fazit: Sich ausschließlich auf passables Aussehen und eine Aura Marke „Ich bin der Preis" zu verlassen, bringt Frauen in den seltensten Fällen dazu, Dir sofort die Kleider vom Leib zu reißen. Dieses Verhalten meine ich also nicht mit der Umschreibung „eine Herausforderung sein". Ein Mann sollte aber auch nicht nach der Gesprächseröffnung verschwinden, nur um die Frau auf eine Art Schnitzeljagd zu schicken.

Eine echte Herausforderung ist ein Mann, bei dem die Frau sich anstrengen muss, um bei ihm ihre Ziele zu erreichen. Ein Mann, der ihr Interesse weckt, sich mit ihr unterhält, ihr aber dann trotz großer Attraktivität weder nach dem Mund redet noch hinterherläuft. Ein Mann, der einfach schwerer zu begeistern ist als all die anderen Kerle, mit denen sie normalerweise zu tun hat.

Auf die Gefahr mich zu wiederholen: „Hinterherlaufen" beziehe ich ausdrücklich nicht auf die Kennenlernphase. Gerade am Anfang muss ein Mann manchmal über seinen Schatten springen und sein Ego überwinden, um seine Ziele zu erreichen. Ein Stück auf die Frau zuzugehen ist zu Beginn oft unerlässlich. Das gilt vor allem, wenn Du versuchst, Frauen auf der Straße oder in anderen schwierigen Umgebungen kennen zu lernen. Aber: Wenn Du merkst, dass die Frau kein echtes Interesse hat, sondern nur mit Dir spielt und ihr Ego poliert, solltest Du Dich schnell wieder verabschieden. Wende Dich dann lieber einer Frau zu, die Dich zu schätzen weiß.

Zurück zu „eine Herausforderung sein": Der andere Fall ist, dass viele Männer ihrem Erfolg bei Frauen oft selbst im Weg stehen. Und warum? Weil sie alles tun, um es Frauen möglichst einfach zu machen, sie zu mögen. Und genau das ist das Problem: Frauen darf man es nie zu einfach machen.

Frauen sind wie Katzen. Sie sind neugierig, spielen gerne, aber flüchten anfangs häufig, wenn man sie streicheln will und kommen an, wenn man sie ignoriert. Sie können schnell das Interesse an Dingen verlieren, die allzu einfach zu haben sind.

Wenn ein Mann zu leicht auszurechnen ist, kann er für eine Frau leicht langweilig werden. Und was zu einfach zu bekommen ist, wissen sie meist nicht zu schätzen.

Deshalb: Mach nicht denselben Fehler wie diese Männer! Du bist eine Herausforderung, ja, Du bist der Preis! Du hebst Dich damit ab von der Konkurrenz, die jedem Rock hinterherläuft.

Erfolgreiche Männer laufen niemandem blind hinterher. Sie sind nie ganz zu durchschauen und berechenbar, sondern bleiben immer etwas mysteriös. Deshalb: Sei geheimnisvoll! Genau wie die Verführung selbst. Verführung ist nie statisch und selten vorhersagbar, sie ist oft spontan, manchmal wie zufällig und fast immer irgendwie überraschend. Schau Dir klassische Dramen oder große Liebesgeschichten an: Diese Storys strotzen vor lauter Auf und Ab, bis das Paar endlich zueinander findet.

Deshalb führt das Prinzip „zwei Schritte vor, einen zurück" so zielsicher in Herz und Bett der Traumfrau. Frauen hassen diese Achterbahnfahrt,

aber lieben sie gleichzeitig auch. Und wenn Du diese weibliche Vorliebe für Drama clever nutzen kannst, stehen Dir bald viele Türen offen.
Der Schlüssel dazu ist eine Strategie namens *Push & Pull* — Wegstoßen & Heranziehen. *Push & Pull* verschafft Frauen genau die Gefühlsachterbahn, die sie so reizt: Mal ist der Mann verfügbar, mal nicht. Mal sagt er ja, mal nein. Mal gibt es Hindernisse, mal läuft alles glatt. Mal ist er nett, mal weniger. Mal heiß, mal kalt. Mal zieht er sie zu sich heran, mal stößt er sie weg. Erst verteilt er ein Kompliment und einen Kuss, dann zieht er sie auf. Ein weiteres klassisches Beispiel eines nonverbalen *Push & Pull*: Einer plappernden Frau den Finger auf die Lippen zu legen. Eine deutliche Aufforderung, den Schnabel zu halten und eigentlich auch eine ziemliche Respektlosigkeit — Push! Sie danach zu küssen, löst die Situation aber durch einen wunderschönen Pull wieder auf.
Ebenfalls ein schönes nonverbales Wegstoßen & Heranziehen: Sie leicht von der Seite mit der Hüfte wegschubsen, dann lächeln und sie wieder in den Arm nehmen.
Auch so genannte Doppelbindungen, manchmal auch als doppeldeutige Signale, *Mixed Signals* oder *Double Binds* bezeichnet, können sich gut als *Push & Pull* eignen. Das sind alle Arten von paradoxen, sich widersprechenden Botschaften. Ein nonverbaler *Double Bind* wäre beispielsweise ihr in die Augen zu schauen und mit verschränkten Armen zu lächeln. Körpersprache und Mimik widersprechen sich in diesem Fall, die Botschaft ist uneindeutig. Oder sie einfach nur erwartungsvoll anzuschauen, ohne irgendetwas zu sagen. Damit erzeugst Du ein so genanntes Vakuum, das enorme Spannung erzeugen kann. Dazu ein kleines Lachen, ein Tupfer Neugierde — und ihre Aufmerksamkeit ist Dir gewiss. Und dann einfach mal der Versuchung widerstehen, ein Ventil einzusetzen, das die Spannung wieder entweichen lässt. Im Klartext: still sein. Bleib einfach bei ihr, gib Dich leicht unbeteiligt und Du wirst sehen, wie schnell Sie an Eurer Unterhaltung *beteiligt* sein wird. Du kannst Deine Aufmerksamkeit ihr gegenüber auch variieren und mal aufmerksamer sein, mal weniger aufmerksam. Ähnlich wie die Technik eines Hypnotiseurs, die man Fraktionieren nennt. Hypnotiseure lassen Probanden in Trance verfallen, um sie dann wieder herauszuholen und erneut in Trance abgleiten lassen.

Dadurch wird die jeweils nächste Trance noch tiefer. Genauso zyklisch kannst Du die Aufmerksamkeit variieren, die Du ihr gibst. Sie wird immer wieder versuchen, sich zurückzuholen, was sie eben verloren hat — nämlich Deine Aufmerksamkeit!

Schöner Nebeneffekt: Du unterscheidest Dich damit von den ganzen Äffchen, die sie sonst bespaßen. Ganz anders als diese Jungs bearbeitest Du sie offensichtlich nicht, um sie ins Bett zu bekommen. Im Gegenteil: Deine Aufmerksamkeit schweift ständig ab und sie wird Dich bearbeiten, um Dich bei der Stange zu halten. Damit kehrst Du ihr Weltbild einfach um und weckst so starkes Interesse. Sie kämpft um Dich, ihr Jagdinstinkt ist erwacht. Verbal würde ein *Push & Pull* ungefähr so aussehen:

„Du bist ja ganz schön frech ... (Push) Ich mag das, High five! (Pull)"

Auch ohne *Push & Pull* kannst Du auf viele Arten kommunizieren, dass Du eine Herausforderung bist. Wichtig ist dabei, dass Du diese Sätze mit einem Augenzwinkern und einem kleinen Lächeln um die Lippen an die Frau bringst.

Die Rollenverhältnisse umzukehren und Dinge zu sagen, die normalerweise immer von Frauen kommen, sorgt dabei für gewissen Witz.

„Ich bin kein Mann für eine Nacht."

„Ich schlafe niemals mit einem Mädchen beim ersten Date."

„Wir können gerne zu mir gehen, aber es wird keinen Sex geben."

„Du musst mich echt nicht zu einem Bier einladen, ich häng auch so mit dir rum."

„Eigentlich hat mir meine Mutter ja verboten mit fremden Frauen zu sprechen, aber du scheinst ja ganz nett zu sein."

Oder, wenn sie Dich angefasst hat:

„Hey, sehe ich aus wie ein Werbeartikel, anfassen kostet was!"

Nachdem Du das Gespräch mit ihr eröffnet hast, macht es Spaß, ihr die Sache in die Schuhe zu schieben:

„Du bist ja echt krass drauf — einfach so fremde Männer auf der Strasse anzusprechen ..."

In der Öffentlichkeit kannst Du auch Passanten in die Unterhaltung einbinden:

„Hey, du da drüben! Würdest du sie bitte mitnehmen? Sie kann sich heute

irgendwie überhaupt nicht benehmen …"
Oder, wenn ihre Freundin dabei ist:
„Ich weiß echt nicht, ob ich mich mit euch dort sehen lassen kann. Könnt ihr euch nicht mal ein bisschen benehmen?"

Nachdem Anziehung in ihren Bestandteilen nun ausführlich behandelt wurde, kommen wir zum nächsten großen Pfeiler der Verführung: Der Wert eines Mannes für eine Frau.

Wert eines attraktiven Mannes

In Sachen *Value*, dem Wert eines Mannes, sind Frauen wie Erdbebenseismographen — unglaublich sensibel. Die meisten von ihnen merken sofort, ob ein Mann hohen Wert vortäuscht oder tatsächlich besitzt. Und je höher der Wert einer Frau, desto besser kann sie diese Eigenschaft bei Männern erkennen.
Viele Mitglieder der *Seduction Community* aber auch große Teile der restlichen Männerwelt verstehen Wert falsch. Das dort weit verbreitete Konzept *DHV*, also *Demonstration of Higher Value*, wird unglaublich häufig nicht richtig kapiert und entsprechend erfolglos angewendet. Viele prahlen und lügen und erfinden tolle Geschichten und wundern sich, warum sie mittel- bis langfristig damit nichts erreichen. Man sollte Frauen nicht für blöd halten. Siehe oben — je höher der Wert einer Frau, desto schneller erkennt sie Fakes und Schwätzer.
Status ist einer der wichtigsten Teile von männlichem Wert für eine Frau. Evolutionsbiologisch fußt Wert auf *Überlebenswert* und *Fortpflanzungswert*. Im Klartext: Inwieweit ein männlicher Partner in der Lage ist, die Wahrscheinlichkeit des Überlebens und der Fortpflanzung einer Frau zu erhöhen. Schließlich sind das die beiden wichtigsten Aufgaben, die uns Mutter Natur mitgegeben hat: Überleben und Nachkommen produzieren. Richtig, uralte Instinkte spielen dabei eine große Rolle, das hatten wir schon. Und deshalb beurteilen Frauen Männer auch heute noch nach diesen beiden Kriterien: „Kann mir dieser Mann das Überleben sichern und ist er in der Lage, mit mir gesunde Kinder zu zeugen?" Man sollte

eben nie unterschätzen, dass unser Gehirn Tausende von Jahren alt ist ... *Überlebenswert ist für Frauen wichtiger als Fortpflanzungswert — paaren können sie sich schließlich an jeder Ecke, wenn sie das wollen.* Aber dauerhafte materielle Versorgung gibt es für sie nicht an jeder Ecke. Deshalb stehen Männer von hohem Status so hoch im Kurs — und seien sie teilweise noch so dick, alt oder hässlich. Das ist einer der Vorteile aller Flavio Briatores dieser Welt: Manchmal dürfen sie sogar deutsche Supermodels schwängern. Ja, Status ist kulturübergreifend das wichtigste, um Frauen zu beeindrucken. Aber für Frauen zählt nicht ausschließlich gegenwärtiger sozialer Status, sie achten beileibe nicht nur auf Armbanduhr, Kontoauszug und fahrbaren Untersatz. Es kann auch genügen, wenn sie Dir durch Dein Verhalten und Deine Ausstrahlung zuschreiben, dass Du es mit hoher Wahrscheinlichkeit in Zukunft schaffen wirst, hohen sozialen Status aufzubauen. Frauen haben ein Gespür dafür, wenn ein Mann das Potenzial hat, es in Zukunft weit zu bringen. Es ist also wichtig, Verhalten an den Tag zu legen, das mit hohem Status in Verbindung gebracht wird.

Nun — was heißt das ganz konkret? Welches Verhalten von Männern bringen Frauen mit hohem gesellschaftlichem Standing in Verbindung? Hauptsächlich drei Dinge:

1. Wie Du andere behandelst,
2. wie andere Dich behandeln und
3. wie Du Dich selbst behandelst.

Lass uns also festhalten: Status wird eher durch vernünftiges Verhalten und angemessene Manieren ausgedrückt als durch die Rolex am Handgelenk. Sind das nicht gute Nachrichten? Schließlich hat nicht jeder von uns für solchen Schnickschnack das nötige Kleingeld. Und falls Du das nötige Kleingeld hättest, brauchst Du es nicht wegen einer Frau in solche Dinge zu investieren. Mann braucht so etwas nicht, um für Frau attraktiv zu sein!

Ein Mann symbolisiert in den Augen einer Frau auch dadurch Wert, dass er viele Leute kennt und von vielen freundlich begrüßt wird. Nicht nur deshalb empfiehlt es sich, an Persönlichkeitsfaktoren wie sozialer Kompetenz zu arbeiten. Beziehungen sind schließlich sehr wichtig im Leben. Und in einem vollen Restaurant auf den letzten Drücker einen guten Tisch zu bekommen, weil man den Besitzer kennt, kann auch für ein erfolgreiches Date sehr entscheidend sein!

Übrigens: Dein Status bringt Frauen dazu, Dich als festen Partner attraktiv zu finden. Aber er bringt sie nicht unbedingt dazu, sofort wilden Sex mit Dir haben zu wollen. Schließlich ist es unter Umständen auch auf anderen Wegen möglich, Vorteile durch Deinen Status zu genießen — zum Beispiel durch eine platonische Freundschaft mit Dir. Deshalb droht auch bei höchstem Status die Gefahr, von einer Frau ins Gute-Freunde-Land abgeschoben zu werden. Zum Beispiel, wenn sexuelle Spannung und Anziehung fehlt.

Wie Du Deinen sozialen Status karrieremäßig tatsächlich erhöhen kannst, wird die Vierte Säule des Äußeren Feldes zeigen. Solange Du noch nicht über gesellschaftlich hohen Status verfügst, solltest Du Dein Standing einfach so clever wie möglich verkaufen, denn nichts anderes heißt *Demonstration of Higher Value*. Jedenfalls wenn man es richtig macht.

Ganz konkret bedeutet das: Alles, was Deinen Status ausmacht, möglichst positiv darstellen! Deine vielen Freunde zum Beispiel, Deine Vision im Leben, Deinen geschmackvollen Style, Dein gutes Benehmen, Dein Allgemeinwissen oder Deinen coolen Job. Überlege Dir, was Du zu bieten hast und wie Du diese Vorzüge am besten kommunizieren könntest. Nicht angeben oder gar lügen, sondern sich einfach clever verkaufen! Die positivsten Aspekte Deines Wertes dabei am beiläufigsten mitzuteilen verspricht übrigens den größten Erfolg. Keiner mag Angeber, deshalb kommt ein *DHV* am besten beim weiblichen Gesprächspartner an, wenn es durch lustige Storys oder authentische Handlungen ganz nebenbei transportiert wird. Je subtiler, desto besser!

Damit wären wir auch schon bei einer wichtigen *DHV*-Regel angelangt: Je höher Dein tatsächlicher Status, desto vorsichtiger und bescheidener solltest Du ihn demonstrieren. Den Millionär, der den ganzen Tag mit seiner Kohle angeben muss, finden echte Klassefrauen nämlich einfach nur peinlich.

Viele Männer- und Datingratgeber aus den USA sind in diesem Bereich mit Vorsicht zu genießen. In Amerika wird Prahlen eher toleriert als im deutschsprachigen Raum. In Deutschland, Österreich und vor allem der Schweiz müssen *DHV* viel behutsamer verwendet werden, weniger ist hier mehr. Die Gründe dafür liegen in großen kulturellen Unterschieden. Männlicher Wert für eine Frau hat neben sozialem Status viel mit Vertrauen zu tun. Wenn eine Frau Dir nicht ein gewisses Mindestmaß an Vertrauen entgegenbringt, ist die Wahrscheinlichkeit eines *Flakes* groß. Das heißt, sie gibt Dir eine falsche Nummer, Deine Anrufe werden nicht beantwortet oder sie lässt Eure Dates platzen. Du solltest deshalb in jedem Gespräch von Anfang an darauf achten, dass Dein Gegenüber ausreichend Vertrauen zu Dir fassen kann. Vertrauen werden wir übrigens in einem der folgenden Abschnitte vertiefen.

Frauen waren in den letzten paar Tausend Jahren darauf angewiesen, einen starken Mann zu finden und diesen zu binden. Dieser Mann musste so gut als möglich dafür sorgen, Frau und Kinder vor Gefahren zu bewahren. Zeige der Frau deshalb zu gegebener Zeit, dass Du in der Lage bist, sie zu beschützen.

Wenn Du glaubwürdig Wert ausstrahlst, wird sich die *Flake-Quote* minimieren. Falsche Telefonnummern, unbeantwortete Anrufe oder geplatzte Dates werden dann der Vergangenheit angehören. Im Gegenteil: Es könnte zur Regel werden, dass Frauen sich nach dem Austausch der Kontaktdaten bei Dir zuerst melden.

Du solltest möglichst objektiv versuchen, Deinen eigenen Wert, den Du auf Frauen ausstrahlst, zu analysieren. Welchen Überlebens- und Fortpflanzungswert stellst Du dar, jetzt wo Du genau weißt, was diese Bestandteile von Wert ausmachen? Wie behandelst Du andere und wie wirst Du behandelt? Bist Du ein attraktiver Lebenspartner für eine Frau Deiner Zielgruppe? Stehst Du in der sozialen Nahrungskette unten oder oben? Auch wenn diese Fragen unangenehm darwinistisch klingen mögen, solltest Du sie Dir ehrlich stellen und den Antworten entsprechend an Dir arbeiten. *Selbsterkenntnis ist der erste Schritt zur Besserung.*

Und nur wenn Du wirklich daran glaubst, hohen Wert zu haben, wirst Du hohen Wert ausstrahlen. Wenn Du insgeheim daran glaubst, dass die Frau einen höheren Wert besitzt als Du, kommunizierst Du das mit Deiner

Körpersprache, Deiner Tonalität und allen anderen unbewussten Signalen. Präge Dir deshalb diese Abfolge von vier Schlüsselsätzen ein:

1. Ich stehe zu mir und meinen Bedürfnissen als Mann.
2. Wenn ich eine Frau anspreche oder Zeit mit ihr verbringe, mache ich ihr damit ein Geschenk.
3. Wenn sie cool ist, wird sie dieses Geschenk annehmen.
4. Ich verbringe nur Zeit mit Frauen, die meine Anforderungen und Erwartungen erfüllen.

Wiederhole diese Schlüsselsätze jeden Tag mehrfach. Sprich sie laut aus, wenn Du alleine bist. Diese Übung ist wirkungsvoll, um die Grundlage für Deinen Selbstwert zu schaffen.

Frauen und Männer mit hohem Wert haben viele Dinge gemeinsam, vor allem aber eines: Sie haben große Ansprüche, was die Partnerwahl angeht. Und diese Ansprüche fordern sie auch ein. Sie geben sich nicht mit halben Sachen zufrieden. Sie wollen jemanden, der in ihrer Liga spielt. Genau deshalb solltest Du Dich nicht scheuen, diese Ansprüche zu kommunizieren. Menschen von hohem Wert tun das. Und warum tun sie das? Weil sie es können. Sie können es sich erlauben, in ihrer Position ist dieses Verhalten standesgemäß, denn wer viel zu bieten hat, darf auch viel verlangen — niemand nimmt ihnen das übel. Potenzielle Geschlechts- und Lebenspartner eines solchen Menschen müssen sich eben erst qualifizieren, um erwählt zu werden.

Auf dem Single-Markt läuft diese Qualifizierung meist in einer Richtung ab: Der Mann versucht sich für die Frau zu qualifizieren und die Frau wählt aus. Warum ist das so? Weil Hollywood, unsere Gesellschaft und unsere Erziehung uns diese Rollenverteilung von klein auf eintrichtern. Und was tun wir deshalb? Wir drehen den Spieß um! Wir sorgen für einen Rollentausch und bringen die Frau dazu, sich qualifizieren zu wollen. Sie qualifiziert sich bei Dir und wird dafür von Dir belohnt — beispielsweise durch Komplimente und letztendlich indem Du sie erwählst.

Du kommunizierst Deine Ansprüche — verbal und nonverbal durch Deinen hohen Wert als Mann. Allein schon durch diese Tatsache unterscheidest Du Dich von ganzen Heerscharen männlicher Konkurrenten, die im Prinzip fast alles nehmen würden, was sie kriegen. Sie verraten ständig ihre eigenen Werte und Ansprüche, was auf hochklassige Frauen schwach und unattraktiv wirkt. Du bist anders und dadurch wirst Du in den Augen der Frau noch wertvoller. Und Deine Ansprüche sind dabei nicht übersteigert, sondern immer angemessen. Du tust schließlich auch viel dafür, um Dir diese Ansprüche leisten zu können — *Du lebst diese Ansprüche*. Und Du erwartest nichts von einer Frau, was Du nicht selbst bereit und fähig bist zu geben.

Wenn Du von einer Frau Aufmerksamkeit und Offenheit erwartest, dann musst Du als Mann in der Lage sein, die ersten Schritte in diese Richtung zu gehen. Es ist Deine Aufgabe, mit dem damit verbundenen Druck und der Gefahr, verletzt zu werden zurechtzukommen. Das ist das Mindeste.

Überlege Dir deshalb genau, welche Ansprüche Du an eine Frau hast und handle stets dementsprechend. Stell Dir eine Liste mit Kriterien zusammen, auf die Du bei einer Frau Wert legst. Ausgesuchte Punkte dieser Liste kannst Du dann zu gegebener Zeit kommunizieren. Zum Beispiel so: „Ich mag selbständige Frauen, die wissen was sie wollen." Wenn sie Deinen Wert hoch genug einschätzt, wird sie höchstwahrscheinlich im weiteren Verlauf des Gesprächs versuchen, Dich von ihren Qualitäten in Sachen Selbständigkeit und Zielstrebigkeit zu überzeugen. Im Klartext: Sie qualifiziert sich — und genau das willst Du!

Allerdings solltest Du nicht nur eine Liste Deiner Ansprüche an die Frau erstellen. Gleichzeitig solltest Du Deine Vorzüge aus Sicht der Frau auflisten, die Deinen Wünschen entsprechen. Was hast Du im Gegenzug zu bieten? Beide Listen sollten zumindest einigermaßen im Gleichgewicht sein. Wenn Du beispielsweise momentan arbeitslos bist, sollte auf Deiner Anspruchsliste nicht „Millionärin" ganz oben stehen. Und wenn Du 50 bist, sollte Deine Altersobergrenze nicht 20 sein.

Die entscheidende Frage jeder Unterhaltung ist: Wer qualifiziert sich bei wem? Wer will wen beeindrucken und vor allem *wer hat es nötig, den anderen zu beeindrucken?* Ein klassischer Spannungskampf. Wer ihn verliert, ist in der schwächeren Position.

Um es Deiner weiblichen Gesprächspartnerin zu ermöglichen, sich zu

qualifizieren, bieten sich Sätze wie die folgenden an:
„Ich mag Frauen, die …"
„Mir ist Persönlichkeit und Humor bei einer Frau am wichtigsten. Was zählt für dich bei einem Mann?"
„Aber erzähl du doch mal, was machst du denn so Spannendes?"
Solche *Qualifier* können natürlich auch witzig sein:
„Was machst du denn sonst so, wenn du nicht gerade wildfremde Typen in der Stadt aufreißt?"
Oder etwas unverschämt:
„Und was hast du außer gutem Geschmack noch so zu bieten?"
Frauen, die das Näschen Dir gegenüber ein wenig zu weit oben haben, mit Shit Tests um sich werfen oder sich in anderer Weise unkooperativ verhalten, kannst Du mit einem noch etwas angriffslustigeren *Qualifier* auf den Boden der Tatsachen zurückholen. Doch Vorsicht: Gut kalibrieren und zumindest mit einem leichten Lächeln garnieren …
„Du siehst bisschen schlapp aus, ich wette ich würde dich selbst bei einer Partie Halma abziehen."
„Du hast wirklich viel von dem, was ich an Frauen mag, aber du könntest etwas spontaner sein."
„Bist du immer so langsam, da ist ja meine Oma im frisierten Rollstuhl schneller."
„Wenn du so weitermachst, bekomme ich noch das Gefühl, dass du mich nicht handlen kannst."
Wenn sie sich nur ein bisschen von Dir angezogen fühlt, wird sie versuchen, Dir das Gegenteil zu beweisen. Wenn nicht, sortiert sie sich schnell selbst aus und Du verschwendest keine Zeit an eine Frau, die sich nicht für Dich interessiert.
Bei Frauen, die sehr von ihrer eigenen körperlichen Attraktivität eingenommen zu sein scheinen, bietet sich folgender *Qualifier* an:
„Weißt du, Attraktivität ist nicht alles — Schönheit vergeht. Was ich bei Frauen mag ist Sinn für Humor und Loyalität."
Nachdem sie sich qualifiziert hat, kannst Du die Qualifizierungsrunde mit einem Kompliment abschließen:
„Du scheinst abenteuerlustig zu sein, das gefällt mir."

„Vorhin hab ich noch befürchtet, dass du bisschen zickig bist, aber du bist echt cool."
Damit ist die Qualifizierungsrunde erledigt und braucht nicht wieder eröffnet zu werden, solange sie sich weiter kooperativ verhält.
Daneben gibt es auch die Möglichkeit, mit einem so genannten *False Disqualifier* zu arbeiten, also falschen Disqualifizierungen. Diese sind vor allem dazu da, der Frau zu signalisieren, dass man es überhaupt nicht nötig hat, sich bei ihr zu qualifizieren. Richtig eingesetzt kann man sie damit außerdem zum Lachen bringen …
Zum Beispiel, wenn sie erwähnt, dass sie auf Männer steht, die weit in der Welt herumgekommen sind. Ihr daraufhin von Deinen ach so tollen Reisen zu erzählen, könnte schnell als Anbiederung aufgefasst werden. Ja, als der billige Versuch, Dich bei ihr zu qualifizieren, der es auch ist! Wenn Du aber „also, für mich ist das schon eine ziemlich beachtliche Reise, wenn ich es ein Mal in der Woche zum Supermarkt gegenüber schaffe" entgegnest, zeigst Du auf witzige Weise, dass Du ihre Bestätigung nicht nötig hast. Ihre Einladung, Dich zu qualifizieren, lehnst Du damit dankend ab und bringst sie damit auch noch zum Lachen!
Selbst *James Bond* nutzt lustige *False Disqualifier*. Von einem Bondgirl wird er in einer Szene gefragt:
„Warum hast du immer eine Pistole dabei?"
Darauf erwidert er:
„Nun, ich habe einen kleinen Minderwertigkeitskomplex."

<u>*Körpersprache*</u>

Vom Kommunikationswissenschaftler Paul Watzlawik stammt der berühmte Ausspruch „Wir können nicht nicht kommunizieren." Dementsprechend ist alles was Du sagst oder nicht sagst und was Du tust oder nicht tust eine Art der Kommunikation.
Attraktive Frauen sind meist Großmeister in Sachen Körpersprache und dem Erkennen von männlichem Wert durch nonverbale Signale. Gute Gene und einen hohen Testosteronspiegel erkennen sie bereits auf weite Entfernung durch Haltung, Bewegungsabläufe und Gestik — das wurde

vielfach in Studien belegt. Deshalb ist es wichtig, die eigene Körpersprache zu optimieren und sich dieser Art der ständigen Kommunikation bewusst zu sein. Unser Körper sendet unablässig Signale, die Frauen zeigen, was für eine Sorte Mann vor ihnen steht.

Versuche unter allen Umständen zu vermeiden, geringen Selbstwert über Deine Körpersprache zu kommunizieren. Dein Körper darf niemals signalisieren, dass Du andere Menschen und insbesondere attraktive Frauen für wertvoller erachtest als Dich selbst. Doch das ist nicht alles: Du solltest auch tatsächlich niemanden als wertvoller einschätzen! Lehne Dich deshalb niemals mit Deinem Oberkörper in das Gespräch mit einer Frau hinein, das würde bedürftig wirken. Günstiger ist es, sich gerade zu halten oder zurückzulehnen. Außerdem solltest Du Deinen Körper nie zu stark nach ihr ausrichten, auch das würde needy wirken. Besser ist es, meist etwas versetzt zu stehen und nicht ständig frontal ausgerichtet zu sein.

Eine aufrechte und gewissermaßen auch raumgreifende Körperhaltung unterstützt Deine positive Ausstrahlung und wirkt stärker und attraktiver als Rundrücken und eingefallene Schultern. Also: Mach Dich groß! Die Wissenschaft liefert allerdings noch mehr Gründe dafür, weshalb es sich lohnt, auf einen geraden Rücken zu achten.

Bereits länger ist bekannt, dass ein gerader Rücken seltener Schmerzen bereitet als ein gekrümmter. Orthopäden raten deshalb dazu, auf die eigene Haltung zu achten und sie regelmäßig im Spiegel zu kontrollieren. Gegen gelegentliches Lümmeln und häufige Variation der Sitzhaltung spricht nichtsdestotrotz gar nichts, Abwechslung tut gut.

Neuere Erkenntnisse besagen, dass eine gestreckte Körperhaltung eine positive Wirkung auf mehrere Hormonspiegel hat. Der Blutgehalt an Testosteron wird in die Höhe getrieben, während die Konzentration des Stresshormons Cortisol im Körper abnimmt. Studien haben gezeigt, dass längeres Verharren in gekrümmter Position einen exakt gegenteiligen Effekt hat: Der Testosteronspiegel sinkt, während vermehrt Cortisol ausgeschüttet wird. Da vor allem für Männer der Gehalt an Testosteron ausgesprochen wichtig ist, ist auch aus diesem Grund dringend anzuraten, den Rücken aufzurichten. Allerdings ohne ins Hohlkreuz zu verfallen! Doch damit nicht genug. Die Beziehung zwischen Psyche und Soma, also

Körper und Geist, scheint noch enger als gedacht. Auch auf unsere Emotionen scheint unsere Haltung Einfluss zu haben. Selbstsicherheit wird durch aufrechte Haltung positiv verstärkt, Stressempfinden vermindert und die Stimmung aufgehellt. Versuchsgruppen, die sich minutenlang in Siegerpose werfen durften, waren danach deutlich mehr von sich überzeugt, als Studienteilnehmer, die eine eher krumme und weniger raumgreifende Körperhaltung annehmen sollten.

Zusätzlich erfolgt mit der Aufrichtung eines gebückten Rückens eine äußerst vorteilhafte Erhöhung des Energieverbrauchs. Der Grundumsatz steigt, die Fettverbrennung wird angekurbelt. Studien sprechen für einen merkbaren Einfluss auf die Figur, der langfristig einen geringeren Körperfettanteil zur Folge haben kann. Schlechte Haltung blockiert also nicht nur den Fluss sondern auch den Verbrauch von Energie!

Zurück zur Körpersprache an sich: Besondere Beachtung verdient Dein Gang. Er sollte lässig und männlich wirken. Dazu musst Du vor allem aufrecht gehen, auch wenn sich das eigentlich selbstverständlich anhört. Schau während des Gehens gerade nach vorne, nicht nach unten oder oben. Deine Hüften sollten so positioniert sein, dass Deine Gürtelschnalle ungefähr auf Höhe Deiner Fußspitzen ist. Apropos Fußspitzen: Sie sollten nach außen geneigt sein, aber nur ganz leicht. Deine Füße sollten beim Gehen ungefähr so weit voneinander entfernt sein wie Deine Schultern. Achte außerdem darauf, dass Du Deine Füße immer ausreichend anhebst.

Eine insgesamt gesunde Körperhaltung ist ebenso relevant für Fitness und Gesundheit wie für Aspekte der Persönlichkeit und Psychologie und damit von essentieller Bedeutung für den Erfolg bei der Partnersuche.

Oma hatte also doch Recht: „Halte dich gerade — Bauch rein, Brust raus und Schultern zurück!" Zusätzlich zum Ratschlag aus Großmutters Zeiten empfehle ich ausreichend Bewegung und Krafttraining. Auch Yoga und Zen-Meditation sollte ausprobiert werden — zwei sehr effiziente Waffen gegen schlechte Haltung.

Fazit: Achte also auf eine gerade und raumgreifende Körperhaltung, um attraktiver zu wirken, Rückenschmerzen zu vermeiden, die körpereigene Testosteronproduktion anzukurbeln, Depressionen und Stress entgegen zu wirken und möglicherweise sogar schlanker zu werden.

Auch Gestik und Mimik gehören zur Sprache des Körpers und haben entscheidenden Anteil an Deiner Kommunikation. Beide verleihen dem gesprochenen Wort mehr Ausdruck, machen Aussagen lebendiger und helfen dabei, Gefühle zu offenbaren. Mit entsprechender Gestik und Mimik ist es deutlich leichter möglich, andere Menschen zu beeinflussen. Gestik und Mimik können Kraft und Leidenschaft auf andere Menschen übertragen, wie es durch bloße Worte nie möglich wäre. Versuche testweise jemanden von etwas zu überzeugen, ohne Deine Arme und Hände zu benutzen — es wird Dir nur schwer gelingen.

Beobachte beispielsweise Schauspieler, wie sie mit ihrem Körper und vor allem ihrem Gesicht arbeiten. Oder große Redner, die erst unter Zuhilfenahme ihrer Hände maximale Durchschlagskraft erreichen. Gehe in Videos und Filmen auf Entdeckungsreise hinsichtlich überzeugender Gestik und Mimik und verbessere Deine Kommunikation mit Deinem Körper, indem Du das Gelernte in Deiner alltäglichen Kommunikation umsetzt und so viel übst wie Du kannst.

Vor allem die Kommunikation mit Deinen Gesichtszügen und Deinen Augen ist von entscheidender Bedeutung, wenn Du mit Frauen in Kontakt trittst. Nur wenn Deine Mimik und Deine Worte das Gleiche sagen, wirst Du wirklich überzeugend sein und andere Menschen emotional erreichen. Das gilt im Besonderen für Frauen!

Mit Deiner Mimik hast Du sehr direkt die Möglichkeit, Deine Gefühle auszudrücken und so die Gefühle der Frau zu beeinflussen. Menschen, die ihre Mimik nicht oder kaum verändern, werden oft als kalt, ausdruckslos und unberechenbar angesehen. Denke beispielsweise an Frauen, die es mit Botoxbehandlungen übertrieben haben — man wird irgendwie nur schwer mit ihnen warm. Ein Mensch, der eine gesunde und freundliche Mimik hat, wird dagegen schnell als sympathisch und attraktiv eingestuft. Nehme deshalb möglichst jeden Deiner 26 Gesichtsmuskeln in Anspruch, um Deiner Persönlichkeit maximalen Ausdruck zu verleihen. Welche der wichtigste von ihnen ist, dürfte klar sein: Der Lachmuskel. Lachen und vor allem Lächeln ist die stärkste Waffe Deiner Mimik im Umgang mit Frauen. Nutze sie!

An dieser Stelle erneut der Ratschlag, einen Schauspielkurs zu besuchen. Dort lernst Du gezielt und effektiv, wie Du Deine Körpersprache, Deine Gestik und Mimik professionell einsetzt. Da Probieren über Studieren geht, solltest Du diesen Schritt wirklich gehen. Ein Buch zu lesen dürfte kaum reichen, um in diesem Bereich das Bestmögliche herauszuholen. Falls Du Dich aber für weitere Lektüre oder auch Lehrvideos zu diesem Thema interessierst, empfehle ich Dir Veröffentlichungen von Samy Molcho, einem der bekanntesten Pantomimen der Welt.

Der Blickkontakt

Beim Blickkontakt gilt: Je intensiver, desto besser. Intensiver Augenkontakt bis hin zum so genannten „Blickficken" genannten Sex mit den Augen ist eine starke Waffe, um Frauen an- und später auszuziehen. Blickkontakte können auch über Entfernung so starke Anziehung auslösen, dass sie tatsächlich als eine Vorstufe von Sex angesehen werden können. Um eine möglichst hohe Intensität zu erreichen, *solltest Du nie zuerst wegschauen und niemals den Blick senken*. Vermeide außerdem, zwischen dem rechten und linken Auge der Frau hin- und herzupendeln — besser immer nur in ein Auge blicken. Das verhindert ein nervöses Flackern Deiner Augen, beruhigt dadurch Deinen Blick und intensiviert den Augenkontakt. Viele Dating-Coaches empfehlen, dem Gesprächspartner ins linke Auge zu schauen. Das linke Auge soll stärker mit der rechten Gehirnhälfte verbunden und deshalb mehr an das emotionale Erleben gekoppelt sein als das rechte Auge.

Ach ja, falls Du nach filmischen Vorbildern suchst: Einen der besten Augenkontakte gibt es in „9 ½ Wochen" mit Mickey Rourke und Kim Basinger zu bewundern — der Moment, als *John* das erste Mal *Elisabeth* sieht. Sieht die Frau zuerst weg, ist auf die Richtung ihres Blicks zu achten. Schaut sie direkt nach dem Kontakt mit Dir nach oben, liegt eher geringe Anziehung vor und die Situation scheint nicht besonders aussichtsreich zu sein. Sieht sie zur Seite, steht sie Dir neutral gegenüber und der Augenkontakt kann wiederholt werden. Senkt sie nach dem Blickkontakt ihre Augen, ist dies ein gutes Zeichen und das Gespräch sollte schnellstmöglich eröff-

net werden.
Erinnert Dich das an etwas? Genau, an Frauen, die entweder

1. an Dir interessiert sind,
2. vielleicht an Dir interessiert sind oder
3. nicht an Dir interessiert sind.

Deine Augen sind dabei das wichtigste Instrument und das erste Signal für eine Frau, ob sie es mit einem Exemplar von Mann zu tun haben könnte, auf das sie schon lange gewartet hat. Allein durch Deinen Blick kannst Du enorm viel sexuelle Anziehungskraft aufbauen. Selbstbewusstsein wird immer auch über die Augen kommuniziert. Trainiere deshalb Deinen Augenkontakt. Im Aktionsplan findest Du konkrete Anweisungen dazu. Übrigens sind Blicke von Frauen auf der Straße fast immer ein Zeichen von erstem Interesse. Attraktive Frauen fangen auf der Straße nur selten Blicke von Männern auf — sie werden sowieso schon ständig angebaggert und schauen entgegenkommenden männlichen Personen deshalb nur dann in die Augen, wenn sie Interesse haben. Und wenn sie keine blöden Sprüche und keinen Vollidioten erwarten, die Optik für sie mindestens akzeptabel und der erste Eindruck gut ist. Das bedeutet, dass Du bei längerem Blickkontakt entgegenkommende Frauen sehr wohl anhalten und in ein Gespräch verwickeln kannst. Stoppe sie ruhig und freundlich, aber auch sehr selbstsicher und bestimmt. Womit wir beim Ansprechen fremder Frauen wären ...

Die Gesprächseröffnung

Viele Männer, vor allem die mit Bezug zur *Seduction Community*, verkomplizieren das Thema Gesprächseröffnung durch unübersichtliche Modelle und unzählige Dos und Don'ts. Sie strukturieren, reglementieren und planen so übertrieben, dass ihnen ihre Regeln irgendwann kaum mehr Luft zum Atmen lassen. Und je mehr Pick-Up-Literatur gelesen wird, desto schlimmer wird es.
Eine Folge dieser Herangehensweise ist, dass jede Lockerheit, Sponta-

neität und Authentizität im Keim erstickt wird. Leider sind diese Eigenschaften aber essentiell für den Erfolg beim Ansprechen einer fremden Frau. Ein Grund, warum viele Pick-Up-Anfänger sich so schwer tun.
Wo soll die Lockerheit herkommen, wenn verbissen versucht wird, zum Erfolg zu kommen? Wie soll Spontaneität entstehen, wenn alles vorgegeben ist? Und wie soll man authentisch sein, wenn man Sprüche aufsagt, die man irgendwo aufgeschnappt hat?
Um stets locker, gelassen und spontan zu bleiben, solltest Du unbedingt die Übungen zu Ruhe und Selbstsicherheit aus dem Kapitel zur Sozialen Kalibration durchführen. Und aufgeschnappte Sprüche solltest Du weitgehend vergessen, es sei denn Du hast sie Dir so zu eigen gemacht, dass sie wirklich bei Dir funktionieren können.
Frauen ansprechen ist wie Sex. Beides funktioniert nicht über den Kopf, die Ratio. Es geht nur ums Gefühl. Verlasse deshalb bei der Gesprächseröffnung Deinen Kopf und tauche ab in die emotionale Welt.
Und nebenbei bemerkt: Eigentlich ist die Sache ganz einfach. *Je mehr Frauen Du ansprichst, desto mehr Erfolg bei Frauen wirst Du haben.*
Einer meiner Coachees, ein ambitionierter Basketballspieler, sagte zu diesem Thema mal:
„Wenn ich nur ein Mal im Monat auf einen Korb werfen würde, könnte ich wohl kaum mit einem Treffer rechnen."
Ironischerweise halten es 95 % aller Männer im Umgang mit Frauen genauso. Sie sprechen ein Mal im Monat eine Frau an und wundern sich, warum das Gespräch dann nicht besonders erfolgreich verläuft. Leider funktioniert es ohne Üben nicht. Vor den Erfolg hat der liebe Gott den Schweiß gesetzt, ohne Fleiß kein Preis und es ist noch kein Meister vom Himmel gefallen.
Wo wir gerade beim Thema Basketball sind — über das Gewinnen und Verlieren sagte Michael Jordan mal:
„I've missed more than 9.000 shots in my career. I've lost almost 300 games. 26 times, I've been trusted to take the game winning shot and missed. I've failed over and over and over again in my life. And that is why I succeed."
Auf dem Weg zum Erfolg muss man bereit sein Lehrgeld zu bezahlen.

Unter Umständen Hunderte Male!

Stell Dir vor, Du würdest das hier wirklich umsetzen, täglich fremde Frauen ansprechen und Deinen Umgang mit Frauen in Gesprächen trainieren. Du würdest in einem Monat so viele Frauen kennen lernen wie andere Männer in zehn Jahren. Und Du wärst nach einem Jahr weiter als andere Männer in ihrem ganzen Leben kommen.

So weit wirst Du es allerdings nur schaffen, wenn Du aufhörst, Rechtfertigungen dafür zu suchen, die entscheidenden Schritte nicht zu tun. Immer wieder erlebe ich Coachees, die Gesprächseröffnungen auf der Straße mit dem Hinweis auf vermeintlich mangelnde Attraktivität der Frau ablehnen. Genau diese und ähnliche Ausreden sind es, die neue Erfahrungen und größeren Erfolg bei Frauen behindern. Häufig steckt Angst oder Faulheit dahinter.

Manchmal stellt sich eine Frau, die auf den ersten Blick vielleicht eher durchschnittlich aussieht, nach dem Ansprechen als wahrer Sonnenschein heraus. Mangelnde Attraktivität als Argument gilt also nur selten. Abgesehen davon, dass es nicht darum geht, bei jeder Gesprächseröffnung die Traumfrau zu rekrutieren. Du solltest beim Üben deshalb jede Frau ansprechen, die Dir auch nur ansatzweise gefällt.

Ein guter Freund aus London hat es mal so auf den Punkt gebracht: „Es sollte für dich nur zwei Möglichkeiten geben, deine Erfahrungen zu interpretieren: Entweder war es ein Erfolg und es lief wie am Schnürchen — oder es ist eine lustige Story, die du deinen Kumpels erzählen kannst." Deshalb: Keine Ausreden und keine Entschuldigungen mehr. Das bist Du Dir selbst schuldig.

> *Wer das Risiko einer Abfuhr nicht eingehen will,*
> *wird niemals Erfolge verzeichnen können.*

Auf meinen Coachings höre ich oft, dass jemand „erst in den State kommen muss", um Frauen anzusprechen, also erst einmal ein gutes Gefühl braucht. Auch „ich fühle mich gerade nicht danach" oder „ich muss warten, bis ich Lust darauf bekomme" kommt oft vor. Diese Sätze sind nichts als Ausreden! Dein Gehirn will den Status Quo bewahren und sucht nach

Argumenten, um Anstrengungen und Veränderungen vermeiden zu können. Lass diese Mechanismen nicht mehr zu! Mach Dir klar, dass Veränderungen, die durch das Ansprechen von fremden Frauen entstehen, positiv sind! Wenn Du diese Ausreden weiter akzeptierst, wartest Du bis zum Ende Deines Lebens vergeblich auf Erfolg — so viel ist sicher!

Nun stellt sich die Frage, womit man fremde Frauen ansprechen sollte. Pick-Up-Foren sind voller Threads über perfekte Opener und Schauplatz endloser Diskussionen über die Vorteile direkter Gesprächseröffnung gegenüber der indirekten Methode. Manchmal scheint es, als würde sich die gesamte *Seduction Community* nur mit diesen Themen beschäftigen und alles was vor und nach dem Ansprechen von Frauen kommt und nicht weniger mit dem Erfolg bei Frauen zu tun hat sträflich vernachlässigen.

Bitte mach Du nicht auch diese Fehler. Erfolg bei Frauen hat mit Anmachsprüchen nichts zu tun. Und Erfolg bei Frauen beruht nicht auf der Wahl eines perfekt auswendig gelernten Openers, den Du von einem anderen Mann gelernt hast.

Ich könnte versuchen, in diesem Buch die besten Sätze aufzulisten, die ich in meinem Leben zu Frauen gesagt habe. Es würde nichts bringen. Diese Liste wäre wertlos, weil diese Sätze ohne die entsprechende *Delivery*, ohne die an den Tag gelegte Nichtbedürftigkeit und die demonstrierte Ergebnisunabhängigkeit nur einen Bruchteil von der Durchschlagskraft hätten, die sie damals hatten.

Wie bereits im Prolog erwähnt — Methoden funktionieren nicht bei jedem, der sie anwendet. Gleiches gilt für Opener. Ein Opener, der bei einem Mann prächtig funktioniert hat, kann bei einem anderen Mann unglaublich in die Hose gehen. Oder würdest Du Dir mit der folgenden Gesprächseröffnung irgendwelche Erfolge zutrauen?

An dieser Stelle eine kleine Geschichte meines Kollegen Kolja Alexander Bonke …

Ende der 90er, als es noch lang keine deutsche *Seduction Community* gab, war er mit guten Kumpels feiern. Mit dabei war einer seiner besten Freunde, der damals in Sachen Erfolg bei Frauen wirklich auf dem Zenith war. Doch nicht nur dessen Schlag bei den Mädels war zu dieser Zeit auf dem Höhepunkt, an diesem Abend war auch ein prächtiges Herpes auf seiner

Oberlippe in Bestform: Frisch aufgeplatzt und wirklich alles andere als ansehnlich. Unglaublicherweise schien Koljas Kumpel das nicht im Geringsten zu stören, er war in bester Partystimmung. Kolja wäre laut eigener Aussage an dessen Stelle wahrscheinlich eher daheim geblieben. Doch damit nicht genug. Kaum eine halbe Stunde im Club, eröffnete Koljas Kumpel durch ein simples „Hi!" das Gespräch mit einer durchaus attraktiven Blondine. Nach kurzem Smalltalk zeigte er auf seine Lippe und stellte ihr folgende Frage:
„Hey, ich hab da so'n bisschen unreine Haut — würdest du trotzdem mit mir rumknutschen?"
Sie lachte sich kurz schlapp, kriegte sich aber schnell wieder ein und beantwortete die Frage mit einem Kuss.
An diesem Abend wurde Kolja einiges klar ...
1. Lass Dich nie von Widrigkeiten aufhalten.
2. Lass Dir von Kleinigkeiten nicht die Stimmung verderben.
3. Es genügt immer, ein Gespräch mit einem einfachen „Hi!" zu eröffnen.
4. Gehe offensiv mit Deinen Schwächen um.
5. Bring sie zum Lachen.
Das ist nicht alles. Die wichtigste Erklärung für das, was sich an diesem Abend zugetragen hat, fehlt noch. Wie war dieser Mann trotz des ekelhaften Geschwürs auf der Lippe in der Lage, einen solchen Treffer zu landen?
Nun, ganz einfach: Er war damals vollkommen ergebnisunabhängig. Oder, anders ausgedrückt: Es war ihm einfach egal, ob er landen würde oder nicht. Er war zu diesen Zeiten geradezu legendär überversorgt mit Frauen und strahlte genau das aus. Wenn ihn das Mädchen weggeschickt hätte, hätte er schulterzuckend anderswo sein Glück gesucht und gefunden.
Der Erfolg der Monate davor hatte ihn außerdem so selbstsicher gemacht, dass er locker in der Lage war, das Lippenherpes als Aufhänger für einen Kuss zu nutzen. Er hat mit Selbstironie seine Schwäche zu einer Stärke gemacht.
Diese Kombination aus Ergebnisunabhängigkeit und Selbstsicherheit machte ihn damals praktisch unwiderstehlich.
Ja, glaubwürdige und spürbare *Outcome-Independence* gepaart mit Selbstsi-

cherheit lässt Dich mit fast jedem Opener Erfolg haben. Selbst mit den absurdesten Varianten!

Was beim Eröffnen eines Gesprächs mit einer fremden Frau gesagt wird, ist prinzipiell zweitrangig. Ob direkt, indirekt, situativ oder nonverbal — jede Art von Eröffnung kann funktionieren. Worauf es hauptsächlich ankommt, ist Ergebnisunabhängigkeit und Selbstsicherheit. Und: Vermittle ausreichend Energie und Enthusiasmus!

Übrigens empfehle ich nicht, sich beim Opener zu entschuldigen. Wofür denn auch? Für das Starten einer freundlichen Konversation?

Meiner Meinung nach fühlen sich Frauen tendenziell mehr zu einem Mann hingezogen, der Menschen anspricht wie er will und wann er will — ohne Entschuldigung.

Viele Männer machen sich endlos Gedanken über den Text ihrer Gesprächseröffnungen. Sie investieren Zeit und Mühe, um möglichst attraktive Worte zu finden, die die Frau beeindrucken sollen. *Dabei geht es gar nicht darum, attraktive Dinge zu sagen — sondern darum, attraktiv zu sein.*

Die tollsten Sprüche funktionieren nicht, wenn Deine Persönlichkeit und Deine Ausstrahlung diese Sprüche nicht ausreichend unterfüttern. Routinen, Methoden, Strategien, Taktiken und Opener verpuffen unter Umständen einfach nur, wenn sie nicht vom richtigen Mann kommen. Es kommt nicht darauf an, was gesagt wird, sondern wer es sagt und wie es gesagt wird.

Deshalb gibt es auch keine funktionierenden Anmachsprüche. Wenn Du in Deinem Leben einen benutzt hast und es funktioniert hat, dann hat nicht der Spruch funktioniert. Nein, dann hast Du funktioniert. Du warst dann gut, Du warst überzeugend. Ein Spruch kann niemals überzeugend sein.

Wo wir gerade beim Thema Frauen beeindrucken waren: Es sollte niemals das Ziel einer Gesprächseröffnung sein, die Frau zu beeindrucken. Das ist die falsche Einstellung, die falsche Herangehensweise. Damit würdest Du Dich mit den ganzen Clowns, Prolls, Möchtegerns und Try Hards auf eine Stufe stellen. Diese Jungs versuchen nämlich auch alle, fremde Frauen zu beeindrucken. Erst wenn Du das nicht mehr nötig hast und ablegst, bekommst Du die Chance, wirklich weiter zu kommen.

Du solltest niemanden auf Teufel komm raus von Dir überzeugen wollen. Krampfhaft andere beeindrucken müssen nur Leute, die bedürftig sind. Wir aber sind nicht needy. Wir spielen für niemanden das Zirkusäffchen oder den Tanzbären. Wir müssen nichts beweisen.
Männer, die nicht versuchen, Frauen zu beeindrucken, werden für Frauen sehr schnell interessant. Frauen schreiben diesen Männern hohen Wert zu, weil sie sich offensichtlich etwas leisten, was sich die Mehrheit aller Männer aus Bedürftigkeit nicht leisten kann: Locker und entspannt zu bleiben, ohne ständig nach Applaus und Bestätigung zu suchen.

Merke: Nicht beeindrucken zu wollen ist für Frauen beeindruckend.

Nun ist es Zeit, um mit einigen klassischen Regeln der *Seduction Community* aufzuräumen, die das Ansprechen von Frauen betreffen. Viele dieser Regeln wurden für den amerikanischen Markt konzipiert und funktionieren aufgrund kultureller Unterschiede bei uns nicht.
Denken wir beispielsweise an zwei Frauen, die mit einem Hugo in der Hand in einer Bar herumstehen. Wie so oft ist die eine deutlich attraktiver als die andere. Der weltbekannte kanadische Pick-Up-Artist Erik von Markovik, besser bekannt unter dem Namen *Mystery*, empfiehlt für diese Situation, die weniger attraktive Frau zuerst anzusprechen, um letztendlich bei der hübscheren zu landen. Ob das in Amerika so funktioniert, sei dahingestellt — bei uns ist diese Taktik jedenfalls nicht empfehlenswert, wie sich in vielen meiner Coachings gezeigt hat. Und eigentlich ist es doch so einfach: Sprich die Frau an, die Dir gefällt!
Nächste Nonsens-Regel: Fast alle Dating-Coaches raten davon ab, Frauen von hinten anzusprechen. Okay, von hinten ansprechen ist schwierig und eher etwas für Fortgeschrittene — aber alles andere als unmöglich. Das gilt zumindest für den Club, beispielsweise an der Bar. Eine Frau wartet vor Dir darauf, bestellen zu können. Du greifst ihr sanft von hinten in die Haare und riechst an ihnen. Und wenn sie sich zu Dir umdreht, sagst Du langsam und genießerisch mit einem charmanten Lächeln: „Die riechen gut!"
Generell kannst Du Frauen immer und in jeder Situation ansprechen,

sofern Du die Eier dazu hast. Und mit einem beherzten Lächeln kannst Du jede Situation entschärfen, egal wie schräg diese auch beginnen mag. Lass Dich von den Ausreden nicht abhalten, die der kleine Zauderer in Deinem Kopf vielleicht wieder parat hat. Ignoriere dieses Geschwätz und sprich die Frau an!

Eine andere klassische Pick-Up-Regel macht durchaus manchmal Sinn, ist aber keinesfalls ein Dogma: Die Drei-Sekunden-Regel. Sie besagt, dass Du eine Frau so schnell als möglich ansprechen solltest, am besten innerhalb der ersten drei Sekunden.

Das Argument dahinter: Je länger Du damit wartest, desto größer wird Deine Ansprechangst und desto höher die Wahrscheinlichkeit, dass sie Dich abweist. Warum das so ist? Unsicherheit ist einfach nicht sexy. Und weißt Du was? Wer nachdenkt und nicht handelt, wird durch seine Gedanken unsicher. Also — sei sexy!

In vielen Situationen und bei vielen Männern stimmt das also tatsächlich. Mit dem Warten auf den richtigen Zeitpunkt steigen meist Angst und Nervosität. Die Drei-Sekunden-Regel sollte man deshalb zwar nicht wortwörtlich nehmen, aber tatsächlich immer im Hinterkopf behalten. Wenn ein Gespräch schnell eröffnet werden soll oder muss, zum Beispiel auf der Straße, dann bitte wirklich möglichst spontan und innerhalb der ersten Augenblicke handeln.

Das Problem an dieser Regel: Sie ist keine. Es geht nämlich auch anders, vor allem im Nachtleben.

Ich hatte in einem der letzten Abschnitte bereits dargelegt, warum *Cold Approaching* im Club unter Umständen nicht der beste Weg ist. Eine Frau anzusprechen, die bereits herübergelächelt hat, ist eben einfacher und meist auch erfolgversprechender — vor allem als Anfänger. Auf der anderen Seite lässt man sich so viele Klassefrauen durch die Lappen gehen, die eben prinzipiell nie *Approach Invitations* verschicken. Und wenn an einem Abend mal überhaupt keine Einladungen eingehen, führt an *Cold Approaching* sowieso kein Weg vorbei.

Die Drei-Sekunden-Regel impliziert aber, dass der *Cold Approach* der einzige Weg sei, um mit einer Frau ins Gespräch zu kommen — und das ist selbstverständlich Quatsch!

Deshalb gilt: Im Club und ähnlichen Locations kannst Du Dir ruhig Zeit lassen. Reingehen, Chillen, Tanzen, Party machen, Spaß haben, mit den Augen flirten und dann zum Angriff übergehen bei einer Frau, die Dir gefällt und Dir eindeutige Einladungen zum Ansprechen gesendet hat. Da spielt die Drei-Sekunden-Regel im Prinzip keine Rolle. Eine Frau anzusprechen, mit der Du vorher keinerlei Blickkontakt hattest, ist vor allem dann das Mittel, wenn sich kein einziger verheißungsvoller Augenkontakt mit einer attraktiven Frau etablieren lässt oder wenn es Dich unbedingt zu einer bestimmten Klassefrau hinzieht, die scheinbar nie Einladungen verteilt. Wenn einer dieser Fälle vorliegt, wird der *Cold Approach* wie gesagt sogar Pflicht! Und dann gilt tatsächlich im Sinne der Drei-Sekunden-Regel: Je schneller die Gesprächseröffnung erfolgt, desto besser!

Was das Ansprechen von Frauen angeht, gibt es generell nur wenige Fehler — bis auf einen: Die Frau gar nicht anzusprechen.

Was lernen wir daraus? Vergiss so gut wie alle Regeln. Regeln halten Dich nur auf und behindern Deine Entwicklung. Brich die Regeln und tu was andere für unmöglich halten!

Riskiere alles, auch und vor allem Misserfolge. Aus Niederlagen lernst Du mehr als aus Erfolgen.

Vor dem Ansprechen attraktiver Frauen darf man nervös sein. Um die Nervosität zu reduzieren, solltest Du die Übungen aus dem Abschnitt zu Ruhe und Selbstsicherheit durchführen. Zusätzlich solltest Du Dir bestimmte Fragen stellen:

„Was würde ich tun, wenn ich jetzt absolut frei wäre?"

„Was ist das Schlimmste, was mir jetzt passieren kann? Dass mein Leben so bleibt wie es ist!"

Außerdem kannst Du Dir bestimmte Dinge immer wieder sagen — so genannte *Affirmationen*:

„Das ist meine Realität, alle anderen sind nur Gast darin. Das ist mein Film, alle anderen sind nur Nebendarsteller."

„Alle Frauen wollen mich, ich bin der Preis."

Um Dich vor dem Ausgehen oder dem Ansprechen von Frauen mental zu pushen, kannst Du auf meine Hypnose-CD „Flirten lernen 2.0: Trainiere Dein Charisma" zurückgreifen. Sie wird Dich in eine vorteilhafte Trance

versetzen, die Deinen Erfolg erleichtern kann.
Nun ist es Zeit, noch konkreter zu werden. Lass uns die verschiedenen Varianten der Gesprächseröffnung systematisch durchgehen:

1. Direkt,
2. indirekt,
3. situativ und
4. nonverbal.

Du solltest im Laufe Deiner Übungsphase alle vier Möglichkeiten ausprobieren und auf diese Weise herausfinden, welche Art bei Dir am besten funktioniert. Variabel zu sein und verschiedene Eröffnungen zu beherrschen ist wichtig. Schließlich hängt die Wahl des Openers auch immer von der jeweiligen Situation ab.
Außerdem ist es wichtig, dass Du die hier aufgelisteten Opener hauptsächlich dazu nutzt, um Dich zu eigenen Gesprächseröffnungen inspirieren zu lassen. Bitte begnüge Dich nicht damit, sie zu kopieren, denn maximalen Erfolg können Dir nur eigene Entwicklungen bringen.
Oberstes Gebot beim Opening: Hol Dir zuerst ihre Aufmerksamkeit. Wenn sie Dir nicht zuhört, wird es nichts. Gib ihr genug Zeit, um ihre volle Aufmerksamkeit auf Dich zu richten. Und: Nie überhastet und immer möglichst deutlich sprechen!

Die *direkte Eröffnung* signalisiert gleich zu Beginn der Unterhaltung deutliches Interesse an der Frau. Sie beinhaltet stets ein mehr oder weniger offensichtliches Kompliment, beispielsweise ein „du siehst nach Spaß aus" oder ein „du scheinst gutes Karma zu haben". Die verwendeten Komplimente sollten weder kitschig noch abgedroschen sein, sondern originell, gerne auch witzig oder etwas eingeschränkt. Der Fantasie sind dabei keine Grenzen gesetzt, lass Dir etwas einfallen!
Das Grundgerüst einer direkten Eröffnung besteht aus einer Begrüßungsformel wie zum Beispiel „Hi!" und einem Kompliment. Danach folgt früher oder später der Übergang, den wir im nächsten Abschnitt vertiefen werden.

„Du scheinst gutes Karma zu haben" ist eine durch die Formulierung „scheinst zu haben" eingeschränkte Behauptung, die in ihr den unbewussten Wunsch erwecken könnte, diese Aussage zu bestätigen. Komplimente auf reine Äußerlichkeiten sind problematisch, denn eine wirklich attraktive Frau hat in dieser Hinsicht schon alles gehört. Das Karma oder die Ausstrahlung anzusprechen ist in dieser Hinsicht meist die bessere Lösung.

Besonders effektiv: Vor dem Kompliment eine kleine theatralische Pause zu machen. Wenn Du ihre Aufmerksamkeit hast sagst Du: „Du wirst mich wahrscheinlich hassen, wenn ich dir das jetzt sage." Dann eine kurze Pause und dann schiebst Du das Kompliment hinterher.

So eine Pause nennt man Vakuum, Du kennst diesen Begriff bereits aus dem Abschnitt, der Dir nahe gebracht hat, wie man für eine Frau eine Herausforderung darstellt. Ein solches Vakuum kannst Du sogar nach dem allerersten „Hi!" einsetzen, dabei freundlich lächeln bis sie zurücklächelt, ihr fest in die Augen sehen und der Spannung beim Wachsen förmlich zusehen. Dann, nach einigen Sekunden, durchbrichst Du das Vakuum mit einem Ventil — zum Beispiel Kopfschütteln und einem ehrlich gemeinten Kompliment à la „du bist der Wahnsinn". Sie wird spürbar aufatmen, dass die unangenehme Stille nun vorbei ist. Frauen ertragen solche Pausen nämlich nur sehr schlecht.

Viele Dating-Coaches empfehlen direkte Opener für die Straße und raten eher davon ab, sie im Club zu benutzen. Eine Meinung, der man sich anschließen kann, aber beileibe keine Regel. Erinnerst Du Dich? Es gibt keine Regeln! Finde stattdessen lieber selbst heraus, was bei Dir funktioniert. Das Problem von direkten Openern im Club ist allerdings tatsächlich, dass viele Männer im Nachtleben angetrunken auf Komplimente setzen und man deshalb mit *Direct Opening* leicht Gefahr läuft, austauschbar zu werden. Das fünfzehnte Kompliment des Abends ist für attraktive Frauen eben nicht mehr besonders spannend.

Um direkte Gesprächseröffnungen erfolgreich zu gestalten, brauchst Du Selbstsicherheit und Authentizität. Wenn diese Voraussetzungen erfüllt sind, kann *Direct Opening* eine sehr schlagkräftige Methode sein, die unglaublich viel Anziehung erzeugt. Diese Anziehung entsteht, weil Du mit dieser Eröffnung gleichzeitig jede Menge Mut, Offenheit und Verletzlichkeit zeigst.

Meist folgt auf das Kompliment die Frage nach ihrem Namen — dabei ist „wer bist du?" gegenüber dem herkömmlichen „wie heißt du?" zu bevorzugen, weil ihr diese Art der Fragestellung mehr Spielraum bei der Antwort lässt. Wenn sie ihren Namen genannt hat, solltest auch Du Dich vorstellen. Dann kommt es zur ersten Berührung, dem Handshake. Was dabei zu beachten ist, erfährst Du in einem der folgenden Abschnitte.

Wenn Du eine Frau auf der Straße stoppst, solltest Du vor allem immer glaubwürdig bleiben. Erzähl ihr nichts vom Pferd, denn — ich hoffe, Du erinnerst Dich an den Satz — Frauen sind *Authentizitätsprüfer*. Erkläre ihr wahrheitsgemäß den Moment, als Du sie kurz zuvor das erste Mal gesehen hast:

„Hey! Siehst du da hinten die Litfaßsäule? Da hab ich dich gesehen und ich wusste ich muss dich ansprechen, sonst hätte ich mir das heute nicht mehr verziehen ..."

Hier wird ein Kompliment nicht explizit ausgesprochen, sondern nur impliziert. Außerdem wird auf die Situation abgestellt, man könnte diese Art also situativ-direkt nennen. Eine sehr clevere Methode, um nicht gleich mit der ganzen Tür ins Haus zu fallen.

Abgeschwächte direkte Eröffnungen kannst Du auf ganz unterschiedliche Weise nutzen. Wenn Du im Nachtleben mit einer platonischen Freundin unterwegs sein solltest — was viele Vorteile bietet — bietet sich der folgende Opener an: „Hey! Meine beste Freundin findet, du bist ganz schön sexy". Auch hier wird das Kompliment abgeschwächt, indem eine dritte Person eingebunden wird.

Wenn die Frau Dich vor Deinem Opener ebenfalls bemerkt hat, kannst Du folgenden Satz anbringen: „Wahrscheinlich hast Du mich gar nicht bemerkt ..." Er wirkt wie ein Verstärker!

Leider hat die direkte Eröffnung generelle Nachteile. Neben dem bereits angesprochenen hohen Maß an Selbstsicherheit und Authentizität, das vorhanden sein muss, sind Abwehrmechanismen und klare Abfuhren nicht unwahrscheinlich. Viele Frauen sind mit der entstehenden Situation überfordert und verteilen sogar Körbe an Männer, die ihnen eigentlich

gefallen. „Ich habe einen Freund" ist da noch einer der harmloseren Sätze. Konter für diese Aussage habe ich Dir bereits verraten …
Fazit: Direkte Gesprächseröffnungen sind eine hohe Kunst und bringen im Erfolgsfall unheimlich viel Anziehung. Sie beinhalten die höchste Wahrscheinlichkeit einer Abfuhr und sind für Übungszwecke sehr lehrreich. Auf Dauer verschaffen sie Dir ein dickes Fell und eine sehr nützliche Erweiterung Deiner Komfortzone.

Die *indirekte Eröffnung* eignet sich besonders gut für Anfänger — schließlich ist das Risiko einer Abfuhr deutlich geringer. Wenig bis gar kein sexuelles Interesse zu zeigen hält Dich relativ leicht im Gespräch, weil es nicht polarisiert und keine Abwehrmechanismen provoziert.
Es gibt viele Situationen, in denen ein direkter Opener unangebracht wäre und sich die indirekte Methode deutlich besser eignet. Auf der Straße eine Frau in einer gemischten Fünfergruppe mit einem Kompliment anzusprechen wäre so ein Fall. Frauen verhalten sich in Gruppen oft völlig anders als allein, zum Beispiel um vor Freundinnen nicht als Schlampe dazustehen. Deshalb sind Gruppen meist deutlich abweisender und schwieriger — für Anfänger nicht wirklich zu empfehlen und außer für echte Profis kaum für direkte Eröffnungen geeignet.
Das Stellen einer Frage ist der klassische indirekte Opener schlechthin, leider größtenteils auch schon sehr abgenutzt. Sobald eine Frau das zweite Mal in ihrem Leben den „wer lügt mehr — Männer oder Frauen?" Opener hört, wird sie dem zweiten Fragesteller höchstens noch die kalte Schulter zeigen. Dieses ausgelutschte Ding deshalb besser vergessen und lieber einen möglichst realen, authentischen Hintergrund wählen — alles andere wirkt zu gestellt, sofern Du kein professioneller Schauspieler bist. Schon nach dem Weg zu fragen wirkt um einiges weniger künstlich als wildfremde Menschen um ihre Meinung zu absurden Themen zu bitten.
Übrigens: In vielen Coachings hat sich herauskristallisiert, dass das Wörtchen „weil" sehr nützlich ist. Menschen brauchen für alles eine Begründung. Wenn Du mit diesem Wort einen Grund für Deine Frage angibst, wirkst Du schnell glaubwürdiger. Die Leute achten dabei oft nur auf das Vorkommen dieses Signalwortes, nicht darauf, ob die darauf folgende Be-

gründung wirklich stichhaltig ist. Und natürlich ist dieser Trick auch bei allen anderen Arten der Gesprächseröffnung anwendbar.

Bedenke stets, dass der Kopf der Frau manchmal ein großes Hindernis ist. Die Ratio verhindert, dass Deine Gesprächspartnerin sich allzu schnell von Dir begeistern lässt — egal wie attraktiv Du für die Frau sein magst. Deshalb darf neben den Emotionen der Frau das Rationale nie ganz vernachlässigt werden. Wenn die Vernunftebene nicht passt, wird es ihr die Stimmung verhageln. Du musst dafür sorgen, dass sie sich sowohl rational wie auch emotional gut fühlen kann. Mach es ihr leicht statt schwer. Das gilt für alle weiteren Stadien, die Du mit der Frau erlebst bis hin zur festen Partnerschaft. Gib ihr Gründe, sich gut zu fühlen. Führe sie männlich-dominant ins Land der guten Laune und sie wird es Dir danken. Genau zu diesem Zweck sind das Wörtchen „weil" und Begründungen generell sehr empfehlenswert.

Auch ohne dieses Wörtchen können Begründungen für das Ansprechen geliefert werden. Wenn Du auf der Straße zwei Mädels ansprichst und sie fragst, ob Du schwul aussähest, wird das kaum erfolgreich laufen. Du wirst ihnen wahrscheinlich etwas seltsam vorkommen. Wenn Du aber mit „Hey, zu mir haben gerade zwei Mädels gesagt, dass ich schwul aussehe. Jetzt mal ehrlich — findet ihr das auch?" schelmisch lächelnd eine Begründung für Deine Frage mitlieferst, wird das viel eher funktionieren.

Problematisch bei der indirekten Methode ist, dass manchmal zu wenig dabei herauskommt. Das Gespräch verläuft häufig im Sand, die Überleitung zu persönlicheren Themen und zur Eskalation klappt nicht oder Du landest in der Friend-Zone, weil Du kein sexuelles Interesse zeigst. Mit genug Übung wirst Du lernen, wie Du das verhindern kannst.

Die *situative Eröffnung* eignet sich gleichermaßen für *Day-* und *Nightgame*. Sie ist fast ebenso wenig risikobehaftet wie die indirekte Eröffnung — genau genommen ist sie auch nur eine Unterart dieser Variante. Abgedeckt werden können alle Themen, die mit der Situation zu tun haben. Situative Opener dürfen durchaus witzig bis blödsinnig sein.

Beispiel gefällig? In einem Park sitzt ein Mädchen auf einer Bank und Du sagst mit einem breiten Lächeln, während Du Augenkontakt hältst und

Dich neben Sie setzt: „Hast du den Platz hier extra für mich freigehalten? Wie lieb von dir."

Ein etwas freakigeres Beispiel: „Hey, tu mal bitte so als ob du mit mir sprichst, meine Stalkerin steht da hinten und ich hab Angst!" Und so tun als ob man miteinander spricht, endet immer damit, dass man miteinander spricht. Probier's aus!

Ein situativer Opener funktioniert dann am besten, wenn er sich auf eine Sache bezieht, die nur Ihr beide zusammen erlebt oder die nur Euch beide betrifft. Dadurch teilt sich die Welt in In- und Outgroup und Ihr beide bildet die Ingroup, die Insider. Das ist eine der elegantesten Möglichkeiten überhaupt, um ein Gespräch zu eröffnen.

Deshalb empfiehlt sich, die Frau genau zu scannen: Kleidung, Haltung, Tasche, Accessoires, Mimik, … Wenn Dir ein Aufhänger für ein Gespräch an ihr auffällt, hast Du schnell auch den dazu passenden Opener gefunden und los geht's! Wenn es zum Beispiel draußen windig ist und ihre Haare durcheinandergewirbelt werden sagst Du einfach: „Hey, deine Haare machen aber lustige Sachen!" *So ein Opener muss nichts Besonderes oder gar ein Geniestreich sein, er spielt Sekunden später sowieso keine Rolle mehr.*

Die vierte und letzte Möglichkeit ist die *nonverbale Eröffnung*. Das vorher erwähnte in die Haare Greifen in einer Warteschlange ist eine solche Methode ohne Worte. Antanzen auf der Tanzfläche ebenfalls und jede Gesprächseröffnung durch Gesten oder Mimik. Nonverbale Eröffnungen sind alle Handlungen ohne zu sprechen, die eine Unterhaltung zur Folge haben. Wenn Du im Auto vor Dir Deine Traumfrau sitzen siehst und Du absichtlich einen Auffahrunfall herbeiführst, um mit ihr ins Gespräch zu kommen, ist das eine nonverbale Eröffnung. Allerdings eine, die nicht unbedingt zu empfehlen ist …

Alle vier Arten der Gesprächseröffnung haben gemeinsam, dass danach möglichst bald das wechselseitige Vorstellen erfolgen sollte. Namen schaffen Vertrauen. Wer damit anfängt, ist nicht wirklich wichtig. Allerdings ist es immer vorteilhaft, Dominanz im Gespräch zu zeigen, deshalb darfst Du ruhig damit beginnen. Ob Du sie nach ihrem Namen fragst oder zuerst Deinen nennst und die Hand hin streckst ist dabei zweitrangig.

Beim Handshake solltest Du auf einen angemessen starken Druck achten, ihre Hand etwas länger halten als nötig, nicht zuerst loslassen und die soziale Distanz in diesen Momenten nicht verlassen, also recht nah bei ihr stehen bleiben. Dann einfach mal schauen, was passiert. Wie reagiert sie? Wenn sie positiv reagiert und ihr diese körperliche Nähe nichts auszumachen scheint, ist sie bereit für mehr. Also einfach mal einen High five anzetteln oder sie harmlos am Arm anfassen und dabei immer genau auf ihre Reaktion achten. Wenn sie sich anfassen lässt und nicht zurückweicht ist das eine Einladung um weiterzumachen. Wie es dann konkret weiter geht, wird in einem der folgenden Abschnitte besprochen.

Lächle während der ersten Kennenlernphase immer wieder möglichst ungekünstelt, also keinesfalls wie eine Maschine. Versuche während der Unterhaltung wirklich Spaß zu haben. Stehe aufrecht, aber nicht übertrieben gerade. Sprich laut, aber nicht dröhnend laut. Und, ganz besonders wichtig: Schau ihr in die Augen. Das war's, mehr brauchst Du nicht. Kommen wir zum weiteren Gesprächsverlauf, dem Übergang zum eigentlichen Flirt.

Der Übergang

Wenn die Gesprächseröffnung geglückt ist, stellt sich die Frage, wie es nach dem Ansprechen weitergeht. Wie sollte man überhaupt mit fremden Menschen sprechen? Wie schlägt man eine Brücke vom Opener zum Gespräch, das dann auch noch möglichst bald eine persönlichere Note bekommen soll? Dieser manchmal *Follow-up* genannte Übergang wird uns in diesem Abschnitt beschäftigen, damit Dir nie mehr eine Unterhaltung nach der Eröffnung absäuft.

Die Antwort auf die Frage, wie man mit Fremden kommunizieren sollte, ist so einfach wie genial: *Sprich mit fremden Männern, als würdest Du sie schon länger kennen. Und sprich mit Frauen, als hättest Du bereits Sex mit ihnen gehabt. Oder zumindest als sei der Sex längst beschlossene Sache zwischen Euch beiden.*

Natürlich solltest Du vor allem Letzteres nicht übertreiben — wie immer im Leben bewährt sich auch hier der goldene Mittelweg. Von der Richtung her ist diese Handlungsanweisung jedoch Gold wert. Diese Geistes- und Gesprächshaltung macht Dich im Umgang mit Frauen lockerer und sie

reduziert Deine Bedürftigkeit.
Falls Du während des Gesprächs trotzdem Probleme haben solltest, am Ball zu bleiben und motiviert Vollgas zu geben, stell Dir folgende Fragen:
„Warum bin ich gerade hier?"
„Warum spreche ich diese Frau gerade an, was will ich von ihr?"
„Investiere ich das Maximum an Liebe und Herzlichkeit in dieses Gespräch?"
„Was finde ich an dieser Frau besonders?"
Außerdem kannst Du folgende *Affirmation* benutzen:
„Ich liebe es, mit Frauen zu kommunizieren."

Während des gesamten Gesprächs solltest Du innerlich die Verantwortung für die Gefühlswelt der Frau übernehmen. Du solltest Dir im Klaren darüber sein, dass Du es zu einem Großteil in der Hand hast, wie sie sich fühlt. Ja, fühl Dich für ihre Emotionen verantwortlich! Je besser sie sich in der Unterhaltung mit Dir fühlt, desto interessanter wird sie Dich finden. Das gilt natürlich nicht nur für die erste Kennenlernphase, sondern für alle Kontakte mit Frauen. Auch in einer Beziehung ist das so.
Du solltest möglichst häufig den Eindruck erwecken, als würdest Du einfach das tun, worauf Du gerade Lust hast. Und genau betrachtet solltest Du nicht nur diesen Eindruck erwecken, sondern auch tatsächlich so handeln — innerhalb gewisser Grenzen natürlich. Auch wenn es Dir vielleicht jetzt noch komisch vorkommen mag, stehen Frauen auf Männer, die machen was sie wollen.
Wir tendieren dazu, Menschen mit einem hohen sozialen Wert mehr zuzugestehen und uns länger mit ihnen zu unterhalten. Das bedeutet, dass Du von Anfang an darauf achten solltest, hohen Wert zu transportieren. Was Wert genau heißt, hast Du in einem der letzten Abschnitte erfahren. Solltest Du Dich nicht mehr richtig erinnern können, blättere bitte noch mal dorthin zurück. Frauen scannen Dich sehr schnell auf ausreichenden Wert, damit die Unterhaltung aus für sie triftigen Gründen fortgeführt werden kann. Wenn Dein Wert nicht genügt, wird sie sofort verschwinden. Je weiter Du Dich in Sachen Persönlichkeit entwickelst, desto schneller ist diese Prüfungsphase vorbei und die Frau muss kaum mehr ernst-

haft überlegen, ob Du ein angemessener Gesprächspartner bist. Je höher Deine Stufe der Reife, umso einfacher ist es Frauen zu begeistern — und zwar ohne jede Anstrengung.

Nach dem Opener und der expliziten oder impliziten Begründung für Deine Kontaktanbahnung folgt der Übergang zu einer persönlicheren Ebene. Im Folgenden werde ich Dir einige Beispiele präsentieren, die Du nicht kopieren, sondern zur Inspiration nutzen solltest. Bitte verbrenne dieses Material nicht, sondern entwickle spontan eigene Ideen aus dem Gefühl der jeweiligen Situation heraus. Gutes *Game* ist immer flexibel und nie statisch. Außerdem vermeidest Du so, einer von vielen zu sein — auch vor dem Hintergrund, dass Du nicht der Einzige bist, der dieses Buch liest …

Die erste Möglichkeit ist im Prinzip ein Bruch in der Kommunikation, nämlich ein Themawechsel. Er bietet sich vor allem bei indirekter Eröffnung an. Mit „da fällt mir ein …" oder „… ist dir schon mal aufgefallen, dass …" eingeleitet, kann er alles Mögliche beinhalten. Er darf auch gerne frech und witzig sein, garniert mit einem breiten, aber vor allem sympathischen Grinsen: „Und was machst du sonst so, wenn du nicht gerade fremde Jungs anbaggerst?" Themawechsel sind im Gespräch mit Frauen eigentlich unproblematisch, tendenziell springen Frauen während einer Unterhaltung mehr zwischen verschiedenen Themen hin und her als Männer. In dieser Hinsicht sind Bedenken also fast völlig unbegründet. Bilde kreative Assoziationsketten in Deinem Kopf und Dir werden die Gesprächsthemen nie ausgehen.

Reisen ist übrigens ein wunderbares Smalltalk-Thema: „Mensch, hier ist ganz schön was los, das erinnert mich an meinen Trip nach New York — überall wildes Treiben und wir mitten drin. Reist du auch gerne?"

Eine weitere Variante der Überleitung für die indirekte Eröffnung ist deren totale Auflösung: „Ach, was soll der Quatsch — ich fand dich süß, deshalb hab ich dich angesprochen." Oder: „Du hast mir gefallen und da wollte ich mal schauen, wie du so drauf bist." In beiden Überleitungen wird die indirekte Eröffnung im Nachhinein durch ein Kompliment erklärt. Ähnlich funktioniert auch die folgende Variante: „Den Weg zu Starbucks wollte ich eigentlich nur wissen, um mit dir dort einen Kaffee trinken zu

gehen." Ein Gespräch, das indirekt eröffnet wurde, kann aber auch ohne Auflösung der Finte auf eine persönlichere Ebene gebracht werden: „Komisch, eigentlich wollte ich dich nur nach dem Weg fragen. Aber jetzt wo wir uns hier so unterhalten, muss ich sagen du bist echt cool ..." Oder noch viel einfacher: „Du hast ne coole und lockere Art, ich mag das."
Bei einer direkten Eröffnung, beispielsweise mit einem recht starken Kompliment als Einstieg, bietet sich danach eine Relativierung an: „Ich weiß gar nicht was los ist, eigentlich bin ich ziemlich schüchtern." Diese Variante ist auch ausgesprochen nützlich, um der Gefahr des Player-Stempels zu entgehen, die bei direkten Eröffnungen mehr als bei allen anderen droht: Frauen können leicht den Eindruck bekommen, dass Du ein professioneller Aufreißer bist, was in den seltensten Fällen Vorteile mit sich bringt.
Wenn die Konversation stockt, einfach den Spieß umdrehen und ihr Verantwortung zuschieben: „Ich hab dich angesprochen, also sag du jetzt auch mal was." Natürlich darf das nicht beleidigt wirken — es muss mit einem Augenzwinkern rübergebracht werden und soll lustig sein.
Eine andere Möglichkeit: Annahmen ins Gespräch einbauen. „Sag mal, du siehst aus als wenn du ..." oder — falls Ihr Euch noch nicht vorgestellt haben solltet: „Wie heißt du eigentlich? Lass mich raten ... du siehst aus wie eine Lisa!" Wie immer sind der Fantasie hier keine Grenzen gesetzt. Annahmen sind nützlich, um das Gespräch nicht ins Stocken geraten zu lassen. Wir werden dieses Thema übrigens später noch einmal aufgreifen.
Auch heiteres Beruferaten kann jede Menge Gesprächsstoff und Material für witzige Bemerkungen liefern: „Du bist bestimmt eine ..." Und wenn sich dann herausstellt, dass sie als Model arbeitet, solltest Du nicht beeindruckt reagieren. Lieber etwas mitleidig entgegnen, dass die Ärmste dann ja wohl ständig unterwegs wäre. Falls sie hingegen einen anspruchsvollen Studiengang absolviert, könntest Du dies mit „Und ich dachte, du wärst eher so faultiermäßig drauf ..." kommentieren. Und wenn sie noch Schülerin ist, könntest Du lächelnd sagen: „Wie schade, dann kannst du uns ja noch gar nicht ernähren." Natürlich kannst Du auch versuchen, ihre Herkunft zu erraten oder ihre Hobbys: „Du siehst sportlich aus, du spielst bestimmt ..." Erlaubt ist, was gefällt.

Da Urlaub ein tolles Gesprächsthema ist, eignet sich der folgende Übergang hervorragend für das Gespräch mit attraktiven Frauen: „Du siehst so fröhlich aus, du kommst bestimmt gerade aus dem Urlaub!" Bei Bedarf ist auch die gegenteilige Bemerkung denkbar: „Du siehst bisschen gestresst aus, du brauchst bestimmt Urlaub — wohin geht denn der nächste?" Für funktionierende Übergänge empfehle ich Dir außerdem, ein Auge fürs Detail zu entwickeln. Frauen mögen es, wenn Männer Kleinigkeiten an ihnen bemerken. Sie stehen drauf, wenn ihre Bemühungen hinsichtlich Style und Optik von Männern honoriert werden. Wenn beispielsweise ihr Lippenstift die gleiche Farbe wie ihre Ohrringe hat, kannst Du diese Tatsache durchaus lobend erwähnen. Aber natürlich nur, wenn Du es auch so empfindest — alles andere wäre nicht authentisch. Und schon habt Ihr ein neues Gesprächsthema …

Behalte immer im Hinterkopf, dass die Frau mit einem Gefühl der Überforderung kämpfen könnte. Du hast sie angesprochen und sie einer nicht unproblematischen sozialen Situation ausgesetzt. Du bist deshalb für ihren Gefühlszustand verantwortlich, kümmere Dich um ihn. Und gib ihrem Kopf gleichzeitig rationale Gründe dafür, sich weiter mit Dir zu unterhalten. Die Frau erwartet von ihrem Traummann, dass er dazu in der Lage ist.

Um Traummänner von Traumtänzern zu unterscheiden, testen Frauen Dich manchmal. Wobei es auch Frauen geben soll, die einen Traumtänzer suchen. Der wird dann aber genauso auf seine Qualitäten als Traummann geprüft. Bist Du wirklich so stark, so selbstbewusst, so cool? Finde Dich damit ab, dass das mehr oder weniger immer so bleiben wird. Je höher Deine Stufe der Reife, desto schneller werden die Tests erledigt sein. Aber sie können immer wiederkommen. Ja, wirklich immer. Wie David Deida in „Der Weg des wahren Mannes" schreibt:

„Die meisten Männer glauben irrtümlicherweise, irgendwann alles geschafft zu haben: ‚Wenn ich genug arbeite, kann ich mich eines Tages ausruhen.' Oder: ‚Eines Tages wird meine Frau das alles verstehen und aufhören, sich zu beschweren.' Oder: ‚Ich tue das jetzt nur, damit ich später so leben kann, wie ich wirklich will.' Der Irrtum dieser Männer beruht auf der Vorstellung, dass die Dinge irgendwann grundlegend anders sein werden. Aber das werden sie nicht. Alles geht immer so weiter. Zeit unseres Lebens besteht die kreative Herausforderung darin, mit dem gegenwärtigen Augenblick zu ringen, zu spielen, ihn zu lieben, während Sie Ihre einzigartigen Gaben darbieten."

Du wirst Dich immer wieder damit auseinandersetzen müssen und das ist in Ordnung so. Es ist Dein Job, Dich als Mann zu beweisen und der Felsen im Meer zu sein. Also sei bereit.

Tests zu bestehen, Übergänge hinzukriegen und Flirten zu lernen ist durch das Lesen eines Ratgebers alleine nicht möglich. Du musst alles ausprobieren. In meinen Live-Coachings habe ich bereits vielen Coachees zu Fortschritten in diesen Bereichen verholfen, die sie vorher nicht für möglich gehalten hatten. Aber ob mit oder ohne Coaching — *ohne gewissenhaftes und regelmäßiges Üben wird Deine Entwicklung stagnieren oder sogar Rückschritte erleiden.*

Frauen in Gruppen

Häufig ist das Erkennen und Verstehen sozialer Dynamik der Schlüssel zum Erfolg bei Frauen. Das gilt vor allem, wenn man eine Frau kennen lernen will, die mit Freunden oder Bekannten unterwegs ist. Dies ist oft relativ schwer, vor allem wenn die Frau ihre Gruppe nie verlässt und deshalb nicht alleine angesprochen werden kann. Um es trotzdem erfolgreich zu bewerkstelligen, müssen meist zwei Hürden genommen werden: Erstens muss die Gesprächsakzeptanz in der Gruppe erlangt werden, das heißt die Gruppe oder Teile von ihr oder zumindest die Frau, die Du willst, lassen sich auf ein Gespräch mit Dir ein. Zweitens brauchst Du die Gruppenakzeptanz, das bedeutet die Gruppe oder zumindest Teile von ihr akzeptieren Dich wenigstens als temporäres Mitglied, also beispielsweise für diesen Abend. Wenn Du diese Voraussetzungen erfüllt hast, kannst Du Dich einer Frau in einer vor Kurzem noch völlig fremden Gruppe erfolgreich nähern. Irgendwann wird es sogar möglich sein, sie unter entsprechenden Vorwänden von der Gruppe zu isolieren. So eine Aktion will immer gut kalibriert sein und gehört zu den schwierigeren Manövern. Nachdem Du den Sprung in die Gruppe geschafft hast, kannst Du damit beginnen, den

Flirt mit Deiner Frau von Interesse einzuleiten. Der Rest der Verführung läuft dann wie gewohnt.

Change her mood

Kalibration ist beim Flirten sehr wichtig. Kalibriert flirten heißt, nichts zu übertreiben. Wenn Du sie aufziehst, musst Du stets auf ihre Reaktionen achten. Verträgt sie noch mehr oder bist Du bereits zu weit gegangen? Wenn Du sie etwas zu heftig auf die Schippe genommen hast, solltest Du schleunigst etwas Selbstironie folgen lassen oder Dich falls nötig sogar lächelnd entschuldigen.

Auch und gerade während des ersten Flirts solltest Du innerlich die Verantwortung für die Gefühlswelt der Frau übernehmen. Du hast es zu einem Großteil in der Hand, wie sie sich fühlt. Wie gesagt, je besser sie sich während der Unterhaltung mit Dir fühlt, desto interessanter wird sie Dich finden. In ihrem Kopf verbinden sich die positiven Gefühle mit Dir. Wenn Du also willst, dass sie sich gut fühlt, solltest Du mit ihr nicht über ihre tote Katze oder ihren Stress auf der Arbeit sprechen. Frauen sind emotional viel direkter an Gesprächsthemen gekoppelt als Männer, sie *fühlen* Gesprächsthemen unmittelbar. Sprich mit ihr also über angenehme Themen, zum Beispiel Urlaub, Feiern, Shoppen oder Sex.

Und: Lass Dich nie auf Diskussionen mit ihr ein. Das Motto lautet *„Change her mood not her mind"*. Ändere ihre Gefühle zum Positiven, aber versuche sie nicht zu bekehren oder von irgendetwas zu überzeugen. Rationalität, Diskussionen und Argumente haben beim Flirten eigentlich nichts verloren.

Vertrauen aufbauen

Vertrauen aufzubauen ist einer der wichtigsten Teile erfolgreicher Verführung, vielleicht sogar der wichtigste. Eine Frau wird Dir nicht einfach so ihre Handynummer an*vertrauen*. Von ihrem Körper ganz zu schweigen — ohne ausreichend Vertrauen läuft bei den meisten Frauen wenig bis gar nichts, egal wie heiß sie Dich vielleicht findet. Im umgekehrten Fall, also mit Rapport aber ohne jede sexuelle Spannung, endest Du als guter Freund oder *Orbiter*. Nur wenn Anziehung und genug Vertrauen gleichzeitig vorhanden sind, wirst Du bei einer Frau dort landen, wo Du wirklich hin willst.

Am Anfang einer Unterhaltung ist deshalb vor allem Wert auf Anziehung zu legen, zum Beispiel durch witzige Opener und lockere Sprüche. Im Laufe des Gesprächs sollte dann aber immer mehr auf Rapport gesetzt werden. Witzchen und Neckereien sollten dann langsam zugunsten von vertrauensbildenden Maßnahmen zurückgefahren werden. Und übrigens: Je jünger die Frau, desto mehr Vertrauen solltest Du aufbauen.

Je höher Deine Stufe der Reife, desto schneller wird es Dir gelingen, eine gemeinsame Vertrauensbasis mit einer fremden Frau zu schaffen. Deshalb sieht es bei sehr erfolgreichen Männern manchmal so aus, als würde die vertrauensbildende Phase wegfallen und es würde gleich ans Eingemachte gehen. Die Phase wird aber keineswegs ausgelassen, sie wird nur schneller erfolgreich absolviert.

Vertrauen wächst zum Beispiel durch gemeinsam verbrachte Zeit. Das ist auch einer der Gründe, warum es mit Frauen aus dem Freundes- oder Bekanntenkreis meist so gut funktioniert — man kennt sich bereits seit Längerem gut und das Vertrauen ist da. Außerdem haben Dich auch die gemeinsamen Freunde bereits als vertrauenswürdig eingestuft. Auf der Straße ist es dagegen weniger leicht, eine gemeinsame Basis aufzubauen. Die Zeit ist dort einfach sehr knapp.

Vertrauen entsteht außerdem durch gemeinsamen Humor. Wenn man die gleichen Dinge witzig findet, ist das schon mal sehr viel wert. Tut man das nicht, wird die Sache ungleich schwieriger.

Langsam sprechen schafft Vertrauen. Schnellsprechern unterstellt man oft, dass sie nervös sind und durch ihren wasserfallartigen Redefluss irgendetwas verbergen wollen. Sprich deshalb immer langsam und deutlich. Ein weitere Voraussetzung für die Entstehung von Rapport: Empathie, also Einfühlungsvermögen. Trainiere deshalb Deine soziale Intelligenz durch Gespräche, wann immer Du die Möglichkeit hast. Erst wenn Du Dich ausreichend in andere hineinversetzen kannst und intuitiv ahnst, was die Frau denkt und fühlt, wird spielend leicht Vertrauen entstehen können. Entwickle deshalb ernsthaftes Interesse an Deinem Gegenüber und lerne wirklich aufmerksam zuzuhören!

Eine andere Gesprächsstrategie, die Vertrauen erzeugt, habe ich Dir bereits in einem früheren Abschnitt verraten: Rede mit attraktiven Frauen so, als würdest Du sie schon lange kennen und am besten sogar so, als hättest Du bereits Sex mit ihnen gehabt. Oder als wäre der Sex bereits fest zwischen Euch verabredet. Wenn Du sie auf diese Weise behandelst, wirst Du ihr schnell vertraut vorkommen und ihr Zutrauen wird wachsen.

Vertrauen erzeugen kannst Du generell auf zwei Ebenen: Verbal und nonverbal.

Die klassische nonverbale Methode, Rapport zu erzeugen: Lächeln. Von jeher das Signal unter Homo sapiens, um Freundlichkeit und Friedfertigkeit zu demonstrieren. Wir können gar nicht anders, als uns bei lächelnden Menschen zu entspannen und sie in den meisten Fällen sympathisch zu finden. Lächle deshalb lieber etwas zu viel als zu wenig. Allerdings kein festgetackertes Lächeln, sondern natürlich, herzlich und echt. Also mit hochgezogenen Wangen und Fältchen um die Augen sowie einem Senken der Augenbrauen. Ein unechtes Lächeln erkennt jeder Mensch sofort an den vielen inaktiven Muskeln rund um die Augen.

Berührungen sind ebenfalls eine mächtige nonverbale Methode, um Vertrauen zu erzeugen. Im Abschnitt zum Thema Anziehung hast Du bereits viel darüber gelesen. Drehe sie um die eigene Achse, umarme sie und streichle ihr zur Belohnung über den Kopf, initiiere High fives, stoße sie mit der Hüfte an, heb sie hoch, trag sie weg — sei einfach mal verrückt und trau Dich was.

Eine weitere vertrauensbildende Maßnahme ist, Wertgegenstände wie Dein Handy offen bei ihr auf dem Tisch liegen zu lassen, wenn Du mal kurz verschwindest. Diese kleinen Dinge entfalten oft große Wirkung.

Wenn Du verbal Vertrauen erzeugen willst, solltest Du Deine Sprache positiv emotionalisieren. Wie Du bereits gelernt hast, sind Frauen recht gefühlsbetonte Wesen — Frauen *leben* Emotionen. Wenn Du sie erobern willst, solltest Du versuchen, ihre Gefühle positiv zu beeinflussen. Das geht am einfachsten, indem Du Dein Vokabular auf positive Weise auflädst.

Doch was heißt das ganz konkret? Das bedeutet, anders zu kommunizieren als die meisten anderen Männer. Männer kommunizieren meist extrem nüchtern und rational. Sie sprechen nur über das Notwendigste und kleiden Fakten selten emotional aus. Leider ist diese Art der Kommunikation wenig zielführend bei Frauen.

Um Deine Sprache gefühlsbetonter zu gestalten, kannst Du sie mit bestimmten positiven Worten anreichern. Erweitere Deinen Sprachschatz um Eigenschaftswörter wie attraktiv, aufregend, begeistert, blendend, brillant, bunt, charmant, dramatisch, herzlich, lebendig, leidenschaftlich, prächtig, spannend, traumhaft oder wertvoll. Und um Hauptwörter wie Freiheit, Genuss, Glück, Hingabe, Leben oder Lust. Natürlich sind das nur Beispiele. Ich hoffe, Dir wird durch diese Aufzählung klar, was ich meine und Du findest selbst weitere solcher Begriffe. Es mag sich am Anfang komisch anfühlen, sich so auszudrücken. Vielleicht kommt es Dir auch ein wenig schwul vor. Trotzdem solltest Du Dich darauf einlassen, Deine Sprache bildhafter zu gestalten. So gut wie alle Männer, die nicht erfolgreich bei Frauen sind, haben eine zu nüchterne und farblose Ausdrucksweise.

Neben der Sprache kommt es auch auf die Gesprächsthemen an. Wie bereits erwähnt, empfiehlt sich weder ihre tote Katze noch ihr Stress im Büro als Gegenstand der Unterhaltung. Frauen sind emotional sehr direkt an das gekoppelt was gesprochen wird. Angenehme Themen sind deshalb generell Trumpf, beispielsweise rauschende Partys, gutes Essen oder weite Reisen. Stark vertrauensbildend sind außerdem Gespräche über Dinge, die mit Abenteuer und Fantasie zu tun haben. Während der Unterhaltung den grauen Alltag zu verlassen macht einer Frau wirklich Freude. Wenn Du dann noch ein bisschen über Deine Schwächen plauderst und Dich selbst etwas auf die Schippe nimmst, wird die Gesprächsebene schnell persönlicher und die Frau wird zügig eine Bindung zu Dir fühlen. Frauen können mit allzu glatten Männern, die sich als perfekt inszenieren, meist wenig anfangen. Natürlich sollst Du nicht Deine tiefsten Geheimnisse mit ihr teilen, aber mit den eigenen Unzulänglichkeiten ein wenig zu kokettieren schafft Sympathie. Auch lockerer Umgang mit erlebten Peinlichkeiten kommt ehrlich rüber und ist sexy — und einleiten kannst Du das so:
„Ich muss Dir was verraten, aber wehe das erzählst du irgendwem —

dann muss ich dir den Hintern versohlen ..."

Na ja, und dann erzählst Du eben eine lustige kurze Geschichte über eine kleine Schwäche von Dir. Eigentlich ganz einfach, oder?

Stell Dir einfach bildlich vor, dass die Sätze einer Unterhaltung zwischen Mann und Frau aus vielen kleinen Geschenken bestehen, die man sich gegenseitig hin- und herschenkt. Jedes Stichwort ist ein solches Präsent. Indem Du ein Wort Ihres Satzes beispielsweise mit „da fällt mir ein ..." aufgreifst, packst Du genau dieses Geschenk aus. Lass Deine Assoziationen frei sprudeln, Themenwechsel verkraften Frauen wie bereits erwähnt besser als Männer. Nach wenigen Sätzen hast Du auf diese Weise so viele Möglichkeiten, dass Du Dich stundenlang angeregt mit ihr unterhalten könntest. Es entsteht eine ganz eigene spannende Gesprächsdynamik und nach kurzer Zeit musst Du über nichts mehr nachdenken — die Unterhaltung fließt dann einfach von selbst.

Empfehlenswert ist die Kombination einer Aussage und einer Frage — da kommen die schönsten Geschenke zurück, die man dann nur noch auspacken muss. Zum Beispiel so:

„Wow, bin gerade erst in Hamburg angekommen und die Stimmung hier ist einfach fantastisch. Allein schon dieses Gefühl, neu in so einer Stadt zu sein — weißt du was ich meine?"

„Ja, als ich das letzte Mal bei meiner Freundin in London war, hatte ich auch dieses Gefühl — total aufregend!"

Nun hast Du die Wahl aus vielen tollen Themen: Hamburg, London, Dein letzter Trip nach England und die gemeinsame Lust am Reisen, ihre Freundin und Freundschaften generell ...

Und dass über Gefühle und Gemeinsamkeiten gesprochen wird, ist bereits genau die richtige Richtung!

Eine gute Einleitung für solche Gesprächsfäden ist übrigens diese hier: „Hey, weißt du was?" Irgendwie ist bei dieser Einleitung bereits klar, dass nun ein angenehmes Thema folgt.

Sei während der gesamten Unterhaltung locker und spontan, rede worüber Du willst, sofern die Themen nicht unangenehm sind. Diese plaudernde, assoziative Art der Kommunikation lieben Frauen.

„Manchmal mag ich es, Sonntage komplett im Bett zu verbringen. Was

hast du letzten Sonntag gemacht?"
Genauso gut kann jeder Mensch, jeder Gegenstand und jedes Ereignis in Eurer Nähe eine willkommene Möglichkeit sein, Euer Gespräch anzureichern. Achte deshalb immer auch darauf, was um Dich herum passiert. Mit etwas Übung ist das kein Problem.
Triff immer mehr Aussagen als Du Fragen stellst. Und wenn Du Fragen stellst, dann stell die richtigen. Das meine ich nicht nur auf den Inhalt bezogen — auch die Form der Fragen ist entscheidend. Mit offenen Fragen bekommst Du einfach schönere Geschenke zurück, während geschlossene Fragen die Kommunikation abwürgen. Offene Fragen lassen eine breite Antwort zu mit einer Menge neuer Stichworte, geschlossene Fragen werden nur mit ja oder nein beantwortet. Offen sind meist die so genannten W-Fragen, also Fragen, die zum Beispiel mit warum, wie oder was beginnen. Da wir das Gespräch nicht kurz und effizient halten sondern eine sprudelnde Unterhaltung haben wollen, solltest Du stets offene Fragen den geschlossenen vorziehen.
Es empfiehlt sich immer, mehr über die Vergangenheit und die Zukunft zu sprechen als über die Gegenwart. Die Gegenwart hat viel mit alltäglichen Problemen aus Job oder Studium zu tun, während die Vergangenheit eher zu schönen Erlebnissen führt. Die Zukunft wiederum besteht aus Träumen, Plänen, Visionen und neuen Horizonten und eignet sich deshalb ebenfalls sehr viel besser für emotionale, angenehme Gespräche.
Hier noch einige beispielhafte Fragen aus völlig unterschiedlichen Bereichen, die im richtigen Kontext durchaus Bestandteil vertrauensvoller Unterhaltungen sein können:
„Was ist deine größte Leidenschaft?"
„Zu Beginn einer Beziehung — hat dein Partner von Anfang an dein Vertrauen oder muss er es sich erst verdienen?"
„Bist du eher ein Mama- oder Papakind?"
„Stell dir vor, du bist an einem Ort, wo dich niemand kennt und alles was du dort machen würdest, würde nie jemand erfahren. Was würdest du tun?"
Falls man einen Prozess der Vertrauensbildung darstellen möchte, könnte der folgendermaßen aussehen:

1. Zeige ihr auf glaubwürdige Weise Facetten Deiner Persönlichkeit wie Leidenschaften, Gefühle, Offenheit, Werte, Stärken und Schwächen.
2. Lass Dir Facetten ihrer Persönlichkeit demonstrieren.
3. Schenke ihr dafür ernstgemeinte Anerkennung.
4. Versuche, Gemeinsamkeiten Eurer Persönlichkeiten, Werte, Lebenswelten und Leidenschaften zu finden, um so eine tiefe Verbindung herzustellen.

Sprich mit Frauen darüber, wie wundervoll es ist, neue Bekanntschaften zu machen, fremde Menschen kennen zu lernen und was daraus Schönes entstehen kann. Sie wird Dir begeistert bestätigen, wie Begegnungen Leben bereichern können. Eine perfekte Voraussetzung für Euren Abend!
Auch gemeinsame Ortswechsel schaffen Vertrauen. Wenn es um Euch herum laut und unruhig ist, solltest Du vorschlagen, woanders hin zu gehen, zum Beispiel um etwas trinken zu gehen, frische Luft zu schnappen oder Ähnliches. Der Fantasie sind wie immer keine Grenzen gesetzt. Wenn Du Lust darauf hast, nimm sie einfach an der Hand und führe sie in eine schönere Umgebung.
„Hey, lass mal aus dem Trubel raus …"
„Ich muss dir kurz etwas zeigen, komm mal mit."
„Hey, ich leih mir mal kurz eure Freundin aus und bringe sie gleich wieder, wir holen uns was zu trinken."
„Sag mal, hast du das … gesehen? Komm, das muss ich dir zeigen."
Auch kleinste Ortswechsel beim Ansprechen auf der Straße sind mächtige Werkzeuge zur Erzeugung von Vertrauen und Festigung der Gesprächsbasis — und zwar innerhalb weniger Sekunden! Auch Anziehung kann so erzeugt werden, schließlich geleitest Du sie an einen anderen Ort und übernimmst die Führung.
Kommen wir zu einem weiteren ausgesprochen mächtigen Tool, um Vertrauen zu erzeugen: Bei einer Frau gezielte Annahmen treffen und Dinge deuten und eine Vielzahl verwandter Techniken, zusammenfassend meist *Cold Reading* genannt.
Cold Reading, also kalte Deutung, meint ohne wirkliches Wissen über

den Gesprächspartner das Gefühl entstehen zu lassen, man könne ihn lesen wie ein Buch. Wahrsager, Lebensberater, Zauberer, Mentalisten und Verkäufer nutzen diese Technik. Die Person, die gelesen wird, baut in den meisten Fällen sehr schnell Vertrauen zur lesenden Person auf. *Cold Reading* kann als Abkürzung zu einer tiefen Verbindung fungieren. Selbst wenn die passive Person nicht an Gedankenleserei oder übernatürliche Fähigkeiten glaubt oder sogar die Anwendung einer manipulativen Technik vermutet, kann sie sich in den meisten Fällen nur schwer gegen diesen Effekt wehren.

Also: Wie funktioniert *Cold Reading* ganz konkret?

Es beginnt, wenn Du die Frau das erste Mal siehst. Was fällt Dir an ihr auf? Was ist an ihr besonders? Wie wird sie wohl ticken? Konservativ oder liberal? Was hat sie an? Welche Frisur trägt sie? Wie ist ihre Körpersprache? Wie alt ist sie? Nationalität? Religion? Gehört sie einer Subkultur an? Welche Art von Musik wird sie wohl hören? Falls Du sie sprechen hörst — wie spricht sie?

Beobachte sie unauffällig, aber genau. Die Erscheinung einer Frau verrät so viel über sie, dass ein vollständiges Bild entstehen kann, bevor ein einziges Wort gewechselt wurde. Diese Informationen kannst Du im folgenden Gespräch dann zielgerichtet verwenden.

Wenn Du Dich mit ihr unterhältst, kannst Du bereits nach kurzer Zeit damit beginnen, hin und wieder Dinge zu beschreiben, die Dir an ihr auffallen. Zum Beispiel Signale ihrer Körpersprache, wenn sie sich wohlfühlt. Kleine Eigenheiten, die anderen nicht auffallen würden. Solche Signale erkennst Du mit ein wenig Übung sehr leicht, wenn Du sie schon ein bisschen kennen gelernt hast. Ihr diese mitzuteilen kann ihr Wohlbefinden verstärken und die Bindung zu Dir. Du kannst alle möglichen Signale von ihr deuten und kommunizieren — aber es darf immer nur um positive Dinge gehen! Und, wie immer: nicht übertreiben …

Durch *Cold Reading* entsteht in der gelesenen Person unter anderem das Gefühl, man würde sich bereits länger kennen. Und vielleicht sogar die Illusion, sie könnte vom Gegenüber mehr über sich selbst erfahren — er scheint sie schließlich lesen zu können wie ein Buch. Diesen Effekt kann man durch die Verwendung von Allgemeinplätzen noch verstärken, wir sprechen hier vom so genannten *Barnum-Effekt*: Dieser bezeichnet die Neigung von Menschen, vage Aussagen über die eigene Person als zutreffend zu akzeptieren. Durch geschickt formulierte Behauptungen, die viele Menschen für sich als wahr empfinden und gerne hören, steigt das Vertrauen.

Gerade für Frauen ist es sehr interessant, mehr über die eigene Persönlichkeit herauszufinden. Auch deshalb sind Frauenzeitschriften mit Selbsttests geradezu vollgestopft. Und deshalb funktioniert *Cold Reading* bei Frauen auch so unglaublich gut.

Jede Frau wünscht sich einen Mann, der sie versteht. Sie meint damit einen, der ihre Sehnsüchte, Begierden und Gedanken auf gewisse Weise erkennt. Häufig geht es dabei um persönliche Dinge, die sie nie jemandem erzählt hat. *Cold Reading* verschafft ihr die Illusion, Du wärst genau dieser Mann. Deshalb ist dieses Werkzeug so mächtig. Und deshalb darf es nicht zum Nachteil einer Frau angewendet werden — tu das nie! Ein echter Mann setzt seine Fähigkeiten und Stärken nur zum Vorteil für beide ein. Selbst wenn man mehr oder weniger ins Blaue rät, gibt es Techniken, die der anderen Person suggerieren, man läge stets richtig. Dafür muss man nur genug Interpretationsmöglichkeiten offen lassen, also immer eine große Zahl verschiedener Optionen bieten und stets vage bleiben. Ist außerdem die Zahl der auf den Kopf zugesagten Dinge recht groß, bekommt der Gelesene eher das Gefühl, dass das Gesagte zutrifft — bei ausreichend positiver Einstellung gegenüber dem Gesprächspartner merkt er sich vor allem das, was seiner Meinung nach stimmt. So wie bei Horoskopen aus der Zeitung. Die Folge: Ein großer Zuwachs an Vertrauen! Schließlich wissen normalerweise nur Leute aus unserem Umfeld persönliche Dinge von uns ...

Noch ein weiteres Mal die Warnung: Wende *Cold Reading* nie zum Nachteil der Frau an! Und: Übertreibe niemals damit! Sobald Du zu oft dazu ansetzt, wirst Du als merkwürdiger Hobbypsychologe oder Schlimmeres abgestempelt und bist unweigerlich draußen!

Beispiele für *Cold Reads* gibt es viele:

„Meistens wünschst du dir, dass dich andere mögen und schätzen, aber du tendierst hin und wieder dazu, sehr kritisch mit dir selbst umzugehen und

du fragst dich, ob du anderen gerecht werden kannst."
„Du verfügst über erhebliches Potential, dass du bisher aber noch nicht wirklich zu deinem Vorteil genutzt hast."
„Nach außen wirkst du eher diszipliniert und selbstbewusst, aber innerlich bist du manchmal beunruhigt und unsicher."
„Kann es sein, dass du dir ernsthafte Gedanken darüber machst, ob du die richtige Entscheidung getroffen oder das Richtige getan hast?"
„Du magst ein gewisses Maß an Abwechslung und Veränderung und fühlst dich schnell unwohl, wenn du eingeschränkt oder behindert wirst."
„Ich denke, du machst dir gerne dein eigenes Bild. Ich schätze dich so ein, dass du die Aussagen anderer Leute nicht einfach so ohne stichhaltige Beweise akzeptierst."
„Ich habe das Gefühl, dass du glaubst, dass es nicht sehr klug ist, sich gegenüber anderen zu sehr zu öffnen."
„Auf der einen Seite bist du gerne locker und offen. Du fühlst dich einfach wohl und bist aufgeschlossen, doch es gibt auch andere Momente, in denen du skeptisch und zurückhaltend bist. Diese beiden Seiten stehen sich im Weg und machen dich einfach wahnsinnig."
„Ich glaube, du machst den meisten hier etwas vor. Sie nehmen dich als anständiges Mädchen war, dem niemals in den Sinn kommen könnte, etwas Schmutziges zu tun. Doch in Wirklichkeit gibt es da tief in dir einen Teil, der deiner Persönlichkeit am nächsten kommt. Und der würde am liebsten einfach alles zulassen und in Leidenschaft versinken."
„Du bist stolz auf dein eigenständiges Denken."
„Mit deinen Eltern war es manchmal nicht einfach ..."
Wie Du siehst, sind diese Aussagen sehr allgemein gehalten — man könnte es auch beliebig nennen. Nun darfst Du nie den Fehler machen, Frauen zu unterschätzen. Viele von ihnen merken schnell, dass diese Aussagen auf viele Menschen zutreffen könnten. Aber es gibt eine Methode, um diese *Cold Reads* stärker mit ihr zu verbinden. Du musst sie mit der Frau linken, um ihnen eine persönlichere Note zu geben. Das heißt, Du begründest Deine Annahmen mit Beobachtungen, die Du an ihr machst.
Zum Beispiel so:
„Weißt du, woran ich das bemerkt habe? Immer wenn ich so schweinisch

daher rede, leckst du dir über die Lippen."
Oder:
„Immer wenn ich das erwähne, verschränkst du die Arme und schaust skeptisch."
Und selbst wenn es nicht stimmt, wird sie sich ernsthaft fragen, ob nicht doch etwas dran ist. Sie wird ihr Verhalten überprüfen und genau darauf achten, diese Signale nicht mehr zu senden, um Deine Aussage nicht zu bestätigen. Das wird aber dazu führen, dass sie diese Signale ständig im Kopf hat und den Drang fühlt, sie zu geben. So ähnlich wie das bekannte Beispiel mit dem rosa Elefanten, an den man nicht denken soll. Kaum versucht man, nicht an ihn zu denken, spaziert er einem durch den Kopf. Im Endeffekt führt diese Verbindung Deiner *Cold Reads* mit ihr und ihrem Verhalten dazu, dass für sie immer unklarer wird, ob Du nicht doch recht hast mit Deinen Behauptungen.

Cold Reading bietet aber noch viel mehr Möglichkeiten — zum Beispiel lustige Spiele wie *The Cube*, Der Würfel. Dafür solltest Du Dich mit Deiner weiblichen Begleitung in einer ruhigen, angenehmen Location befinden, keinesfalls auf der Straße. Dieses Spiel kann man auf verschiedene Weise spielen, ich spiele es so …

„Lass uns doch mal ein Spiel spielen. Ich erzähl dir eine kleine Geschichte und stelle dir dabei vier Fragen. Bereit?"
„Okay, ich bin dabei."
„Hast du mal was vom magischen Würfel gehört?"
„Nein!"
„Okay, ich zeig ihn dir. Eine Freundin hat mir davon erzählt und ich fand's echt beeindruckend."

Die Freundin kannst Du natürlich auch gerne namentlich nennen. Sie einzubauen ist aus verschiedenen Gründen empfehlenswert. Erstens weil dies Deine Nichtbedürftigkeit unterstreicht und zweitens weil Du ihr im Falle von größerer Skepsis sagen kannst:

„Ich wusste erst auch nicht, was ich davon halten soll, aber warte mal ab …"

Sobald größere Zweifel ausgeräumt sind, fährst Du fort:
„Gut, mach deine Augen zu und stell dir eine schöne Landschaft vor. Und

jetzt stellst du dir in dieser Landschaft einen Würfel vor. Hast du das?"
„Ja."
„Wie groß ist er? Welche Farbe hat er? Woraus ist er gemacht? Wo ist er auf dem Bild zu sehen?"
Sie wird dir beantworten, wie sie den Würfel sieht. Du merkst Dir ihre Angaben indem Du Dir ihr Bild im Kopf vorstellst und machst dann weiter.
„Okay, jetzt siehst du eine Leiter. Wo steht die Leiter im Verhältnis zum Würfel? Woraus ist sie gemacht? Welche Größe hat sie?"
Warte wieder ihre Antworten ab, aber lass es nicht endlos lange ausarten.
„Jetzt siehst du ein paar Blumen. Wo sind sie? Wie viele? Wie sehen sie aus? Was für eine Farbe haben sie?"
Du errätst es schon, lass sie wieder antworten. Dann:
„Jetzt siehst du ein Pferd! Wie sieht es aus? Wo steht es? Was macht es?"
Merke Dir ihre Antworten.
„Zum Schluss siehst du einen Wirbelsturm in deinem Bild. Wo siehst du ihn? Wie groß ist er? Wie sieht er aus?"
Nachdem sie auch diese Informationen übermittelt hat, verrätst Du ihr, was die einzelnen Elemente bedeuten.
Der Würfel steht für sie selbst.
Die Leiter ist ihre Familie.
Die Blumen sind ihre Freunde.
Das Pferd ist ihr idealer Partner.
Der Sturm steht für ihre Probleme und Herausforderungen.
Jetzt geht es darum, die richtige Interpretation der verschiedenen Gegenstände als *Cold Read* zu verpacken. Hier sind Deiner Kreativität keine Grenzen gesetzt, zur Inspiration nun einige Beispiele:
„Dein Würfel ist ... Du bist eine sensible Frau mit einem starken Gerechtigkeitssinn, der vor allem dann zum Vorschein kommt, wenn jemand wirklich deine Hilfe braucht. Und du hast ein starkes Gespür dafür, ob eine Person wirklich aufrichtig zu dir ist."
Du kannst auch vertiefende Fragen zu verschiedenen Teilen ihres Bildes stellen und diese Teile mit ihren Gefühlen verbinden, zum Beispiel so:
Wenn sie sagt „mein Pferd steht auf dem Würfel" könntest Du „warum

steht es auf dem Würfel?" entgegnen. Und dann sagt sie vielleicht Dinge wie „es soll ganz nah bei mir sein." Darauf Du: „Oh, ich verstehe, du brauchst einen Mann, der für dich da ist, wenn du ihn wirklich brauchst." Wenn Du Punkte in ihrer Beschreibung findest, die sie wirklich bewegen, gehe in Deiner Interpretation umso stärker darauf ein. Zum Beispiel so: „Du bist eine wirklich kreative Person, aber du befindest dich im Moment in einer Phase, wo du deine Kreativität nicht wirklich in vollem Umfang einsetzen kannst. Wie ich vor ein paar Jahren. Mein damaliger Job war alles andere als kreativ und ich …"
Damit verbindest Du einen Teil Ihrer Persönlichkeit mit Deiner.
Alle weiteren schlüssigen Interpretationen des Würfels solltest Du Dir selbst einfallen lassen. Es würde nichts bringen, Dir hier viele weitere Vorschläge zu geben. Warum? Allein schon deshalb, weil Du nicht der Einzige bist, der dieses Buch liest. Stell Dir vor, Du spielst das Spiel mit einer Dame und sie kennt Deine Interpretationen bereits — das wäre sehr unangenehm, nicht wahr? Eben!
Also: Wenn Du dieses Spiel wirklich mit attraktiven Frauen spielen willst, musst Du Dich reinfuchsen und verschiedene eigene Interpretationsmöglichkeiten auswendig auf Lager haben, die der Dame einleuchten. Dieses Spiel solltest Du nie ohne entsprechende Vorbereitung spielen — es sei denn Du bist ein grandioses Improvisationstalent!
The Cube basiert auf NLP, Neurolinguistischer Programmierung. Es gibt noch viele weitere spannende Spiele, die darauf aufbauen. Und falls Dich der Würfel noch genauer interessiert, kann ich Dir das Buch „Der magische Kubus" von Annie Gottlieb empfehlen.
Okay, noch ein weiteres Beispiel zum magischen Würfel:
Zwei Frauen in einem Club, die eine tanzt, die andere chillt an der Bar. Du spielst das Spiel mit der ruhigeren Dame und sie sagt Dir, dass der Würfel blau ist. Dann analysierst Du ihre Aussage folgendermaßen:
„Ein blauer Würfel bedeutet, dass du viel Ruhe ausstrahlst und aus diesem Grund deine Freunde oft zu dir kommen, um in Stresssituationen von deiner Gelassenheit zu profitieren."
Wie immer gilt auch hier: Übung macht den Meister!
Mit *Cold Reading* hast Du die Möglichkeit, zumindest eine temporäre Au-

torität im Leben der Frau zu werden. Nicht nur, weil sie durch Dich mehr über sich selbst erfahren will, bekommst Du für sie besondere Priorität. Priorität im Leben einer Person haben die Menschen, die großen Einfluss auf sie und andere haben. Unter Umständen kannst Du Dir durch die Anwendung von *Cold Reading* große Macht über die Frau verschaffen. Deshalb bist Du verpflichtet, diese Technik verantwortungsvoll einzusetzen und nur zu ihrem Wohl zu verwenden.

Noch einige allgemeine Hinweise zur Anwendung von *Cold Reading*:
1. Ohne ausreichend Selbstbewusstsein funktioniert es nicht. Du musst lernen, Deine Interpretationen gut und sicher zu verkaufen.
2. Berücksichtige immer die Werte und Einstellungen der Frau in Deinen Interpretationen. Nur dann kann es perfekt funktionieren.
3. Du solltest einige Standard-Formulierungen parat haben. Dann geht es deutlich leichter. Entwickle Dein eigenes Material!
4. Beobachte Deine Gesprächspartnerin die ganze Zeit und achte auf sie. Welche Signale sendet sie? Merk Dir alles was sie tut und sagt, hör ihr immer gut zu. Sie darf gerne die meiste Zeit reden. Dadurch kannst Du noch einfacher Informationen über sie sammeln. Und der, der mehr redet, versucht sich zu qualifizieren.
5. Gib ihr immer das Gefühl, dass Du mehr weißt als Du sagst. Im Lauf der Zeit wird sie sich Dir immer mehr anvertrauen.
6. Die letzte und wichtigste Regel lautet: Erzähle der Frau tendenziell das, was sie hören will. Hört sich komisch an, ist aber so. Wenn Du schon Spiele wie *The Cube* und generell *Cold Reading* anwendest, bleibt Dir nichts anderes übrig …

Kontaktdaten der Frau bekommen

Die Handynummer einer attraktiven Frau zu bekommen ist entscheidend für den weiteren Verlauf der Geschichte, weil ohne den Austausch von Kontaktdaten kaum ein geplantes Treffen erfolgen kann. Gleichzeitig markiert dieser Punkt den Abschluss der ersten Begegnung. Hier entscheidet sich, ob Du mehr richtig als falsch gemacht hast und ob Deine Bemühungen mit dieser Frau handfeste Früchte tragen werden. Sollte

es mit ihr nicht klappen, werden Dir Deine Anstrengungen und Deine neuen Erfahrungen aber in jedem Fall bei der nächsten Frau von Nutzen sein. Du wirst von Mal zu Mal besser und routinierter werden. Versuche, aus Abfuhren möglichst viel zu lernen. Bleibe mutig und überwinde Dich immer wieder. Denn ohne Mut und ohne über den eigenen Schatten zu springen wird es wirklich schwierig …
Wenn Du eine Frau wiedersehen willst, sag es ihr. Zum Beispiel so, ganz einfach:
„Ich will dich wiedersehen."
Wenn Du ihre Nummer willst, hole Dein Handy raus und drück es ihr in die Hand. Sag ihr, dass sie ihre Nummer eintippen soll. Zum Beispiel so:
„Tipp mal deine Nummer ein."
Wieder ganz einfach, oder?
Das kommuniziert Selbstbewusstsein. Oder frage sie nach ihrem Handy. Lass es Dir geben, tippe Deine Nummer selbst ein und rufe Dich danach am besten gleich selbst an. Du kannst im Prinzip machen was Du willst, also mach es einfach! Speichere Deinen Namen mit einem Herzchen oder einem Smiley in ihrem Handy ein, sei crazy und lach dabei über Dich selbst. Glaub mir, Frechheit kombiniert mit einer charmanten und auch liebevollen Männerpersönlichkeit funktioniert fantastisch.
Hier geht es neben Selbstsicherheit und Selbstvertrauen um den Willen, eine Sache zu Ende zu bringen. Wenn Du den Sack nicht irgendwann zumachst, siehst Du die Frau vielleicht nie wieder. Das alleine sollte Motivation genug sein, um etwas zu riskieren!
Wenn Du den Sack nicht zumachst, bist Du wie ein witziger, schlagfertiger Autoverkäufer, der den Kunden im Verkaufsgespräch eine lustige Zeit bereitet, aber vor lauter Späßchen den Deal nicht unter Dach und Fach bringt. Sei anders, sei zielgerichtet! Du bist der derjenige, der den Austausch von Kontaktdaten einleiten muss — die Frau wird in den seltensten Fällen damit anfangen.
Du solltest außerdem so gut wie nie Deine Nummer herausgeben, ohne dass sie Dir auch ihre gibt oder gleich durchklingelt. Frauen testen Männer gerne auf Dominanz, indem sie solche Spielchen spielen. Wenn Du tust was sie verlangt, gibst Du die Führung und die Verantwortung ab

— keine gute Position. Schließlich hat sie es allein dann in der Hand, ob Ihr noch mal Kontakt habt oder nicht. Deshalb immer auf beidseitigen Tausch bestehen oder einfach ihre nehmen. Und wenn sie glaubhaft behauptet, kein Handy dabei zu haben und ihre Nummer nicht auswendig zu kennen, handelst Du nach Bauchgefühl und schreibst ihr im Zweifel Deine Nummer auf.

Versuche, die Angst vor Zurückweisung in den Griff zu kriegen. Alle Gewinnertypen und Frauenhelden haben irgendwann gelernt, diese Angst zu kontrollieren — in beruflichen und privaten Angelegenheiten. Übrigens: Auch deshalb korrelieren Erfolg bei Frauen und beruflicher Erfolg miteinander ...

Erfolgreiche Männer haben in ihrem Leben meist doppelt so viel Ablehnung verkraften müssen als der Durchschnittstyp auf der Straße. Sie haben Zurückweisungen eingesteckt und sich trotzdem nicht beirren lassen, den wenigsten ist der Erfolg in den Schoß gefallen. Und allein die Annahme, dass Erfolg den Erfolgreichen einfach so in den Schoß fällt, ist Ausdruck einer Mentalität, die Erfolg verhindert. Erfolg ist so gut wie immer das Resultat harter Arbeit. Gewinnertypen und Frauenhelden haben mehr Abfuhren auf ihrem Weg nach oben kassiert als sich die meisten Menschen vorstellen können. Das was sie von den anderen unterscheidet, ist der Umgang mit Zurückweisung und Ablehnung. Sie riskieren, auf die Mütze zu bekommen. Sie haben keine Angst davor, ihr Schicksal herauszufordern. Sie stehen nach Niederlagen wieder auf, weil Niederlagen nur aufgeschobene Erfolge sind. Und diese Männer stellen die entscheidenden Fragen — zum Beispiel die nach der Handynummer.

Je deftiger der Korb, umso näher bringt er Dich irgendwann Deinen Zielen. Von heftigen Abfuhren lernst Du am meisten, nur wenn es weh tut zieht man wirklich Konsequenzen. So kommst Du an Wissen, dass Du bei der nächsten Frau anwenden kannst. Deshalb: *Geh immer aufs Ganze!*

Versetze Dich für einige Sekunden in die Frau. Als attraktive Frau, die auf gefestigte, erwachsene Männer steht, die wissen was sie wollen: Wäre ein Mann für Dich interessant, der sich nicht einmal traut, nach Deiner Handynummer zu fragen? Ich nehme an, Du verstehst was ich damit sagen will.

Am Ende des Lebens bereuen wir immer das, was wir nicht getan haben. Wenn Du auf dem Sterbebett liegst, wirst Du jede einzelne attraktive Frau auf der Straße bereuen, die Du nicht angesprochen oder nach der Nummer gefragt hast, als Du die Gelegenheit dazu hattest. Die kassierten Körbe werden dagegen überhaupt keine Rolle spielen.

In meinen Coachings erlebe ich immer wieder, dass Coachees auch in diesem Bereich Opfer schädlichster Geisteshaltungen sind. Dort höre ich immer wieder Sätze wie „ich möchte mich ihr doch nicht aufdrängen" oder „sie hat viel zu hohen Wert für mich". Mit einer solchen Einstellung ist jeder Eroberungsversuch zum Scheitern verurteilt. Wie soll sich eine Frau zu einem Mann mit einem solchen Welt- und Selbstbild hingezogen fühlen?

Wenn Du die Entscheidung triffst, eine Frau weiter sehen zu wollen, sollte es von Deiner Seite aus selbstverständlich sein, Kontaktdaten auszutauschen. Sozusagen die normalste Sache der Welt — die es ja auch ist! Und von ihrer Seite aus, fragst Du? Die Antwort darauf lautet: Solange Du keinen Gegenbeweis hast, nimmst Du immer an, dass es ihr genauso geht wie Dir. Diese Annahme ist die einzige zielführende Einstellung, die den Kontaktdatenaustausch mit einer attraktiven Frau betrifft. Alles andere wäre kontraproduktiv. Diese Annahme wird sich bei Dir zu einem Glauben entwickeln und im Laufe der Zeit immer stärker werden. Ja, sie will es genauso wie Du. Das ist die Einstellung des attraktiven, erfolgreichen Mannes.

Deine Körpersprache, Deine Stimme, Dein Blick werden mit dieser Einstellung genau die Sicherheit und Männlichkeit kommunizieren, die Du brauchst. Es ist vollkommen klar, dass Ihr in Verbindung bleibt. Es ist kein großes Ding. Unbewusst wird sie das genauso fühlen, es wird sich alles wie selbstverständlich regeln — wenn Du von Anfang an ganz selbstverständlich mit ihr umgehst. Genauso, dass sich schnell große Vertrautheit einstellt. So, als würdet Ihr Euch schon lange kennen.

Erinnere Dich: In einem früheren Kapitel dieses Leitfadens hast Du gelernt, dass Du mit Fremden stets so reden solltest, als würdest Du sie schon lange kennen. Und im Falle von fremden Frauen sogar so, als wärt Ihr bereits im Bett gelandet oder als wäre die Kissenschlacht bereits fest

verabredet. Dadurch kann von Anfang an überhaupt keine Distanz entstehen, Deine Offenheit wirkt dann einfach zu entwaffnend.
Wenn mich Freunde oder Coachees mit fremden Frauen beobachten, fragen sie danach oft: „Kanntest du die?" Mit der eben geschilderten Einstellung kannst Du das genauso gut! Vielleicht nicht heute oder gleich morgen, aber in absehbarer Zeit. Grundsätzlich solltest Du auch in allen anderen Phasen der Verführung diesen *Selbstverständlichkeits-Frame* halten. Selbst in einer möglicherweise folgenden Beziehung. Dieser *Frame* ist nämlich nicht nur fürs Nummerholen optimal, sondern auch für den ersten Kuss oder sonstige Eskalation. Und damit erübrigen sich auch alle Fragen wie „woran merke ich, dass sie es will" oder „wann merke ich, dass sie bereit ist". Gehe einfach davon aus, dass es ihr so geht wie Dir — solange Du keine stichhaltigen Anhaltspunkte dafür hast, dass es nicht so ist. Du bist ein Mann, den Frauen wollen. Und wenn Du es heute noch nicht sein solltest, wirst Du es sehr bald werden!
Mach was Du fühlst und steh dazu. Wenn Du es fühlst und willst, dann sei entschlossen und geh davon aus, dass es die Frau genauso möchte wie Du.

Trotzdem muss in den meisten Fällen sowohl ausreichend Vertrauen als auch Anziehung vorhanden sein, damit eine Frau ihre Nummer preisgibt — oder sich später gar körperlich auf Dich einlässt. Vertrauen, weil eine Frau schon aus Sicherheitsgründen nicht jedem ihre Nummer in die Hand drückt — der Typ könnte schließlich ein Stalker oder Schlimmeres sein. Anziehung, weil eine Frau nur Männern ihre Nummer gibt, die sie attraktiv findet.
Du solltest deshalb sicherstellen, dass Du nicht zu früh versuchst, ihre Nummer zu bekommen. Solange sie noch nicht genug Vertrauen zu Dir fassen konnte oder sich noch nicht ausreichend von Dir angezogen fühlt, wäre ein solcher Versuch nicht besonders aussichtsreich. Geht der Kontaktdatenaustausch zu schnell, ist außerdem die Wahrscheinlichkeit höher, dass sie später nicht ans Telefon geht oder die Nummer falsch ist. Die Frau ist sich dann einfach nicht sicher genug, um mit Dir zu reden oder Dich wiedersehen zu wollen.
Auf der anderen Seite ist langes Zögern aus Sicht der Frau unattraktiv.

Zaudern wird nicht selten mit Schwäche gleichgesetzt. Das heißt, auch hier musst Du versuchen einen goldenen Mittelweg zu gehen.

Wenn sie die Frage nach ihrer Nummer abblockt, sollte man möglichst wenig Reaktion zeigen und kein weiteres Wort darüber verlieren. Wenn sie ihre Nummer nicht herausgeben will, ist das überhaupt kein Problem. Alternativ könnte man ihren Facebook-Namen in Erfahrung bringen und sie auf diese Weise kontaktieren oder es ein paar Minuten später noch mal versuchen, wenn mehr Vertrauen und Anziehung im Spiel ist.

Spiel ist ein gutes Stichwort: Möglichst locker und spielerisch an die Sache heranzugehen ist immer der beste Weg. Verkrampft wirst Du kaum eine Frau davon überzeugen können, Dir ihre Nummer zu geben.

Übrigens: Ich habe es selbst erlebt, dass ich von Frauen abgewiesen wurde, bei denen ich später trotzdem noch gelandet bin. Ein „nein" bedeutet eben oft nur „jetzt nicht".

Eine bewährte Methode ist, die Kontaktdaten auf dem Höhepunkt der Unterhaltung einzutüten, wenn die Stimmung am besten ist. Sich danach relativ bald aus dem Staub zu machen, kann vorteilhaft sein. Man sollte das Gespräch aber noch ungefähr drei Minuten halten, sonst käme das Ende zu abrupt. Verbringe immer so lange Zeit mit ihr, wie es sich gut anfühlt. Die Nummer eingetütet zu haben ist nie eine Rettungsinsel, um schnell wieder von ihr wegzukommen. Generell gilt: Vor allem im Club sollten Gespräche lieber kurz und intensiv als lang und oberflächlich gestaltet werden.

Die Nummer auf dem Höhepunkt einzutüten ist die einzige Möglichkeit, die Dich sicher davor bewahrt, dass die Intensität des Gesprächs irgendwann wieder abnimmt. Dieses Gefühl ist unschön, deshalb: Gehe wenn es am schönsten ist!

Generell gilt: Immer auf dem Höhepunkt einer Stufe den Eskalationsschritt zur nächsten Stufe machen. Deshalb ist es zielführend, auf dem Höhepunkt der Unterhaltung die Kontaktdaten auszutauschen und dann zu gehen.

Natürlich gibt es auch einige Routinen für den so genannten *Numberclose*, die Du einsetzen könntest.

„Sag mal, reicht dein Taschengeld eigentlich aus, um dir ein Handy leisten

zu können? Cool! Dann lass mal Nummern tauschen. Vielleicht können wir mal was Spannendes zusammen machen."
Dann gibst Du ihren Namen in Dein Handy ein, streckst ihr danach Dein Handy hin und forderst sie auf, ihre Nummer einzugeben.
„Bist du abenteuerlich? Bist Du auch spontan? Cool! Lass uns Nummern tauschen, dann können wir vielleicht mal was zusammen machen."
Übrigens, auch wenn der Kontaktdatenaustausch in der *Seduction Community Numberclose* heißt — hier endet gar nichts, im Gegenteil. Wenn Du die Nummer holst, geht die Reise mit dieser Frau erst so richtig los. Merke Dir deshalb die ABC-Regel:

Always be closing!

Denn ohne das Eintüten der Nummer ist alles nichts. Gleiches gilt später für Rumknutschen und Sex. Always be closing.

Sich verabreden

Vor allem in der *Seduction Community* gibt es viele Männer, die nach dem *Numberclose* die Segel streichen. Sie entwickeln sich zu reinen Nummernsammlern, die nach dem Kontaktdatenaustausch einfach Arbeitsverweigerung betreiben und nicht mehr weiter machen.
Werde nicht zum Nummernsammler! Durch dieses Buch bekommst Du Fähigkeiten an die Hand, um von sehr attraktiven Frauen spielend leicht die Handynummer zu bekommen. Aber wenn Du die Frau danach nicht anrufst, wird nichts weiter daraus. Dann war alles mehr oder weniger umsonst!
Viele Männer feiern ihre Erfolge in Sachen *Game* beim Nummernholen so ausgelassen, dass sie danach den Elfmeter nicht verwandeln. Sie ruhen sich auf den Lorbeeren aus und trauen sich nicht, die nächste Stufe zu betreten. Sie könnten am Telefon ja abgewiesen werden und haben Angst vor Misserfolg nach dem Erfolg. Deshalb geben sie sich lieber mit dem Spatz in der Hand statt mit der Taube auf dem Dach zufrieden. Leider ist der Spatz in diesem Fall völlig wertlos: Er ist nicht mehr als eine beliebige

Abfolge von Ziffern. Die Taube hingegen ist Sex mit einer wundervollen Frau. Deshalb frage ich solche Männer regelmäßig: „Gamest du noch oder fickst du schon?"

Erinnere Dich, worum es hier wirklich geht. Sicher nicht darum, sinnlos den Speicher Deines Mobiltelefons auszulasten, sondern Dein Leben mit attraktiven Frauen zu bereichern. Mach also nicht dieselben Fehler wie diese Männer und nutze immer die Möglichkeit, den Kontakt auch wirklich herzustellen und Dich zu verabreden.

Nehmen wir an, Du bekommst die Nummer einer attraktiven Frau und kontaktierst sie, aber ein Date kommt nicht zustande. Was hast Du dann verloren? Richtig, absolut nichts. Im Gegenteil: Du hast erfolgreich eine Nummer geholt, Dich getraut anzurufen und somit alles getan, was Du tun konntest. Das wird Dir ein gutes Gefühl geben.

Eine Nummer hingegen zu bekommen und die Frau nicht zu kontaktieren ist von vornherein eine Niederlage. Die Angst, die Frau könnte nicht ans Telefon gehen oder Dich vielleicht abfahren lassen war dann stärker als Du — kein gutes Gefühl! In diesem Fall hast Du wirklich verloren, nämlich unter anderem die Möglichkeit, neue Erfahrungen zu sammeln und vielleicht eine wundervolle Frau näher kennen zu lernen.

Melde Dich bei der Frau wann Du willst und auf welche Weise Du willst. Feste Regeln gibt es nicht. Wenn Du am Anfang Deiner Entwicklung zum Frauenhelden lieber SMS oder sonstige Nachrichten schreibst anstatt anzurufen — in Ordnung. Allerdings solltest Du bedenken, dass Du am meisten lernst, wenn Du anrufst. Anrufe härten Dich ab, sie imprägnieren Dich langfristig gegen Nervosität, weil diese Art der Kontaktaufnahme am meisten Eier verlangt. So lernst Du am schnellsten richtig zu kalibrieren. Bei Telefongesprächen findest Du am schnellsten heraus, was funktioniert und was nicht. Der Lerneffekt ist dabei einfach am größten.

Wann solltest Du ein Date vorschlagen? Warum allzu lange damit warten — bereits beim ersten Kennenlernen kann eine Verabredung für die kommende Woche sehr vorteilhaft sein. So ist man nicht darauf angewiesen, Tage später mittels Telefon oder Textkommunikation mühsam ein Date zu arrangieren — was sich oft als gar nicht so einfach herausstellt. Wenn nichts an Ort und Stelle ausgemacht wurde, nicht erst Tage warten, bis Du

Dich meldest — diese Regel solltest Du vergessen.

Aber es geht sogar noch schneller: Du könntest ein so genanntes Instant Date arrangieren, ein Date direkt im Anschluss an Eure erste Begegnung. Zum Beispiel so:

„Was machst du denn jetzt noch? Du machst so einen netten und offenen Eindruck, lass uns einen Kaffee trinken gehen und noch bisschen quatschen …"

Achte wie immer darauf, dass Deine Stimme am Ende nach unten und nicht nach oben abdriftet. Dann nimmst Du einfach ihre Hand und los geht's. Statt Kaffee darf es natürlich auch Spazierengehen, Shoppen oder eine Ausstellung sein …

Falls es nicht zu einem Instant Date kommt, solltest Du in den Tagen nach dem *Numberclose* Textkommunikation hauptsächlich organisatorisch nutzen, also um Dich zu verabreden. Kontaktiere und frage sie, ob sie an einem bestimmten Tag, der Dir recht wäre, Bock und Zeit hat, was zu machen. Ganz simpel.

Übrigens: Auf ständiges Texten ohne besonderen Grund solltest Du Dich lieber nicht einlassen — jedenfalls nicht bevor alles in trockenen Tüchern ist und es zum Sex kam.

Das erste Date sollte immer eher abends als tagsüber stattfinden. Menschen verhalten sich anders, wenn es dunkel ist. Außerdem ist das Ende eines Dates am Abend unbestimmt und offen, während mittags oder nachmittags jeder noch Termine hat. Nur ein Date am Abend ist ein richtiges Date.

Wo sollte das Date stattfinden? Der zu wählende Ort führt uns direkt zur nächsten Frage: Was eignet sich für ein Date, welche Aktivität ist zu wählen? Am besten geeignet sind Aktivitäten und Locations, die Dir ein gutes Gefühl geben und auch der Frau ermöglichen, sich wohlzufühlen. Das kann alles Mögliche sein — Deine Lieblingsbar, eine Studentenparty oder einfach nur Chillen in der Sonne.

Andere Möglichkeit: Auf Nummer sicher gehst Du, indem Du die Frau auf eine spannende Veranstaltung oder Aktivität einlädst, bei der Du in jedem Fall teilnimmst und jede Menge Spaß hast — auch ohne sie. Am besten etwas, das nicht völlig alltäglich und irgendwie sexy ist, der Fantasie sind dabei keine Grenzen gesetzt. Dadurch signalisierst Du Unabhängigkeit, denn eine Absage von ihr würde kaum ins Gewicht fallen.

Übrigens: Generell sollten Frauen weniger um ein Date gebeten als eingeladen werden, Zeit mit Dir verbringen zu dürfen. Du bist schließlich der Preis, nicht wahr?

Ist das erste Date erfolgreich über die Bühne gebracht worden, kommt fürs nächste Mal schon eine privatere Location in Frage — zum Beispiel die eigenen vier Wände. Beim gemeinsamen Kochen oder einem DVD-Abend kann man zu zweit jede Menge Spaß haben. Denn darum geht es doch, gemeinsam Spaß haben — das solltest Du nie vergessen! Alles sollte spielerisch-locker passieren, alles kann, nichts muss. Je weniger Druck Du Dir selbst machst, desto besser kann der Abend zu zweit werden.

Rumknutschen

Küssen kann eine ausgesprochen intime Angelegenheit sein. Deshalb küssen sich Paare kurz vor dem Ende ihrer Beziehung nur noch selten — übrigens genau wie Prostituierte. Letztere lassen sich Küsse auf den Mund meist sogar extra bezahlen. Für manche Menschen markiert der
erste Kuss außerdem den Beginn einer neuen Beziehung — eine Sichtweise, der Du Dich im Normalfall natürlich nicht anschließen solltest.

Vor dem Eskalieren, also dem ersten Kuss und der ersten von Dir forcierten Fummelei, kannst Du durchaus mal etwas nervös sein — das ist ganz normal. Eskalation wurde en detail im Abschnitt zur Anziehung besprochen. Was beim Knutschen mit einer neuen Bekanntschaft zu beachten ist, zeigen die folgenden Passagen.

Der erste Kuss ist eine der wichtigsten Stationen im Prozess der Verführung. Mit ihm entscheidet sich oftmals, wohin die Reise geht — ob zu zweit nach Hause oder allein, ob in Herz und Bett der Traumfrau oder direkt in ihre Friend-Zone.

Bitte neige nicht dazu, einen geglückten ersten Kuss zu hoch zu bewerten. Küssen bringt zwar Vertrauen, ist aber vor allem für Frauen meilenweit von Sex entfernt. Viele Männer machen den Fehler anzunehmen, dass sie die Frau im Sack haben, wenn sie bisschen rumgeknutscht haben. Diese

Euphorie ist meistens nicht angebracht. Knutschen ist nur der Anfang. Eine der am häufigsten gestellten Fragen ist die nach dem perfekten Moment für den ersten Kuss. Die Antwort ist eigentlich ganz einfach — den perfekten Moment gibt es nicht. Deshalb: Einfach immer zehn Minuten bevor man sich traut, denn Angst sollte man gar nicht erst aufkommen lassen! Im Klartext: Besser jetzt als gleich!

Abzuwarten, bis sie zum Angriff übergeht, wäre nicht erfolgversprechend — darauf kannst Du meist lange warten. Frauen sind dazu erzogen, dem Mann den ersten Schritt zu überlassen. Das gilt sowohl fürs Küssen wie auch fürs Ansprechen und sämtliche anderen Aktionen, die mit Dating und Verführung zu tun haben. Der erste Kuss sollte aber trotzdem kein plötzlicher, völlig unerwarteter Vorstoß sein, sondern eher eine fast schon überfällige Aktion, von der sie dennoch angenehm überrascht wird. Der goldene Mittelweg ist hier empfehlenswert. Mit etwas Übung und Intuition ist das aber kein Problem.

Um den ersten Kuss einzuleiten, sind vorherige Berührungen besonders wichtig. Eine Frau zu küssen, ohne sie vorher öfters berührt zu haben, ist nicht empfehlenswert. Ein Kuss würde sich unter diesen Umständen seltsam fremd anfühlen, es würde wahrscheinlich beim Versuch bleiben.

Übrigens: Falls sie blockt, sollte man cool bleiben, möglichst wenig darauf reagieren und der Sache keine große Bedeutung beimessen. Die Unterhaltung am besten ganz normal weiterführen, schließlich gehört dieses Zieren der Frau meist zum Spiel dazu.

Bevor Du sie küsst, solltest Du die Frau von Anfang an wie zufällig berührt haben und diese Berührungen stetig steigern: Unterer Rücken, Haare, Arme — immer weiter hoch auf der Eskalationsleiter bis zum ersten Kuss oder bis sie blockt. Wir hatten dieses Thema bereits im Abschnitt zur Anziehung abgehandelt.

Ich erinnere mich an eins meiner ersten Dates mit einer Frau, bei dem ich sie schon zur Begrüßung leidenschaftlich geküsst habe, ohne etwas zu sagen. Ich habe sie einfach an ihrem Gürtel zu mir gezogen, bist sie fast Nase an Nase mit mir dastand. Es war ein atemberaubender Moment, für mich und für sie. Ja, so etwas ist durchaus möglich!

Mit einer fremden Frau solltest Du knutschtechnisch anfangs eher vorsichtig zu Werke gehen als besonders wild. Größeren Speicheleinsatz solltest Du unbedingt vermeiden, solange man sich noch nicht gut kennt. Auch mit der Zunge die Mandeln zu erforschen solltest Du Dir für später aufheben. Am Anfang sollte es nicht wie im Porno zugehen, sondern eher etwas braver — vielleicht ein bisschen so als würden ihre Eltern zusehen. Sei am Anfang meistens derjenige, der mit dem Geknutsche aufhört. Das bringt Dich in die bestimmende, stärkere und dadurch komfortable Position. Ganz wichtig: Stundenlanges mechanisches Rumgezüngel mag niemand. Sorge dominant für Abwechslung — Frauen haben neben Lippen auch noch Hals, Ohren und Wangen, die man küssen kann.

Und zur alten Frage, ob Augen beim Küssen geschlossen oder offen sein sollten: Augen zu und durch, das Feeling wird dadurch intensiver.

Um Küssen zu einer delikaten Angelegenheit zu machen ist Zahnpflege notwendig. Nach jeder Mahlzeit gehören Zähne geputzt und Zahnseide sollte mehrmals in der Woche benutzt werden. Zu hoffen ist, dass die Frau dies ähnlich handhabt. Übrigens: Nur wenn Knoblauch, Zwiebeln und Alkohol von beiden oder von keinem konsumiert wurden, ist die Knutscherei so richtig lecker.

Nach dem folgenden Aktionsplan der ersten Säule kommen wir zu den Themen Gesundheit, Fitness und Ernährung — die zweite Säule des Äußeren Feldes ist wahrscheinlich wichtiger für den Erfolg bei Frauen, als Du glaubst.

Aktionsplan zur ersten Säule des Äußeren Feldes: Methoden, Systeme und Strategien — Frauen kennen lernen

- Dieser Aktionsplan hilft Dir, wenn Du noch Probleme hast, fremde Menschen anzusprechen. Solltest Du Deiner Meinung nach schon deutlich weiter sein, steige einfach an geeigneter Stelle in die Übungen ein — aber bitte versuche Dich realistisch einzuschätzen. Solltest Du einen Schritt nicht schaffen, wiederholst Du ihn so lange an anderen Tagen, bis die Mission erfüllt ist.

- Der erste Schritt: In der Fußgängerzone Deiner oder der nächstgrößeren Stadt begrüßt Du wildfremde Leute mit einem lächelnden, herzlichen „Hi!" oder einer ähnlichen Begrüßung — alles ist erlaubt! Zähle mit, wie oft Du das tust und höre nicht auf, bevor Du an einem Übungstag 50 Stück erreicht hast. Sollte sich ein Gespräch entwickeln, nimmst Du diese Möglichkeit selbstverständlich wahr. Das gilt auch für alle weiteren Übungen.

- Absolviere zusätzlich täglich eine Mutprobe um Deine soziale Komfortzone zu erweitern, beispielsweise ein verrücktes Kleidungsstück anziehen, Smalltalk mit einigen *Hells Angels* halten oder in der Fußgängerzone rückwärts laufen — die Möglichkeiten sind unbegrenzt!

- Der nächste Schritt ist, nach der Uhrzeit zu fragen. Die Mission ist erfüllt, wenn Du 50 verschiedene Menschen nach der Uhrzeit gefragt hast. Lege Deine Armbanduhr am Anfang ab. Dann solltest Du sie tragen, um Fragen zu provozieren. Und für die ganz Harten: Trage dabei einen großen Wecker um den Hals wie Flavor Flav von *Public Enemy* ...

- Um Deine sozialen Fähigkeiten zu schulen, solltest Du ab jetzt zusätzlich jedem Menschen, bei dem Du etwas bezahlst, eine Frage Deiner Wahl stellen. Ganz egal was.

- Im dritten Schritt konzentrierst Du Dich nur noch auf Frauen. Sprich 20 Frauen täglich mit einem Opener Deiner Wahl an. Diese Zahl solltest Du Schritt für Schritt auf 50 steigern und dann an jedem Übungstag erreichen. Finde heraus, welche Art der Gesprächseröffnung bei Dir am besten funktioniert — direkt, indirekt, situativ oder nonverbal. Versuche lang im Gespräch zu bleiben, trainiere Deine Übergänge und hol Dir ihre Nummer. Benutze die Methoden, Systeme und Strategien, die Dir Erfolg bringen.

- Das alles solltest Du vier Wochen lang an mindestens vier Tagen in der Woche tun. Sei konsequent!

- Bei keinem einzigen zukünftigen Blickkontakt mit Frauen wirst Du jemals wieder zuerst wegschauen. Übe das jedes Mal, wenn Du Deine eigenen vier Wände verlässt.

- Du solltest in einer ruhigen Minute Deinen Wert, den Du auf Frauen ausstrahlst, analysieren. Welchen Überlebens- und Fortpflanzungswert stellst Du dar, jetzt wo Du genau weißt, was die Bestandteile von Wert sind? Wie behandelst Du andere und wie wirst Du behandelt? Bist Du ein attraktiver Lebenspartner für eine Frau Deiner Zielgruppe? Stehst Du in der sozialen Nahrungskette unten oder oben? Überlege Dir ganz konkret, was Du in Sachen Status zu bieten hast und wie Du diese Vorzüge am besten im Gespräch mit einer Frau kommunizieren könntest.

- Wenn Du Dich für Spiele wie *The Cube* entscheidest, bereite entsprechende *Cold Reads* daheim vor und übe mit so vielen Frauen wie möglich.

- Wiederhole zehn Mal täglich diese Abfolge von vier Schlüsselsätzen laut: 1. Ich stehe zu mir und meinen Bedürfnissen als Mann. 2. Wenn ich eine Frau anspreche oder Zeit mit ihr verbringe, mache ich ihr damit ein Geschenk. 3. Wenn sie cool ist, wird sie dieses Geschenk annehmen. 4. Ich verbringe nur Zeit mit Frauen, die meine Anforderungen und Erwartungen erfüllen. So schaffst Du die Grundlage für einen positiven Selbstwert. Um diese Suggestionen noch effektiver zu verinnerlichen, empfiehlt sich die Anwendung meines Audiotrainings „Flirten lernen 2.0".

- Erstelle eine Liste mit Deinen Ansprüchen an eine Frau und stelle dieser Liste das gegenüber, was Du einer Frau zu bieten hast. Beide Listen sollten sich einigermaßen entsprechen. Hohe Ansprüche ohne etwas bieten zu können funktioniert nicht.

- Wenn Du bereit bist, Geld in Deine Entwicklung zu investieren, buche nicht nur ein Coaching, das Deinen Umgang mit Frauen verbessern soll. Zusätzlich solltest Du unbedingt einen Schauspiel- oder Improkurs belegen. In vielen Fällen hat sich gezeigt, wie sinnvoll eine solche schauspielerische Weiterbildung sein kann — auch zur Erweiterung der eigenen Komfortzone unheimlich effektiv!

Ä2: Gesundheit, Fitness und Ernährung — *Grundlagen schaffen*

„The best activities for your health are pumping and humping."
(Arnold Schwarzenegger)

Bei Problemen, die Gesundheit und Fitness betreffen, bleibt die Lebensqualität schnell auf der Strecke. Auch das Liebesleben wird sofort in Mitleidenschaft gezogen. Sport ist sehr wichtig für die Seele des Menschen — für Selbstvertrauen, Wohlbefinden und positive Stimmung ebenso wie für Potenz und Libido. Ohne sportliche Betätigung leiden Haltung, Ausstrahlung und damit auch die für das erfolgreiche Flirten so wichtige Körpersprache. Weitere unerwünschte Nebenwirkungen: Der Fettanteil des Körpers nimmt zu, während das für die männliche Attraktivität bedeutende Hormon Testosteron abnimmt. Ein niedriger Spiegel des Männlichkeitshormons ist für Männer nicht weniger als eine Katastrophe, fördert Testosteron doch fast alles, was einen Mann ausmacht. Testosteronmangel geht mit Muskelschwund einher, von erhöhtem Schmerzempfinden, Osteoporose und fehlender Motivation ganz zu schweigen. Ziel muss es also sein, den körpereigenen Testosteronspiegel mit Sport, vernünftiger Ernährung und cleverem Lifestyle hochzutreiben und maximal von den

Vorzügen dieses Hormons zu profitieren.

Bezüglich Fitness und Ernährung beginnt alles mit einem Blick in den Spiegel und auf die Waage. Ein Mann sollte gewichtsmäßig und figurtechnisch wissen, wo er steht. Hierfür empfiehlt sich auch die Berechnung des *Body Mass Index*, kurz *BMI*. Dabei handelt es sich um die Maßzahl zur Bewertung der Körpermasse eines Menschen. Der *BMI* errechnet sich über das Körpergewicht in Kilogramm geteilt durch die Körpergröße in Metern zum Quadrat. Den *Body Mass Index* sollte man der Einfachheit halber von einem Online-Rechner im Internet berechnen lassen, der die zugehörige Wertetabelle samt Einstufung automatisch mitliefert. Normalgewicht liegt bei Männern im *BMI*-Bereich von 20 bis 25, darüber herrscht Übergewicht und darunter dürfen es gerne ein paar Kilo mehr sein. Das Ergebnis sollte darüber bestimmen, was für Ziele gesetzt werden und wie in Sachen Training und Ernährung weiter vorgegangen wird, um diese Ziele zu erreichen. Mehr zur Erreichung konkreter Figurziele im Kapitel zur Dritten Stufe der Reife. Im Folgenden werden wir uns um Trainingspläne und sämtliche Grundlagen kümmern.

Dein Fitnesstraining — Teil I

An dieser Stelle möchte ich Dir das 3D-Fitness eam aus Frankfurt am Main vorstellen. Ich bin sehr stolz, diese ausgewiesenen Experten zu meinen Freunden zählen zu dürfen und für mein Buch gewonnen zu haben. Die Trainings- und Ernährungspläne dieses Buches, also die Kapitel „Dein Fitnesstraining I bis III" und „Deine Ernährung" stammen nämlich aus ihrer Feder. Mehr über diese Fitness-Profis findest Du im Netz unter www.3d-fitnessteam.com.

Zuerst brauchst Du ein Trainingsprogramm, das Deinem Fitnesslevel entspricht. Dafür solltest Du den Kraftleveltest durchführen. Die Anzahl der Liegestütze, die Du an einem Stück schaffst, entscheidet darüber, in welche Gruppe Du gehörst — Beginner, Advanced oder Pro.

Also nimmst Du einfach die Ausgangsposition der Liegestütze ein und führst so viele Wiederholungen an einem Stück durch wie Du kannst. Von

0 bis 15 gehörst Du in die Beginner-Gruppe, von 16 bis 30 giltst Du als Advanced und wenn Du über 30 schaffst bist Du ein Pro.
Liegestützen funktionieren wie folgt.
Startposition:
Fußspitzen sind auf dem Boden aufgestellt, der Körper ist langgestreckt. Hände sind im schulterweiten Abstand auf Höhe der Brust unter dem Oberkörper platziert.

Ausführung:
Den kompletten Körper auf Spannung bringen, Bauchnabel nach innen ziehen, Pobacken zusammenpressen. Nun die Arme so weit beugen, dass die Nasenspitze fast den Boden berührt. Aus dieser tiefsten Position den Körper wieder nach oben drücken und die Arme strecken. Versuche, während der kompletten Ausführung die Schulterblätter zusammengepresst zu halten. So wirst Du mehr aus der Brust heraus arbeiten und die Arbeit der Schultern reduzieren. Schließlich sollten Liegestützen hauptsächlich die Brust beanspruchen.

Die Trainingsprogramme aller drei Gruppen sind so aufgebaut, dass Du sie problemlos zu Hause oder im Freien ohne Geräte oder zusätzliche Gewichte durchführen kannst. Die einzige Ausnahme ist eine Klimmzugstange, die Du in jedem gut sortierten Sportfachhandel schon ab 25 Euro kaufen kannst und ohne Bohren oder Nägel an fast jedem Türrahmen anbringen kannst.
Die einzige Last, mit der Du arbeiten wirst, ist Dein eigenes Körpergewicht. So wirst Du Deine eigene Körperspannung kennen und kontrollieren lernen, ein ganz neues Körperbewusstsein entwickeln und gleichzeitig Deine Verletzungsgefahr auf ein Minimum reduzieren.

Falls Du bisher wenig sportlich aktiv warst, wirst Du im Beginner-Programm die elementarsten Übungen kennen lernen und auf die nachfolgenden Programme vorbereitet werden. Das Advanced- und das Pro-Programm sind Allround-Workouts, in denen durch recht kurze Pausen zwischen den Übungen und viel Bewegung während der Trainingseinheit neben der Kraft auch Ausdauer und Koordination verbessert werden.
Wie sollte Dein Training ablaufen?

Bevor Du mit dem eigentlichen Workout anfängst, ist es unbedingt notwendig, dass Du Dich ordentlich aufwärmst. Das Warm-up soll Verletzungen verhindern und dient als Vorbereitung für die nachfolgenden Übungen, indem Du Deinen Körper und vor allem Deine Gelenke in allen Bewegungsebenen durchbewegst. Ungefähr zehn Minuten sollten dafür ausreichen.
Bei allen Trainingsprogrammen von Beginner bis Pro geht es darum, die vorgegebenen Übungen nacheinander in der vorgeschriebenen Reihenfolge mit den entsprechenden Pausen durchzuführen. Insgesamt müssen drei Runden des ganzen Zirkels absolviert werden. Die vorgegebenen Wiederholungszahlen sind dabei einzuhalten. Wenn aber beispielsweise von den vorgeschriebenen zehn Liegestützen nur sechs geschafft werden, sollten die restlichen vier Wiederholungen nach einer kurzen Pause nachgeholt werden.
Hier im Kapitel zur Zweiten Stufe der Reife werde ich Dir das Beginner-Programm vorstellen. Das Advanced-Programm folgt an entsprechender Stelle im Kapitel zur Dritten Stufe der Reife und das Pro-Programm dann auf der Vierten Stufe.

Das Aufwärmen besteht in allen drei Trainingsplänen aus Armkreisen, Hüftkreisen, Hampelmann und Skippings.
Während Armkreisen und Hüftkreisen selbsterklärend sein sollten, werde ich Dir Hampelmann und Skippings genauer erklären.

Hampelmann.
Startposition:
Enger Stand der Füße. Arme liegen seitlich mit den Handflächen am Körper an.

Ausführung:
Mit einem Sprung die Füße etwas weiter als schulterweit öffnen und zeitgleich mit gestreckten Armen in einer dynamischen Bewegung die Hände über dem Kopf zusammenführen. Dann alles wieder zurück in die Startposition und von vorne.
Den Hampelmann kannst Du zum Aufwärmen fünf Mal jeweils zehn Sekunden lang absolvieren.
Bei den so genannten Skippings handelt es sich um kleine und schnelle Schritte auf der Stelle, die Du mit Sicherheit schon mal bei Fußballern gesehen hast. Sie verbessern die Hüftarbeit, Schnelligkeit und Ausdauer. Sie können zum Beispiel zehn Sekunden lang fünf Mal durchgeführt werden mit jeweils einer Pause von zehn Sekunden.
Jetzt zum eigentlichen Trainingsprogramm für Beginner, das zwei Mal die Woche durchgeführt wird. Es besteht aus drei Runden mit ein bis zwei Minuten Pause zwischen jeder einzelnen Übung.

1. Kniebeugen.
Startposition:
Die Füße stehen parallel zueinander im schulterweiten Abstand. Oberkörper in aufrechter Haltung, also Brust raus und Schulterblätter zusammen.

Ausführung:
Körpergewicht auf die Fersen verlagern, die Knie beugen bis das Gesäß unterhalb der Knie ist. Strecke die Arme dabei nach vorne und achte darauf, dass sich die Knie nicht nach vorne schieben. Dies könnte zu Knieschmerzen führen. Anschließend nur mit der Kraft Deiner Beine Deinen Körper wieder in den Stand drücken. Die Fersen bleiben dabei immer am Boden. Halte die Bauchmuskeln bei der gesamten Übung angespannt. Fällt es Dir anfangs zu schwer, ganz nach unten zu kommen, senke Dich so tief wie möglich ab.
Pro Runde solltest Du zehn Wiederholungen absolvieren.

2. Unterarmstütz.
Startposition:
Unterarmstütz, also die Ellenbogen unterhalb der Schultern platzieren und die Zehenspitzen fest in den Boden drücken.

Ausführung:
Komplettes Körpergewicht auf Unterarme und Zehen stützen, Knie und Becken anheben, dabei die Schulterblätter zusammenfügen und den

Rücken so flach wie möglich halten. Das Steißbein dabei Richtung Boden drücken — mit aufgerichtetem Steißbein, dem so genannten Entenarsch, könnte es zu Rückenschmerzen kommen. Das Gesäß einziehen um die Bauchmuskeln besser auf Spannung zu bringen.
Den Unterarmstütz längere Zeit halten.

3. Liegestützen.
Die korrekte Ausführung habe ich Dir ja bereits beim Kraftleveltest dargelegt.
Pro Runde solltest Du zehn Wiederholungen absolvieren.

4. Jumping Pull-ups.
Startposition:
Platziere Dich mit schulterbreitem Stand und leicht gebeugten Beinen unter Deiner Klimmzugstange. Die Arme sind angezogen.

Ausführung:
Da Klimmzüge in Deinem Stadium noch zu schwierig wären, nutzen wir hier einen Sprung, um mit dem Kinn über die Stange zu kommen. Du greifst Deine Klimmzugstange etwas weiter als Deinen eigenen Schulterabstand, drückst Dich mit den Füßen vom Boden weg und ziehst Dich mit dem Schwung des Sprungs nach oben, so dass Du kurz mit Deinem Kinn über der Stange bist. Versuche am obersten Punkt Deine Schulterblätter zusammen zu ziehen. Nun senkst Du Deinen Körper so langsam wie möglich wieder ab, indem Du die Arme streckst bis die Füße wieder den Boden berühren. Gehe dabei den vollen Weg der Bewegung nach un-

ten. Pro Runde solltest Du zehn Wiederholungen absolvieren.

5. Crunches.
Startposition:
Lege Dich auf den Rücken — am besten auf eine Matte. Deine Beine solltest Du dann im 90°-Winkel anwinkeln, die Handflächen berühren die Stirn.

Ausführung:
Zuerst den unteren Rücken fest gegen den Boden pressen, so dass ein Hohlkreuz ausgeglichen wird. Dann den Kopf anheben und Wirbel für Wirbel der Wirbelsäule aufrollen, bis die Ellenbogen die Oberschenkel berühren. Beim Aufrollen nach oben ausatmen und beim Zurückkehren zur Ausgangsposition tief einatmen. Danach wieder in die Startposition zurückkehren. Pro Runde solltest Du zehn Wiederholungen absolvieren. Nach dem anstrengenden Workout mit drei Runden ist es unbedingt notwendig, dass Du Dich langsam abwärmst bei niedriger Intensität — also so genanntes Cool Down praktizierst. Hierfür eignet sich besonders Fahrradfahren, Schwimmen oder lockeres Joggen. Versuche dabei Deine Atmung zu kontrollieren und insgesamt Deinen Körper langsam herunter zu fahren. Dies verkürzt die Regenerationsphase nach dem Training und soll verhindern, dass durch die übersäuerte Muskulatur nicht mehr ausreichend Sauerstoff zum Gehirn transportiert wird und Dir schwindelig wird. Zwischen den Workouts sollte immer eine Pause von mindestens 48 Stunden liegen. Muskeln wachsen in der Erholungsphase, nicht während des Trainings. Gönne Dir Ruhe und achte auf Deinen Eiweißbedarf — ohne genug Eiweiß wächst nämlich gar nichts. Mehr zum Thema Ernährung im folgenden Abschnitt. *Ein kleiner Hinweis an dieser Stelle: Eine genaue und erweiterte Anleitung zu diesen Übungen findest Du auf dem neuen APC-Produkt „Training ohne Geräte" - Eine Kombination aus Buch und DVD, die Du auf Amazon & Co. findest.*

Deine Ernährung

Eine ausgewogene Ernährung ist für den Traumkörper mindestens genauso wichtig wie das Training selbst. Ebenso wichtig ist es, keine Mahlzeit auszulassen. Wenn Du erfolgreich sein willst, musst Du Deine Mahlzeiten in Deine Tagesplanung integrieren. Ein großer Teil der arbeitenden Bevölkerung lässt das Frühstück ausfallen, isst in der Mittagspause Fastfood und hat nach Feierabend riesigen Kohldampf. Dann schlagen sich die Leute den Bauch voll und liegen faul auf der Couch, während die Kalorien wunderbar als Fettreserve angelegt werden. Du solltest deshalb so großen Hunger nie entstehen lassen, sondern regelmäßig essen. Fünf bis sechs Mahlzeiten sind optimal. So bist Du immer mit ausreichendem Sättigungsgefühl gesegnet und Deine Muskulatur wird konstant mit allen nötigen Nährstoffen versorgt.
Hier mal ein Beispiel für einen optimalen Tag:

1. Frühstück:
Drei Rühreier, 200 g Hüttenkäse mit Blaubeeren, Birchermüsli.
2. Vormittags-Snack:
Apfel, eine Hand voll Nüsse.
3. Mittagessen:
250 g Rindersteak mit einer Ofenkartoffel und Broccoli.
4. Nachmittagssnack:
250 g Magerquark mit Ananas.
5. Abendessen:
250 g Lachs mit Salat, Balsamico-Essig und Olivenöl.

Jede Mahlzeit sollte also eine Proteinquelle enthalten — in Form von Fisch, Fleisch, Milchprodukten oder pflanzlichem Eiweiß wie Tofu, falls Du Vegetarier bist.
Kohlenhydrate dienen als Energielieferanten über den Tag und fürs Training. Je langsamer verdaulich desto besser: Vollkornbrot, Vollkornreis, Vollkornnudeln und Haferflocken sind am besten geeignet, um lange Energie zu liefern und den Blutzuckerspiegel konstant zu halten. Schnelle

Kohlenhydrate in Form von Zucker und Weißbrot solltest Du meiden, da diese Energie sehr schnell verpufft. Dadurch bekommst Du schnell wieder Hunger, zudem wirst Du durch den schnellen Abfall des Blutzuckerspiegels müde. Abends solltest Du eher weniger Kohlenhydrate konsumieren, sie stören den Schlaf und werden unter Umständen als Fettvorrat gespeichert.

Bei Fetten gilt es zu unterscheiden zwischen zwei verschiedenen Arten. Auf der einen Seite die bösen gesättigten Fettsäuren, die vor allem in tierischen Nahrungsmitteln wie Schweinefleisch, Butter oder Eiern enthalten sind und den wichtigen guten ungesättigten oder mehrfach ungesättigten Fettsäuren, die z. B. in Lachs und Hülsenfrüchten vorkommen. Gute Fettsäuren schützen vor Krankheiten und Entzündungen, sind gut für Herz und Blutwerte und beschleunigen nebenbei sogar die Fettverbrennung.

Falls Du bereits einen gewissen Vorrat an Bauchspeck angesammelt haben solltest, ist es an der Zeit, etwas verschärfter an die Sache heranzugehen. Mit einer Reduktion der Kohlenhydrate kann man in recht kurzer Zeit kleine Wunder bewirken. Hierbei wird dem Körper die eigentliche Energiezufuhr gekürzt, worauf er auf andere Energielieferanten zurückgreifen muss — gespeichertes Fett zum Beispiel. Falls Du eine Kohlenhdyratreduzierung ausprobieren willst, solltest Du langsam anfangen. Bitte auf keinen Fall von heute auf morgen sämtliche Kohlenhydrate weglassen! Das würde Dich jeder Energie berauben! Einfach mal nur noch eine statt zwei Scheiben Vollkornbrot und eine Tasse Reis statt zwei konsumieren und weiterhin auf ausreichend Eiweiß und Gemüse achten. Beim Frühstück sollten allerdings genug Kohlenhydrate aufgeladen werden, weil sonst die Energie für den Tag fehlen würde. Es wird etwas dauern, bis Dein Körper sich optimal auf die Veränderung eingestellt hat, aber nach ungefähr zwei Wochen wirst Du Dich fitter denn je fühlen und bereits etwas leichter sein.

Hier eine kurze Einkaufsliste mit wichtigen Nahrungsmitteln, die in Zukunft nicht mehr in Deinem Haushalt fehlen sollten:

Olivenöl, Balsamico-Essig, Nüsse, Studentenfutter, Vitalkörner, Magerquark, Hüttenkäse Light, geriebener Light-Käse, Käseaufschnitt Light,

Thunfisch im eigenen Saft, Lachs, Garnelen, Putenbrustaufschnitt, Putenschinken, Hähnchenbrustfilet, Rumpsteak, Vollkorntoast, Vollkornbrot, Vollkornmüsli, Eiweißbrot, Stevia oder Xylitol statt Zucker, Haferflocken, frisches Gemüse und Tiefkühlgemüse, Äpfel, Orangen, Beeren, Avocados, Gurken, Tomaten und Eier.
Du bist, was du isst, also achte immer auf Frische und Qualität Deiner Lebensmittel. So viel sollten Dir Dein Körper und Deine Gesundheit wert sein — sie sind Dein wichtigster Schatz!
Fastfood, Süßigkeiten und Alkohol sollten von nun an nur noch eine Nebenrolle spielen. Du musst nicht unbedingt komplett darauf verzichten, aber solche Sachen in Maßen zu Dir nehmen und sehr bewusst genießen. Gönne Dir zum Beispiel einen Tag in der Woche, an dem gesündigt werden darf — wenn Du am nächsten Tag wieder diszipliniert lebst.

Hormone und Potenz

Deine Sexualität, Deine Potenz und Libido sind wertvolle Güter, die Du hegen und pflegen solltest. Leider tun die meisten Männer genau das Gegenteil. Sie schaden ihrem Testosteronspiegel ständig, statt auf ihn zu achten. Was es konkret heißt, testosteronbewusst zu leben, werde ich Dir in diesem Abschnitt erläutern.
„Der Schniedel schrumpft, der Busen schwillt, schon ist er Mamas Ebenbild."
Spätestens seit Otto Waalkes' Programm von 1983 ist die Wirkung von weiblichen Hormonen beim Mann bekannt. Männer, die so nicht enden wollen, sollten deshalb auf ihren Hormonspiegel achten: *Testosteron treiben und Östrogen meiden.*
Rauchen ist einer der am weitesten verbreiteten Potenz-Killer. Es erhöht nicht nur das Risiko auf Herzerkrankungen, Schlaganfälle, Lungenkrebs und Blasenkrebs, sondern auch die Wahrscheinlichkeit von Erektionsstörungen. Arterien werden verstopft und verhindern so die nötige Blutzufuhr. Auch die Entspannungsfähigkeit der Schwellkörper lässt nach, was dazu führt, dass sie weniger Blut aufnehmen können.
Erste Maßnahme, um Deine Potenz langfristig zu sichern: Mit dem

Rauchen aufhören oder gar nicht erst damit anfangen!

Nun zum Thema Alkohol, genauer gesagt zum Bier. Bier enthält Hopfen, dessen Bitterstoffe im Körper wie weibliche Hormone wirken. Auch daher kommt die körperliche Verweiblichung starker Biertrinker — die so genannten Biertitten. Natürlich schadet in dieser Hinsicht das ein oder andere Bierchen pro Monat nicht, aber regelmäßiger Konsum ist durchaus kritisch zu sehen.

Also: Mit dem goldenen Gerstensaft nicht übertreiben! Gleiches gilt übrigens für Soja-Produkte, was besonders für Vegetarier bedeutsam ist. Der gern als Fleischersatz genutzte Tofu enthält Stoffe, die ähnlich wie Östrogene im Körper wirken. Für regelmäßigen Konsum also ausdrücklich nicht empfohlen, wenn man als Mann hinsichtlich Testosteron auf der sicheren Seite sein will.

Ein hoher Wasserkonsum ist ausgesprochen wichtig für Wohlbefinden und Gesundheit. Auch beim Abnehmen ist es hilfreich, schließlich enthält es keine Kalorien und fördert die Verdauung. Grundsätzlich gilt: Je mehr Wasser desto besser. Vor allem Männer sollten sich aber genau überlegen, in welcher Form sie dieses Wasser zu sich nehmen. Wasser gibt es aus dem Hahn, aus Plastik- und aus Glasflaschen. Vergleichen wir doch mal.

Leitungswasser wird in Deutschland strenger geprüft als Mineralwasser aus dem Supermarkt, enthält aber laut Studien trotzdem Rückstände von Hormonen der Antibabypille: Ethinylestradiol, also synthetisches Östrogen. Außerdem kann man Mineralstoffgehalt und Geschmack getrost vergessen und man braucht eine Menge Vertrauen gegenüber den Rohren der eigenen Behausung — der Wasserversorger haftet nur für die Qualität des Wassers bis zum Haus, danach nicht mehr. Die Vorteile von Leitungswasser sind dagegen klar: Unschlagbar günstig, schnell und einfach in jeder Menge verfügbar.

Wasser aus Plastikflaschen ist leider ebenfalls nicht ganz unbedenklich. Plastikflaschen länger angebrochen stehen zu lassen, vor allem in der Sonne, scheint wenig empfehlenswert zu sein. So entstehen Chemikalien, die dem weiblichen Sexualhormon Östrogen sehr ähneln. Erstaunlicherweise wurden diese aber auch schon direkt nach dem Kauf im Supermarkt nachgewiesen. Solches Mineralwasser besitzt laut einer Studie der Uni

Frankfurt hormonell betrachtet teilweise die Qualität von Kläranlagenabwasser — Weichmacher & Co. sei Dank.

Plastikverpackungen sind übrigens nicht nur bei Mineralwasser ein kritisches Thema. Auch Verpackungen anderer Lebensmittel wie Quark, Joghurt und Fleisch geben Weichmacher und östrogenähnliche Stoffe an den Inhalt ab, die so in den menschlichen Körper gelangen und Unheil anrichten.

Bezüglich der Mineralstoffe sieht es beim Plastikflaschen-Mineralwasser besser aus als bei Leitungswasser. Zur Frage, wie wichtig Mineralstoffe aus Wasser für den Menschen sind, kommen wir allerdings gleich noch ... Mineralwasser aus Glasflaschen hat meist den höchsten Mineralstoffgehalt und ist am wenigsten hormonbelastet. Geschmacklich ist es außerdem ganz weit vorne. Dafür ist die Verpackung schwer, unpraktisch und sogar gefährlich wenn sie bricht. Und Wasser in dieser Verpackungsart ist durchschnittlich am teuersten.

Allerdings ist die Bedeutung von Mineralwasser für die Ernährung eines normalen, gesunden Menschen umstritten. Eine Untersuchung zur ernährungsphysiologischen Bedeutung von Trinkwasser in Deutschland zeigte im Jahr 2009, dass der Bedarf an Mineralstoffen vor allem durch feste Nahrung gedeckt wird. Im Klartext: Mineralwasser oder Leitungswasser — vollkommen egal!

Fazit: Leitungswasser und Wasser aus Plastikflaschen zugunsten von Mineralwasser aus Glasflaschen zu reduzieren ist nicht nur hormonell betrachtet die sicherste Lösung, aber auch die teuerste.

Übrigens: Was Softdrinks angeht, solltest Du den Konsum zumindest nicht übertreiben. Normale Cola und Limonaden enthalten Unmengen Zucker, während die Süßstoffe der Light-Versionen im Verdacht stehen, krebserregend zu sein und ungünstige Auswirkungen auf den Insulinhaushalt zu haben. So könnten sie über Umwege trotzdem tendenziell dick machen.

Nun kommen wir zum wichtigsten Punkt, was potenzbewussten Lifestyle ausmacht: Den fast völligen Verzicht auf Pornografie. Klingt komisch, ist aber so — und das aus guten Gründen. Ich erlebe es häufig in meinen Coachings, dass Männer mit Problemen wie Antriebslosigkeit und fehlendem Mut sich immer wieder mit Internetsexfilmchen Triebabfuhr verschaffen. Leider ist das weniger harmlos als es klingt. Durch die große Zahl meiner Klienten, bei denen beide Dinge zutreffen, ist der Zusammenhang zwischen Antriebslosigkeit und Internetpornokonsum für mich eindeutig.

Fast jeder von uns hat schon solche Filme gesehen, die meisten Männer konsumieren sie regelmäßig oder sogar täglich. Sex im Netz ist allgegenwärtig, deutsche Internetuser gelten europaweit als führend beim Konsum einschlägiger Machwerke. Und alle erfahrenen Pornokonsumenten kennen das Phänomen, dass ein Film, den man bereits gesehen hat, fast völlig uninteressant ist. Es muss eine neue, unbekannte Szene her — Abwechslung ist das Zauberwort und ständig wird weitergeklickt.

Dieses Phänomen des schrumpfenden Interesses bei gewohntem Reiz nennt die Wissenschaft den „Coolidge-Effekt", benannt nach einer zeitgenössischen Anekdote des US-Präsidenten Calvin Coolidge (1872–1933). Samt Gattin besuchte dieser einen Bauernhof — das Ehepaar wurde dort getrennt herumgeführt. Sie wunderte sich darüber, dass im Hühnerstall nur ein einziger Hahn zu sehen war. Als man sie darüber aufklärte, dass dieser Hahn bis zu zwölf Mal täglich den Paarungsakt vollziehe, sagte sie: „Sagen Sie das meinem Mann." Als dieser später davon erfuhr, fragte er genauer nach: „Immer dieselbe Henne?" Als man ihm erklärte, dass es sich jedes Mal um eine andere handele, meinte er: „Sagen Sie das meiner Frau."

Der Coolidge-Effekt wurde sowohl im Tierreich als auch bei Menschen nachgewiesen und kommt deutlich häufiger bei den männlichen Vertretern einer Gattung vor. Er wurde in Urzeiten von Mutter Natur eingerichtet, um für maximale Verbreitung der Gene zu sorgen. Er führt dazu, dass langjährige Partnerschaften sexuell gesehen langweiliger und fremde mögliche Sexualpartner mit der Zeit immer interessanter werden. Ja, Untreue ist tatsächlich ganz im Sinne von Mutter Natur. Sie sorgt für den sicheren Erhalt der menschlichen Rasse.

Pornokonsumenten sind durch den Coolidge-Effekt ständig auf der Suche nach etwas Neuem. Leider werden auch weit bedenklichere Begleiterscheinungen des Pornokonsums mittlerweile erforscht. Eine mögliche

Folge von regelmäßigem Schweinkramgucken im Internet: Impotenz. Internetforen unterschiedlichster Sparten sind voll von Männern, die von Erektionsproblemen berichten, die offensichtlich mit häufigem Pornokonsum im Netz zu tun haben. Ganz unterschiedliche Jungs sind das — alle möglichen gesellschaftlichen Schichten, Nationalitäten und Lebensstile sind vertreten, hauptsächlich trifft es aber eine jüngere Altersgruppe. Sie scheinen körperlich gesund, weisen aber Probleme durch erhöhten Sexfilmkonsum auf.

Das ganze Thema ist noch relativ neu und wandert nur langsam ins Blickfeld von Medien und Öffentlichkeit, aber mittlerweile gibt es erste Studien, die deutlich auf einen solchen Zusammenhang hindeuten.

Um das klarzustellen: Natürlich gibt es keinen Zusammenhang zwischen Masturbation an sich und Impotenz, wie früher geglaubt wurde. Diese Erektionsstörungen treten nur in Verbindung mit dem Konsum von Internetpornografie auf. Pornografie im Netz scheint tatsächlich die problematischste aller Pornoarten zu sein — aber weshalb ist das so?

Der Unterschied zwischen herkömmlichen Pornofilmen und Internetpornos besteht darin, dass jederzeit zu einer neuen Szene weitergeklickt und die Kategorie gewechselt werden kann. Intensität und Härte des Materials sind beliebig und in Sekundenschnelle steigerbar, der Nutzer kann sich immer wieder massenhaft neue Reize verschaffen.

Warum das besonders problematisch ist, können Wissenschaftler durch moderne Forschungsmethoden erklären. Die Hirnforschung liefert mittlerweile diverse Erklärungen dafür, Reize sind das Stichwort. Während des Konsums von Internetpornos entsteht ein wahres Feuerwerk von Neuronen im Hirn — sogar um ein Vielfaches stärker als bei herkömmlichem Sex.

Das ist möglich, weil sich unsere Denkapparate seit unseren Tagen als Jäger und Sammler kaum verändert haben. Leider haben sich unsere Umwelt und unsere Leben aber gewaltig geändert. Internetpornos überfordern unsere uralten Hirne. Beim Konsum von Pornographie im Netz kommt es zur Überstimulation und bei regelmäßiger Nutzung zu einer Gewöhnung des Betrachters an das Hirnfeuerwerk. In der Folge wird bei geringeren Reizen wie beispielsweise einer nackten Frau aus Fleisch und

Blut in Deinem Bett die Ausschüttung von Dopamin und anderen wichtigen Botenstoffen reduziert. Dopamin spielt bei sexuellen Abläufen aber eine entscheidende Rolle: Im limbischen System, dem Belohnungszentrum des Hirns, steuert es Zufriedenheit und Wohlbefinden und erfüllt wichtige Funktionen für Aktivität und sexuelle Erregung. Vereinfacht ausgedrückt: Wenig Dopamin — wenig Erektion!

Durch die vollkommen übersteigerte Dopaminausschüttung während des Pornokonsums wird der gewohnheitsmäßige Betrachter in der freien Wildbahn durch echte Frauen irgendwann nicht mehr ausreichend angetörnt, um eine zufriedenstellende Erektion zu erreichen. Dies wirkt sich negativ auf das reale Liebesleben der Männer aus — was sogar feste Partnerschaften gefährden kann.

Das ganze Problembündel von Erektions- und Potenzstörungen sowie allgemeiner Unlust und Libidoschwäche wird zusammenfassend häufig auch *Sexuelle Anorexie* genannt. Der Appetit auf herkömmlichen Sex geht bei diesem Phänomen verloren, häufig durch erhöhten Konsum von Internetpornos, der süchtig machen kann wie Drogen. Bei manchen Männern ist der Sexdrive noch vorhanden, allerdings ist er nicht mehr auf normale sexuelle Beziehungen gerichtet. Sex funktioniert dann beispielsweise nur noch alleine vor dem Rechner oder mit Prostituierten. Häufig scheitert die Sache spätestens dann, wenn es zu echter Intimität kommt.

Es spricht also sehr viel dafür, dass Internetpornos impotent und süchtig machen können. Aber was kann man als Betroffener tun? In den meisten Fällen ist der Teufelskreis ohne professionelle Hilfe zu durchbrechen — und eigentlich klingt alles ganz einfach: Einige Wochen oder besser Monate einen Bogen um Pornos machen und beim Handbetrieb zur guten alten Fantasie zurückkehren wie zu Großvaters Zeiten. Alles auf Anfang, Entwöhnung, kalter Entzug — genau wie bei einem Drogenabhängigen. Im Normalfall wird sich das Hirn früher oder später erholen und die normale Erektionsfähigkeit wird zurückkommen — sofern man es tatsächlich schafft, abstinent zu leben. Denn nur dann stehen die Chancen gut!

Viele meiner Coachees berichten über positive Veränderungen während des Entzugs: Sie gewinnen ihr Selbstwertgefühl und ihren Antrieb zurück, im Leben etwas zu erreichen. Sie werden unternehmungslustiger und pflegen wieder stärker ihre Freundschaften. Sie haben auch wieder die Motivation, auf fremde Frauen zuzugehen.

Diese positiven Nebenwirkungen solltest Du Dir immer wieder vor Augen führen, wenn es schwer fällt, Pornos sein zu lassen. Ebenfalls hilfreich ist es, abstinente Tage im Kalender einzutragen und Erfolge zu dokumentieren. Und Pornos sollten — wenn überhaupt — nur noch in weiblicher Gesellschaft konsumiert werden ...

Glaub mir, ein hoher Sex Drive ist enorm wichtig, um erfolgreich bei Frauen zu sein. Auf meinen Einzelcoachings frage ich deshalb immer ganz konkret nach: „Wann hattest du das letzte Mal Sex? Wie lange ist das letzte Mal Masturbieren her? Konsumierst du dabei Pornos?" Schließlich sind das wichtige Informationen für mich und die Ansatzpunkte meiner Methoden. Tägliche Selbstbefriedigung mit Internetpornografie schadet der Motivation auf dramatische Art und Weise und scheint leider extrem verbreitet zu sein.

Ich gehe aber sogar noch einen Schritt weiter: Wenn Du so richtig Biss im Umgang mit Frauen bekommen willst, wäre es sogar zu überlegen, zumindest eine Zeitlang komplett auf Masturbation zu verzichten! Ich kann es Dir nur empfehlen, der Effekt ist unglaublich.

Aktionsplan zur zweiten Säule des Äußeren Feldes: Gesundheit, Fitness und Ernährung — Grundlagen schaffen

- Bestimme Deinen Fitnesszustand, setze Dir Ziele und handle dementsprechend. Anhaltspunkte dafür findest Du in unserem Trainings- und Ernährungsplan. Halte Dich an die dargestellten Pläne und ziehe sie konsequent durch.

- Gib in jedem Fall die Zigaretten auf falls Du rauchst, reduziere Bier und Lebensmittel mit Soja. Diese Produkte können Deinem Testosteronspiegel und Deiner Potenz schaden.

- Überlege Dir, ob Du zukünftig mehr Wasser aus Glasflaschen statt

Leitungswasser oder Mineralwasser aus Plastikflaschen konsumieren willst. Deinem Testosteronspiegel zuliebe ist das nämlich tatsächlich die richtige Entscheidung. Versuche außerdem, Plastikverpackungen bei Lebensmitteln durch Glas oder andere testosteronfreundliche Verpackungen zu ersetzen, wo es nur geht.

- Übertreibe den Konsum von Softdrinks nicht. Sowohl die Light-Versionen als auch die herkömmlichen Varianten haben ungünstige Auswirkungen auf Deinen Körper.

- Vermeide ab heute jede Art von Pornografie. Sie kann Deinen Antrieb und Deine Potenz schädigen. Lass Dir einen temporären vollständigen Verzicht auf Masturbation mal durch den Kopf gehen. Er kann Dir ein hohes Maß an Motivation verschaffen.

Ä3: Lifestyle, Fashion und Pflege — *Attraktivität entfalten*

Deine Haare

Haare sind ein wichtiger Bestandteil menschlicher Attraktivität, sowohl von Frauen als auch von Männern. Jede Frau wünscht sich einen Mann, der vorzeigbar ist. Du wünschst Dir ja dasselbe von einer Frau, oder nicht? Haare sorgen sofort für einen ersten Eindruck einer fremden Person. Sie sollten deshalb sorgfältig gepflegt und regelmäßig einem Frisör anvertraut werden, der sein Handwerk versteht. Achte zwischen den Frisörbesuchen darauf, dass kein Wildwuchs der Nackenhaare entsteht — falls doch, solltest Du selbst zum Rasierer greifen und dort für Ordnung sorgen.
Die Wahl eines ordentlichen Frisörs ist tatsächlich entscheidend. Es ist einfach nicht besonders sinnvoll, nur nach dem günstigsten Preis für einen Haarschnitt zu suchen und ausschließlich Frisöre aus der Nachbarschaft in Erwägung zu ziehen. Probiere verschiedene aus und bleibe dort, wo wirklich ein gutes Preis-Leistungs-Verhältnis geboten wird.
Eine Frisur sollte zu Deinem Typ passen und zu Deiner Kopfform. Eine

Frisur kann hohes Selbstbewusstsein kommunizieren oder das krasse Gegenteil. Früher gab es Zeiten, in denen ich täglich tonnenweise Gel benutzt und Stunden im Bad gebraucht habe. Was ich damals nicht wusste: Es war die Unsicherheit, die mich zu diesem Verhalten getrieben hat. Heute ziehe ich selbst an Ausgehabenden am Wochenende meist den Out-of-Bed-Look vor. Ich möchte niemanden mehr krampfhaft beeindrucken — und schon gar nicht durch kunstvoll drapierte Haare. Und außerdem soll es Frauen geben, die einem Mann, bei dem sie eine solche Unsicherheit spüren, erstmal schön durch die Haare fahren.

Abgesehen davon, dass Frauen das generell mögen. Wenn Du auf so eine kleine Frechheit höchstens noch mit einem müden Lächeln und einem Klaps auf den Hintern reagierst, bist Du auf dem richtigen Weg. Alles andere würde nur zeigen, dass Du von richtig liegenden Haaren abhängig bist und sonst sofort Deine ganze Coolness verlierst.

Haare und die Frisur eines Mannes sind auch der Ausdruck einer inneren Haltung. Wie wichtig sich der Mann selbst ist, zeigt sich nicht zuletzt an seinem Schopf. Es ist ein Ausdruck von hohem Selbstwertgefühl, wenn man sich und seinen Körper gut behandelt. Und dazu gehört eben auch die Kopfbehaarung. Sollte Dir nur noch ein Haarkranz wachsen, rasiere ihn kompromisslos ab. Einige Frauen mögen Glatzen, da kannst Du ganz beruhigt sein. Generell solltest Du kompromissloser werden — Frauen stehen auf Männer, die ihr eigenes Ding machen. Wie bereits gesagt: Mach Dein Ding und die Frauen werden wie von selbst kommen. Und solange es noch kein funktionierendes Mittel gegen Haarausfall gibt, hilft deshalb in diesem Fall nur kompletter Kahlschlag, um attraktiv zu blei-ben. In ein paar Jahren wird dieses Thema vielleicht schon kein Problem mehr sein, die Forschung arbeitet mit Hochdruck an effektiven Mitteln gegen Haarausfall. Ach übrigens: Auch sämtliche andere Bereiche des menschlichen Körpers, an denen Haare wachsen, sollten in Form gehalten werden. Ungezügelter Wildwuchs gefällt den wenigsten Damen. Sich untenrum einen Dschungel wachsen zu lassen, animiert weibliche Wesen selten dazu, dort abzutauchen. Auch die Behaarung in Nase, Ohren und allen möglichen anderen Körperöffnungen sollte gewissenhaft getrimmt werden. Entsprechende Rasierer gibt es in jedem Kaufhaus.

Deine Hände

Eigentlich kaum zu glauben, dass in diesen Zeiten immer noch nicht alle Männer begriffen haben, wie wichtig es ist, auf sich selbst und einen gepflegten Körper zu achten. Gerade wenn es darum geht, den eigenen Wert zu erhöhen. Unglaublich, aber wahr: Circa 70 % aller Männer achten kaum auf ihre Hände und deren Pflege. Dabei sind ungepflegte Hände und dreckige oder angekaute Fingernägel meist ein K.O.-Kriterium für Frauen. Fast alle Frauen stellen sich mit einem sexuell interessanten Mann vor, wie es sein würde, wenn sie Zärtlichkeit miteinander austauschen. Dreckige Fingernägel zerstören solche Bilder sofort. Sorge deshalb dafür, dass Du gepflegte Hände und Nägel hast.

Nägel und vor allem Fingernägel sollten stets geschnitten und am besten auch gefeilt sein. Es mag zwar heute hin und wieder heterosexuelle Männer mit Nagellack geben, aber keine mit langen Nägeln — und das ist auch gut so. Frauen können Männer mit langen Fingernägeln nicht ausstehen. Hat übrigens auch ganz praktische Gründe: Würden sie sich von einem solchen Mann fingern lassen, würde das leicht in einem Blutbad enden. Bis zur Nagelhaut abgekaute Nägel sind übrigens kaum besser. Solltest Du im Erwachsenenalter noch Nägel kauen, solltest Du diese Baustelle möglichst schnell beheben.

Wie gesagt: Deine Hände sind für Frauen enorm wichtig. Achte deshalb penibel auf deren Pflege. Frauen entscheiden oft in Bruchteilen von Sekunden, ob Du als Kandidat für Schweinereien in Frage kommst — viele achten dabei sehr genau auf die Greifwerkzeuge eines Mannes. Wenn diese ihren Ansprüchen nicht genügen, bist Du unter Umständen sehr schnell draußen. Falls Du Probleme in diesem Bereich haben solltest und Du nicht weißt wie diese zu lösen sind, solltest Du professionelle Hilfe in Anspruch nehmen und zur Maniküre gehen. Ja, ins Nagelstudio um die Ecke. Klar ist das nicht gerade unpeinlich, aber nur halb so schlimm wie keinen Erfolg bei Frauen zu haben, weil man Hände wie ein Maulwurf hat.

Deine Zähne

Gelbe, braune oder schwarze Zähne mag niemand — oder wäre für Dich eine Frau interessant, die ein Gebiss wie *Gollum* hat? Gehe deshalb regelmäßig zum Zahnarzt, putze sie mehrmals täglich gewissenhaft und benutze Zahnseide. Wenn Du Probleme mit Verfärbungen hast, lass sie Dir vom Zahnarzt bleichen oder bleiche sie selbst mit Mitteln aus der Apotheke, beispielsweise mit so genannten Strips. Ein schönes Lächeln ist schließlich eine der stärksten Waffen des erfolgreichen Verführers.

In Härtefällen wie Fehlstellungen und ähnlichen Problemen solltest Du dir überlegen, ob ein chirurgischer Eingriff nötig ist. So etwas kann das Selbstwertgefühl enorm schädigen. Es kann im Einzelfall also nicht schaden, sich hier über entsprechende Möglichkeiten zu informieren.

Dein Duft

Eins vorweg: Nie zu viel Parfüm verwenden! Eine Frau sollte Dich nicht schon riechen können, wenn Du den Raum betrittst. So eine Wolke mag vielleicht für Straßennutten angebracht sein, aber wir wollen unsere Mitmenschen damit nicht belästigen.

Dein Parfüm solltest Du übrigens nicht ständig wechseln, damit sich eine Frau an Deinen Duft gewöhnen kann und er sich für sie mit Deinem eigenen Körpergeruch vermischt. Wenn sie sich jeden Tag an einen anderen Geruch gewöhnen muss, erzielt das keine positiven Effekte in ihrem emotionalen Gedächtnis. Außerdem entsteht bei häufigem Wechseln Deines Duftes die Gefahr, dass sich Parfüms in Deinen Klamotten vermischen und so ein undefinierbarer Brei entsteht, der nicht mehr besonders angenehm riecht.

Nichtsdestotrotz ist das Tragen eines guten Duftes durchaus zu empfehlen, auch wenn entsprechende Produkte nicht gerade günstig sind. Lass Dich in einer Parfümerie Deiner Wahl fachkundig beraten und flirte nebenbei mit der Verkäuferin …

Ich bekomme regelmäßig E-Mails von Männern mit der Frage, welches Parfüm sie verwenden sollen. Manchmal muss ich darüber ein bisschen schmunzeln, kann die Frage aber trotzdem nachvollziehen. Auch ich bin immer auf der Suche nach guten Düften. Allerdings sollte man nicht versuchen, mit einem teuren Parfüm eigene Unzulänglichkeiten zu überdecken. Parfüm darf immer nur Beiwerk sein. Es soll dazu beitragen, sich noch wohler in der eigenen Haut zu fühlen. Denn nur ein Mann, der sich gut in seiner Haut fühlt, hat optimale Außenwirkung. Es kann also nur von Vorteil sein, wenn Du Dich in einer Parfümerie beraten lässt und dort einen Duft findest, der Dir wirklich gefällt. Es geht hier um ein Gefühl — der Duft soll Dein aktuelles Lebensgefühl widerspiegeln. Häufig wechselt man seinen Duft deshalb auch bei einer größeren Veränderung im Leben. Ich kann mich bei jeder Lebensphase daran erinnern, welchen Duft ich damals trug. Wenn ich diesen Duft dann heute rieche, erinnert es mich an diese Zeit und lässt mich auch teilweise wieder so fühlen. Geruch löst starke emotionale Anker aus und macht es manchmal nicht einfach, ein neues Lebensgefühl einkehren zu lassen. Wenn Du also ein neues Lebensgefühl willst, solltest Du auch Deinen Duft wechseln. Wie stark diese Anker durch Geruch sind, merkst Du, wenn Du das Parfüm Deiner Ex-Freundin riechst. Fast immer entstehen dann emotionale Reaktionen. Natürlich kann man durch einen Duft auch schöne Erinnerung assoziieren, aber im Moment geht es um den Aufbruch auf eine neue Stufe — eine höhere Stufe der Reife. Und eine wirkliche Veränderung Deiner Persönlichkeit muss auf möglichst vielen Ebenen stattfinden.

Vorsicht: Parfüms können schnell untragbar werden, wenn sie durch eine aggressive Werbekampagne des Herstellers zu weit verbreitet werden. Dann werden auch Leute wie Du riechen, mit denen Du nicht in einen Topf geworfen werden willst. Vor einigen Jahren ging es mir nämlich so. Ich entdeckte einen Duft, in den ich mich sofort verliebte. Ich kaufte ihn und wurde daraufhin regelmäßig von Frauen darauf angesprochen. Innerhalb von zwei Jahren wurde dieser Duft unglaublich bekannt, man roch ihn plötzlich an jeder Ecke. Ab diesem Zeitpunkt war er leider gestorben.

Deine Wohnungssituation

Solltest Du in der Pampa wohnen, wo es kaum Single-Frauen gibt, rate ich Dir, in eine größere Stadt umzuziehen. Noch viel mehr gilt das, falls Du noch bei Deinen Eltern wohnst: unbedingt ausziehen! Frauen stehen nicht auf Muttiwohner — eigentlich können sich das nur Schüler wirklich erlauben. Sorge immer dafür, dass Du problemlos neue Frauen kennen lernen kannst. Wenn das nicht geht, musst Du entsprechende Umstände sofort ändern.

Deine Wohnungssituation ist relevanter für Deinen Erfolg bei Frauen, als Du im Moment vielleicht glaubst. Deine Behausung sagt viel über Dich aus — wer Du bist und auch wie es in Dir aussieht. Ich habe oft Coachees zuhause besucht und musste manches Mal mit Schrecken feststellen, dass sie auf Damenbesuch in keiner Weise vorbereitet waren. Leider kann sich das fatal auswirken, es zerstört nämlich Kongruenz und Authentizität. Wenn ein Mann auf die Piste geht, um Frauen kennen zu lernen und sogar mit nach Hause zu nehmen, aber über eine Wohnung verfügt, die nicht präsentabel ist, dann hat er die Sache entweder nicht zu Ende gedacht oder er glaubt selbst nicht an seinen Erfolg. Beides wäre schädlich. Eine nicht betretbare Wohnung zu haben und Frauen kennen lernen zu wollen ist in dieser Hinsicht genau wie in einen Club zu gehen ohne Kondome dabei haben. Gehe also in Zukunft immer davon aus, dass eine Frau bei Dir auftauchen wird und denke die Sache zu Ende. Wenn Du die Ratschläge dieses Buches umsetzt, wird der Erfolg schneller kommen als Du glaubst, also bring Deine Butze auf Vordermann.

Falls Du vollkommen ahnungslos bist, wie Du Deine Wohnung einrichten sollst, lade eine Freundin oder Deine Schwester ein und lass Dir helfen. Frauen haben das Einrichten einer Wohnung fast immer im Blut. Mit ihrer Hilfe kriegst Du eine Wohnung hin, in der sich auch andere Frauen wohlfühlen werden.

Sich selbst zu mögen und gut zu behandeln fängt mit der eigenen Wohnung an. Deshalb ist hohes Selbstwertgefühl auch an der Wohnung abzulesen. Und starke Veränderungen in Sachen Persönlichkeit machen sich oft in der Wohnungssituation bemerkbar.

Du musst kein Apartment mit Skyline-Blick wie *Patrick Bateman* in „American Psycho" besitzen, um attraktive Frauen in Dein Leben ziehen zu können. Klar ist so eine Bude reizvoll, aber es geht auch ohne. Ähnlich wie ein Porsche ist so etwas ein nettes Gimmick, aber nicht kriegsentscheidend. Auch wenn die Gesellschaft Dir vorgaukelt, dass das mit den Frauen sofort von selbst läuft, wenn Du einen Sportwagen fährst und in einer Luxusunterkunft wohnst. Was dabei oft vergessen wird: Dazu gehört auch der entsprechend attraktive Mann. Karre und Hütte alleine reichen nicht — und das ist auch gut so.

Im Laufe Deines Lebens wird sich Dein Wohnungsstandard höchstwahrscheinlich kontinuierlich verbessern. Das wird aber niemals der Grund dafür sein, dass Dein Erfolg bei Frauen größer wird. Die Basis für diesen Erfolg bist Du selbst. Wenn Du in der tollsten Wohnung der Stadt irgendwann immer noch große Probleme mit Dir selbst hast, wird Dein Erfolg beim anderen Geschlecht kaum größer sein als heute. Viel wichtiger ist deshalb, dass Du Dich wohl in Deiner Wohnung fühlst und es dir so möglich wird, in einer Frau ein gutes Gefühl zu erzeugen, wenn sie bei Dir ist. So wird auch sie sich wohlfühlen. Und damit das passiert, solltest Du zu Deiner Wohnung stehen, sie optimieren und sie immer sauber halten. Wenn Deine finanziellen Möglichkeiten größer sein sollten, werden Investitionen in Deine Wohnung Deinem Erfolg bei Frauen nicht schaden. Eine kleine Bar im Wohnzimmer zu haben kommt beispielsweise immer ganz gut an. Dort kann man dann auch prima Partys und Afterpartys in weiblicher Gesellschaft feiern.

Im Haushalt vorhanden sein sollten immer eine frische zweite Zahnbürste, Abschminktücher und eine Familienpackung Kondome. Miteinander schlafen zu wollen aber nicht zu können ist der Super-GAU. Des Weiteren solltest Du immer Früchte, Säfte und Wasser auf Lager haben. Auch Kerzen dürfen in keinem Haushalt fehlen. Sie tauchen Deine Wohnung in ein angenehmes Licht und lassen Frauenherzen höher schlagen. Vielleicht solltest Du nicht beim ersten Besuch einer Frau Deine Wohnung in ein Kerzenmeer verwandeln — das wäre einfach too much — aber etwas Romantik und gedämpftes Licht tun immer gut. Bei Kerzenschein sieht außerdem jeder besser aus. Und eine romantische Ader zu haben ist beileibe kein Zeichen von Schwäche sondern eher ein Zeichen von Reife und Selbstbewusstsein. Übrigens: Kerzen wären nur noch von einem Kamin zu überbieten. Nutze in jedem Fall alle Möglichkeiten die Du hast optimal aus.

Es sollte in Deinem Zuhause auch nach Zuhause aussehen. Es gibt Wohnungen, die so persönlich eingerichtet sind wie ein Hotelzimmer. Darauf stehen Frauen meistens nicht. Die Frau, die Dich nach einem Date oder einem Clubbesuch nach Hause begleitet, will durch Deine Wohnung etwas über Dich erfahren können. Sie sollte zu Dir passen. Außerdem muss sie Vertrauen aufbauen können und das wird in einer hotelzimmerartigen Behausung schwierig.

Wenn Du die Hinweise dieses Abschnitts konsequent beachtest, steht dem Zuhause eines Frauenhelden nichts mehr im Wege. Natürlich gibt es aber auch noch mehr Tricks, wie Du gewisse Dinge beschleunigen kannst, wenn Du Besuch hast. So könntest Du in der kalten Jahreszeit Deine Heizung herunterregeln und auf diese Weise Kuscheln unter einer großen Decke auf dem Sofa forcieren. Danach ist es bedeutend einfacher, sie zu streicheln, aufzuheizen und zu eskalieren ...

<u>Dein Stil — Teil I</u>

Kleider machen Leute, nicht wahr? Wie eine Visitenkarte gibst Du Dein Erscheinungsbild bei jedem ab, dem Du über den Weg läufst. Dein Klamottenstil sollte deshalb nicht nur ein gewisses Niveau, sondern irgendwann auch einen eigenständigen Touch haben. Wie man diesen entwickelt, wirst Du im Kapitel zur Dritten Stufe der Reife erfahren.

Beim mindestens vierteljährlichen, besser aber monatlichen Shoppen solltest Du in kompletten Outfits denken und immer im Hinterkopf haben, was Du daheim im Kleiderschrank hast — Kombinationsmöglichkeiten müssen immer im Auge behalten werden. Lass Dich immer von einer Verkäuferin beraten und — Du weißt was jetzt kommt — flirte dabei mit ihr.

Um mit Deinem Stil hohen Wert in den Augen vieler Frauen zu entwickeln, solltest Du einige bestimmte Dinge im Schrank haben.

Essentielle Kleidungsstücke, die ein Mann nicht nur besitzen, sondern auch regelmäßig tragen sollte.

Gleichzeitig solltest Du mit Deinem Outfit immer Deine ganz persönliche Zielgruppe im Auge haben und Dein Erscheinungsbild auf sie abstimmen. Falls Du beispielsweise Businessfrauen in einem Afterwork-Club im Sinn haben solltest, wären HipHop-Klamotten im Baggystyle wahrscheinlich nicht besonders erfolgversprechend. Und wenn Du bei schwarzgekleideten Gothic-Mädels landen willst, wirst Du es als kunterbunter Techno-Raver ähnlich schwer haben. Ich denke, Du hast verstanden, was ich meine.

Wenn wir jetzt aber von Subkulturen und allzu speziellen Zielgruppen absehen, kommen wir zu Styling-Tipps, die mehr oder weniger allgemeingültig sind — Mode-Grundlagen und Must-Haves, über die jeder Mann verfügen sollte.

Um zu verschiedenen Gelegenheiten gut gekleidet und möglichst breit ausgestellt zu sein, sollten sich definitiv schlichte schwarze Lederschnürer in Deinem Besitz befinden, also möglichst hochwertige Halbschuhe aus Leder. Je mehr Geld in die Fußbekleidung investiert wird, desto länger hält sie im Normalfall auch. Zur Not tut es aber auch eine preisgünstige Ausführung. Schuhe wollen gepflegt, imprägniert und mit Schuhspannern aus Holz in Form gehalten werden. Falls Du unterdurchschnittlich groß bist, solltest Du möglichst häufig Schuhe mit Absätzen und unter Umständen auch Spezialsohlen tragen, so wie es beispielsweise Tom Cruise tut.

Zu diesen Schuhen muss der Gürtel passen. Die Farbe des Gürtels sollte strenggenommen stets der Farbe der Schuhe entsprechen, ein brauner Gürtel auf schwarze Schuhe oder umgekehrt ist nicht zu empfehlen. Prinzipiell werden Ledergürtel wohl nie aus der Mode kommen, während andere Materialien eher trendabhängig sind.

Zum Thema Socken: Wenn sie zur Hose und zu den Schuhen passen, hast Du alles richtig gemacht. Weiße Socken sind außer bei sportlicher Betätigung grundsätzlich verboten. Zu einer schwarzen Hose gehen ausschließlich schwarze Socken und für Jeans solltest Du zumindest zu dunklen Socken greifen. Bei einer hellen Hose sollten die Socken etwas dunkler sein und gerne einen Farbton heller als die Schuhe — muss aber nicht sein.

Bei langärmeligen Hemden ist auf Folgendes zu achten: Wenn ein solches Hemd lang genug ist, um das Gesäß zu bedecken, muss es in die Hose. Kurze Freizeit-Hemden können zu passenden Gelegenheiten locker über der Hose getragen werden.

Ein Mann kann beispielsweise gerne eine schwarze, dünne, Skinny-Tie genannte Krawatte auf einem Hemd zum niveauvollen Ausgehen tragen. Breitere Krawatten sind für klassische Anzüge und eher für etwas festlichere Gelegenheiten gedacht. Eine Krawatte sollte immer in der Mitte der Gürtelschnalle enden. Eine zu kurze Krawatte vermittelt einen trotteligen Eindruck, eine zu lange Krawatte ist nicht weniger peinlich.

Eine schnörkellose Lederjacke ist unbedingt zu empfehlen. Ebenso essentiell ist natürlich der Anzug. Ein Mann kann in keinem Kleidungsstück der Welt besser aussehen als in einem maßgeschneiderten oder zumindest gut sitzenden Anzug — siehe *James Bond*!

Marken sollte man nicht blind vertrauen, nicht jede kann bedenkenlos getragen werden. Die Entwicklung eines Klamottenlabels solltest Du genau beobachtet haben, bevor Du Geld in ein Produkt dieses Hauses investierst. Ganz wichtig: Welcher Menschenschlag favorisiert diese Marke? Schließlich möchtest Du mit gewissen Zeitgenossen nicht über einen Kamm geschoren werden.

Allgemein gilt: Klamotten sollten nicht zu viele verschiedene Muster aufweisen, möglichst wenig zerknittert und vor allem sauber sein.

Es geht nicht nur um die Kleidungsstücke selbst, sondern auch deren Schnitt und Sitz. Gut passende und körperbetonte Klamotten sind ein Zeichen für gesundes Selbstbewusstsein und die richtige innere Haltung zur eigenen Sexualität. Viele Männer knöpfen ihr zu weites Hemd bis zum Hals zu und wundern sich dann, warum sie zugeknöpft rüberkommen. Sie sehen aus, als würden sie sich ihre Hosen mit der berühmten Kneifzange anziehen — das Gegenteil jeder Sexyness. Oder sie entscheiden sich für Kleidungstücke, nur weil sie praktisch sind. Leider hat das in den wenigsten Fällen etwas mit gutem Stil zu tun. Kleidung ist immer auch Kommunikation. Durch Kleidung kommunizieren wir nach außen, wie wir uns fühlen und wie unsere innere Haltung ist, wie wir zu uns selbst stehen und ob wir ein gesundes Verhältnis zu unserem Körper und unserer Sexualität haben. Frauen haben dafür besonders gutes Gespür, das darfst Du nie unterschätzen. Ihr Verständnis für Stil, Outfits und Kommunikation durch Kleidung ist dem der Männer weit voraus. Sie kümmern sich schon ihr ganzes Leben um Mode, Kleider und deren Wirkung.

Männer, die ihre Hemden bis zum Hals zuknöpfen, fühlen sich unwohl mit ihrem Körper und damit, Brust zu zeigen. Grundvoraussetzung für eine erfolgreiche sexuelle Annäherung ist aber eine gute Verbindung zu sich selbst. Gewöhne Dich daran, zu zeigen was Du hast. Du solltest Deinen Körper so clever durch Kleidung inszenieren wie Du nur kannst. Heutzutage hat das nur noch wenig mit einem prall gefüllten Geldbeutel zu tun. Schon für relativ wenig Geld kann man sich angemessen einkleiden.

Nachdem wir allgemeingültig beantwortet haben, was generell zu empfehlen ist und bei Dir vorhanden sein sollte, bleibt die Frage nach der Individualisierung — was genau passt zu Dir und Deinem Typ? Wie könnte Dein eigener Stil aussehen? Diese Frage werden wir im entsprechenden Abschnitt auf der Dritten Stufe der Reife beantworten.

Aktionsplan zur dritten Säule des Äußeren Feldes: Lifestyle, Fashion und Pflege — Attraktivität entwickeln

- Gehe monatlich oder spätestens alle zwei Monate zum Frisör und mache das Beste aus Deinen Haaren. Zwischen den Frisörbesuchen solltest Du Dich Deiner Nackenhaare annehmen.

- Nägel müssen zwei Mal die Woche geschnitten und am besten auch gefeilt werden. Ja, auch Fußnägel müssen regelmäßig gekürzt werden.

- Gehe regelmäßig zum Zahnarzt, putze Deine Zähne mehrfach täglich, benutze Zahnseide und bekämpfe Verfärbungen wenn nötig durch Bleichen.

- Benutze nicht zu viel Parfüm und nicht jeden Tag ein anderes.

- Sorge dafür, dass Deine Wohnsituation neue Frauenbekanntschaften nicht behindert. Ziehe wenn möglich in die Stadt und unter allen Umständen daheim aus.

- Beginne, Dich für Mode zu interessieren und gehe clever shoppen. Achte auf Deine Kleidung — sie ist eine Visitenkarte, die Du ständig abgibst. Kümmere Dich um einige klassisch-männliche Items, die jedem Mann noch mehr Männlichkeit verleihen. Klamotten müssen Dir, zueinander und zu Deiner Identität passen.

Ä4: Karriere, Ziele und Vision —
Erste Schritte

Die vierte Säule des Äußeren Feldes ist in vieler Hinsicht das Rückgrat eines Mannes. Wer in der Lage sein will, die tollsten Frauen zu erobern, muss alle Pferde seiner Kutsche gut behandeln und dafür sorgen, dass jedes einzelne immer besser wird. Ein Mann ohne Vision und Ziele wird deshalb nicht erfolgreich sein. Eine Frau, die etwas auf sich hält und etwas vom Leben erwartet, wünscht sich einen Mann, der sein Leben im Griff hat und seinen Zielen und Visionen nachgeht. So etwas erzeugt nicht zuletzt auch Lebensfreude — und um die Traumfrau zu erobern, ist ein zielgerichteter, glücklicher Wesenskern Voraussetzung. Ein Mann, der nicht zufrieden ist und das auch ausstrahlt, hat es schwerer als ein in sich ruhender Konkurrent. Frauen fühlen sich zu Männern hingezogen, die eine positive Einstellung und die damit verbundene Stärke ausstrahlen. Meine Übungen zum Thema Zielbildung im Kapitel zur Zweiten Stufe der Reife helfen Dir natürlich nicht nur in Bezug auf Frauen, sondern auch im beruflichen Bereich. Ich möchte an dieser Stelle aber nicht zu weit ausholen, da es sich bei diesem Buch immer noch um einen Wegweiser zum Erfolg bei Frauen handelt und nicht um einen Karriereratgeber.

Um Deine Karriere voranzutreiben, solltest Du Dir in einem ersten Schritt weniger Gedanken über Deinen Beruf machen als um Deine Berufung. Wofür bist Du gemacht, wo liegen Deine Stärken und Talente und was würdest Du gerne machen, wenn Du es Dir frei heraussuchen könntest?

Was würde Dich glücklich machen? Was willst Du langfristig im Leben auf die Beine stellen? Was wäre für Dich ideal und wie kommst Du dorthin? Um Ziele zu erreichen, braucht man Mut. Man muss möglicherweise auch mal Dinge ausprobieren, um zu erfahren, was man will und was man nicht will. Die wenigsten Karrierewege verlaufen in dieser Hinsicht absolut geradlinig, auch viele sehr erfolgreiche Menschen haben Sprünge im Lebenslauf. Entscheidend ist, dass Du Dich rechtzeitig auf den Weg machst, um Deine Träume und Visionen zu verwirklichen.

Bevor ich als Dating-Coach meine Berufung gefunden habe, habe auch ich einiges ausprobiert und auf diesem Weg herausgefunden, was ich wirklich machen will. Das hat mich ein Stück mehr in meiner Persönlichkeit reifen lassen und mich zu dem gemacht, der ich heute bin. Ein Mann, der viel in seinem Leben erlebt hat und dadurch viele Herausforderungen bewältigen musste. Frauen lieben es, diese Art von Männern kennen zu lernen und zu entdecken — Reife ist für Frauen attraktiv.

Fang an, die Grundlagen für ein erfolgreiches Leben zu setzen und plane Deine Zukunft. Ich empfehle Dir zu diesem Thema David Deidas Ratgeber „Der Weg des wahren Mannes". Hier bekommst Du wunderbar aufgezeigt, wie Du eine Vision entwickeln kannst.

Kommen wir zu einer der wichtigsten Grundvoraussetzungen für beruflichen Erfolg und Lebensglück: Dein Umfeld.

Dein Umfeld

Dein Umfeld ist entscheidend für Deinen Erfolg in jedem Bereich des Lebens. Wenn Du Dich mit Leuten umgibst, die sich dem Leben verweigern und erfolglos herumwursteln, wirst auch Du mit hoher Wahrscheinlichkeit scheitern. Verbanne Negativlinge und beschädigte Persönlichkeiten konsequent aus Deinem Leben. Umgib Dich mit erfolgreichen, positiv eingestellten Leuten und Du wirst Erfolg haben. Erfolgreiche Leute hängen fast immer nur mit erfolgreichen Menschen herum. Wenn Du wie ein Adler fliegen willst, darfst Du Dich nicht mit Hühnern umgeben.

Auf der DVD „Germany's Dating Gurus Live: Frauen treffen, erobern und halten" habe ich es auf den Punkt gebracht: Das Umfeld kann der stärkste Erfolgsfaktor und der größte Entwicklungsblocker sein, den es überhaupt gibt. Auch wenn ich damit Gefahr laufen sollte, bei Dir auf Ablehnung zu stoßen: Wenn Du dieses Thema nicht ernst genug nimmst, wirst Du niemals das erreichen, was Du dir wünschst.

Dein Umfeld sind schlicht und ergreifend die Menschen, die Dich den Großteil Deiner Zeit umgeben. Es ist deshalb schwer, in dieser Hinsicht Berufliches und Privates auseinanderzuhalten. Dein berufliches Umfeld wirkt sich auch auf Dein Privatleben aus und das private Umfeld beeinflusst auch Deine berufliche Situation.

Deshalb: Wenn Du Dich privat oder beruflich mit Menschen umgibst, die keine positive Einstellung zum Erfolg im Leben haben oder resigniert haben, hast Du mit Sicherheit die schlechtesten Voraussetzungen, um Deine Ziele zu erreichen. Niemand ist stark genug, sich negativen Einflüssen von Menschen aus dem eigenen Umfeld zu erwehren. Dieser Punkt ist extrem wichtig für Deine Entwicklung. Ich kann überhaupt nicht oft genug erwähnen, dass Du Dein Umfeld danach aussuchen solltest, wie diese Menschen denken, sprechen und handeln. Mache Dir zur Gewohnheit, mit Menschen Deine Zeit zu verbringen, die ähnliche Ziele wie Du haben. Alles andere würde Dich davon abhalten, Deine Ziele zu erreichen — beruflich wie privat. Da draußen gibt es eine Menge Miesmacher, halte Dich von ihnen fern. Sie versuchen, Dir Deine positive Einstellung kaputt zu machen und nehmen Dir den Spaß am Leben. Sie lähmen Dich und verschwenden Deine Zeit. Wenn sie jammern, dann fordere sie auf, etwas zu verändern: Wenn das nicht fruchtet, lasse sie links liegen. Ja, auch wenn Du sie schon jahrelang kennen solltest. Und bitte glaube nicht, dass Menschen, die lange Jahre an Deiner Seite waren, deshalb automatisch den besten Einfluss auf Dich haben. Häufig ist sogar genau das Gegenteil der Fall! Bitte überprüfe deshalb ganz ruhig, rational und objektiv Deine persönlichen Verhältnisse. Blockiert Dich jemand? Ich selbst habe viele Jahre damit verschwendet, mich mit den falschen Menschen zu umgeben und dabei nicht bemerkt, wie sehr mich das davon abgehalten hat, meinen Weg zu gehen. Vor allem im beruflichen Bereich war das bei mir der Fall. An dieser Stelle auch wieder der Hinweis: Überprüfe nicht nur Dein Umfeld, sondern auch Dich selbst auf Miesmacherei. Reflektiere Dich selbst.

Was Du denkst und sagst formt die Realität. Denke immer an die Macht des gesprochenen Wortes — früher oder später wird es Realität.
Ein negatives Umfeld ist also eine der am häufigsten vorkommenden Entwicklungsblockaden. Mein weltbekannter Trainerkollege Anthony Robbins hat es mal mit der folgenden Aussage auf den Punkt gebracht: „Imagine that your best friend comes over and puts a drop of poison into your coffee, even by accident. He did not mean to do that. What will happen? You will die! So — lesson number one: Watch your coffee!"

Also lautet die Devise: „Watch your Coffee" und stell Dein Umfeld auf Erfolg ein, auch wenn das Zeit und Kraft kostet.

Aktionsplan zur vierten Säule des Äußeren Feldes: Karriere, Ziele und Vision — Erste Schritte

- Überprüfe möglichst objektiv und konsequent Dein eigenes Umfeld. Wer sind Deine Freunde und Bekannten eigentlich? Versuche Dich von Negativlingen, Verweigerern und Kaputten Stück für Stück zu lösen.

Ä5: Familie, Freundschaften und Glück — *Die Basis*

Dein familiäres Umfeld ist sehr wichtig für Deine Entwicklung, es kann Dich fördern oder blockieren. Deshalb solltest Du es genau prüfen und überlegen, ob es Deine Pläne stören könnte. Meine Erfahrung zeigt, dass viele Probleme von Männern mit Frauen aus der Familie, der Kindheit und der Erziehung der Eltern herrühren. Sie haben eben nicht wie andere Männer schon während der Pubertät gelernt, ein normales Verhältnis zu Frauen aufzubauen.

Falls Deine Eltern oder Deine ganze Familie Dich blockieren und Deinen Erfolg bei Frauen sabotieren, solltest Du Dir Gedanken machen, ob Du eine ernsthafte Aussprache mit ihnen suchst oder Dich von ihnen löst. In jedem Fall ist es wichtig, dass Du für klare Verhältnisse sorgst, wenn etwas nicht stimmt.

Die Familie ist auch heute noch ein wichtiger Rückzugsraum. Deshalb solltest Du Deine Beziehungen zu Familienmitgliedern pflegen. Sei dankbar für funktionierende Verhältnisse in Deinem Umfeld. Beide Elternteile sind dabei gleich bedeutend. Wenn Du unter familiären Problemen leidest, solltest Du zumindest die Dinge regeln, die zu regeln sind. Mehr kannst Du nicht tun.

Natürlich ist eine intakte Familie keine Voraussetzung für Erfolg bei Frauen. Und manchmal kann man kaputte Verhältnisse auch nicht mehr reparieren, dann muss man gehen und alles zurücklassen. Aber funktionierende familiäre Strukturen machen Dich nicht nur für eine Frau als festen Partner attraktiver — sie können Dich tatsächlich glücklicher machen. Wenn jemand aus einer kaputten Familie kommt, ist die Wahrscheinlichkeit hoch, dass auch er beschädigt ist. Ist die Familie intakt, sind das bessere Voraussetzungen für eine Partnerschaft und ein erfülltes Leben. Übrigens ist dies ein Punkt, den Du auch bei der Beurteilung von Frauen nicht aus den Augen verlieren solltest. Ist sie ein Scheidungskind oder hat sie glücklich zusammen lebende Eltern? Wie ist der Kontakt zu ihren Geschwistern? Und zu Vater und Mutter? Diese und andere Fragen sind nicht uninteressant, wenn man sich überlegt, eine feste Beziehung mit jemandem einzugehen. Schließlich sind wir alle Produkte unserer Eltern und unserer familiären Strukturen. Wir wiederholen häufig das, was uns unsere Eltern vorleben. Und wenn das Vorbild in einer zerbrochenen Ehe und einer kaputten Familie besteht, sind das nicht die besten Voraussetzungen. Ich möchte jedoch klar betonen, dass natürlich auch das Gegenteil der Fall sein kann. Ein Mensch kann sehr wohl eine ausgeprägte positive Persönlichkeit haben, ohne über eine intakte Familie zu verfügen. Es kann jedoch nur von Vorteil sein, in gesunden Verhältnissen zu leben. Und wenn Eltern kein gutes Vorbild waren, sollte man versuchen, es besser zu machen. Auch Frauen beurteilen Deine Qualitäten als Partner bewusst oder unbewusst danach, wie Du zu Deiner Familie stehst. Ein erster Indikator ist dieses Verhältnis für sie in jedem Fall. Auch deshalb solltest Du großen Wert auf Deine Familie legen. Übrigens: Wie man die familiären Gegebenheiten einer Frau noch nutzen kann, wird ein späteres Kapitel zeigen.

Thema Freundschaften: Auch ohne Dich zu kennen, könnte man nur anhand Deiner Freunde recht genaue Aussagen über Dich treffen — nicht umsonst heißt es „zeige mir deine Freunde und ich sage dir wer du bist". Man könnte sagen, dass Du die Schnittmenge Deines Umfelds bist, der Durchschnitt aus den fünf engsten Freunden, die Dich umgeben. Schau Dir also an, welche fünf Menschen Dich umgeben und wie diese Menschen drauf sind. Das ist elementar für Deine Entwicklung als Mensch und kann Dich im negativen Fall behindern und im positiven Fall beflügeln. Freunde beeinflussen Dich stärker als Du glaubst, sie sind wie eine Familie, die man sich aussucht. Auch deshalb solltest Du sehr genau prüfen, wen Du als Freund bezeichnest.

Aktionsplan zur fünften Säule des Äußeren Feldes: Familie, Freundschaften und Glück — Die Basis

- Kümmere Dich um Deine Familie und pflege die Beziehungen zu Deinen Geschwistern, Eltern und weiteren Verwandten, um so den Grundstein für Deinen privaten und beruflichen Erfolg zu legen. Sorge gleichzeitig dafür, dass Dich niemand in Deiner Entwicklung behindert.

- Ich empfehle Dir am Ende eines Jahres eine Dankbarkeitsübung, die ich Sonne der Helden nenne. Dankbarkeit ist sehr wichtig, um Erfolge zu vervielfältigen. Dazu passt folgendes Zitat von Johann Wolfgang von Goethe: „Der Undank ist immer eine Art Schwäche. Ich habe nie gesehen, dass tüchtige Menschen undankbar gewesen wären." Mit der Sonne der Helden trainierst Du Deinen Dankbarkeitsmuskel. Male einen Kreis auf ein Blatt Papier mit der Zahl des vergangenen Jahres in der Mitte. Dann zeichnest Du Striche an den Kreis wie Sonnenstrahlen. Ans Ende dieser Sonnenstrahlen schreibst Du Ereignisse, Situationen, neue Bekanntschaften oder andere Dinge dieses Jahres, für die Du dankbar bist. Denke scharf nach, welche tollen Sachen Du in diesem Jahr erlebt hast. Lass das ganze Jahr noch mal Revue passieren und vergegenwärtige Dir die positiven Erinnerungen. Du wirst vielleicht verblüfft sein, was die Tage darauf alles passiert und was das kommende Jahr für Dich bereit hält. Mit dieser Übung trainierst Du nicht nur Deine Fähigkeit zur Dankbarkeit. Deine Aufmerksamkeit wird sich stärker auf die positiven Dinge des Lebens richten.

Zusammenfassung von Teil C. Die Zweite Stufe der Reife

- Du hast erkannt, dass Du etwas ändern willst. Frag Dich, wer Du bist. Wo liegen Deine Stärken und Schwächen? Lege dementsprechende Ziele fest.

- Arbeite an Ruhe und Selbstsicherheit, indem Du bewusstes Atmen und kontrollierte Entschleunigung praktizierst.

- Arbeite an Deiner Offenheit. Sei der Welt gegenüber offen und die Welt wird Dir offen stehen. Zeige Stärke, indem Du zu Deinen Schwächen stehst.

- Überlege Dir, auf welche Art von Frauen Du stehst und richte danach Deine Freizeitaktivitäten aus: Halte Dich dort auf, wo Du Deine Zielgruppe treffen kannst.

- Versuche stets im Einklang mit Deinen Emotionen zu leben. Alles andere macht unglücklich.

- Lege die irrationale Angst ab, es gäbe nicht genug Frauen und potenzielle Partnerinnen für Dich. Nur wenn Du die *Knappheitsmentalität* hinter Dir lässt, kann Nichtbedürftigkeit entstehen.

- Mach Dich frei von zählbaren Ergebnissen! Ergebnisunabhängigkeit ist die beste Herangehensweise, wenn es um das Ansprechen von fremden Frauen geht.

- Versuche nicht mehr so stark wie bisher auf Menschen und Ereignisse Deiner Umwelt zu reagieren.

- Trau Dich, zu polarisieren. Es bringt Dir größeren Erfolg bei Frauen.

- Trainiere täglich Deine Stimme mit den dargestellten Übungen.

- Der Prozess der Verführung läuft meistens nach diesem Schema ab:
    1. Gesprächseröffnung.
    2. Übergang zu persönlicheren Themen, Aufbau von Anziehung und Vertrauen.
    3. Austausch der Kontaktdaten.
    4. Ein oder mehrere Treffen — das so genannte Dating.
    5. Sex.
    6. Freundschaft Plus, Affäre oder Beziehung.

- *Game* steht für das Auslösen von Emotionen. Sonst nichts.

- Keine Frau denkt wie die andere. Schon deshalb kann es keine Strategien geben, die bei jeder Frau funktionieren. Der Einfachheit halber sollte es für Dich nur drei Arten von Frauen geben:
    1. An Dir interessierte Frauen,
    2. vielleicht an Dir interessierte Frauen und
    3. nicht an Dir interessierte Frauen.

- Keep it simple!

- Frauen sind Authentizitätsprüfer. Sie prüfen Männchen darauf, ob sie wirklich so stark sind, wie sie tun.

- Vor allem im Nachtleben gilt: Wenn Du eine Frau kennen lernst, solltest Du drei Dinge klären — Logistik, Lebenssituation und harte Fakten.

- Frauen verspüren Anziehung zu Männern, die selbstsicher, spontan, männlich, gesund, authentisch, stark und sexy sind. Frauen verspüren keine Anziehung zu Männern, die nur ein paar Sprüche und Verhaltensmuster auswendig gelernt haben.

- Die Grundlage, um Anziehung zu erzeugen und nicht zu zerstören, ist, zur eigenen Sexualität zu stehen. Demonstriere Entschlossenheit: Führe, um zu verführen!

- Du solltest lernen, die vier Akkorde der Anziehung richtig zu spielen: Soziale Intelligenz, Vorselektion durch andere Frauen, Berührungen und Eskalation und eine Herausforderung sein.

- Wenn Du männlichen Wert demonstrieren willst, solltest Du nicht prahlen, sondern Dich clever darstellen. Mehr brauchst Du nicht.

- Wert wird mehr durch Verhalten signalisiert als durch die Rolex am Handgelenk.

- Achte auf eine gerade und raumgreifende Körperhaltung.

- Blickkontakt ist eine der wichtigsten Waffen der Verführung. Trainiere die dargestellten Methoden jedes Mal, wenn Du einer Frau begegnest.

- Übe alle vier Varianten der Gesprächseröffnung regelmäßig: Direkt, indirekt, situativ und nonverbal. Finde heraus, welche bei Dir am besten funktionieren.

- Trainiere in jedem Gespräch Deine Übergänge zur persönlicheren Ebene. Was nach dem Opener kommt ist wichtiger als der Opener selbst. Versuche Frauen dazu zu bringen, sich in Unterhaltungen zu qualifizieren.

- Um Frauen in Gruppen zu erobern, musst Du zumindest teilweise von der Gruppe akzeptiert werden.

- Flirte kalibriert. Kalibriert flirten heißt, nichts zu übertreiben.

- Während des gesamten Gesprächs solltest Du innerlich die Verantwortung für die Gefühlswelt der Frau übernehmen. Du solltest Dir im Klaren darüber sein, dass Du es zu einem Großteil in der Hand hast, wie sie sich fühlt.

- Ausreichend Vertrauen aufzubauen ist vielleicht der wichtigste Teil der Verführung. Vernachlässige ihn nie.

- Versuche nie, zu früh die Nummer einer Frau zu bekommen. Stelle immer sicher, dass bereits genug Wert und Anziehung vorhanden ist.

- Bitte nie um ein Date, sondern biete an, Zeit mit Dir verbringen zu dürfen.

- Küsse die Frau zehn Minuten bevor Du Dich traust. Im Klartext: Besser jetzt als gleich!

- Versuche fit zu bleiben, denn ohne Gesundheit ist alles nichts. Achte auf Deine Ernährung, denn Du bist was Du isst.

- Achte auf Deinen Testosteronspiegel, auf die Pflege Deines Körpers und auf Dein Äußeres. Wähle Dein Outfit sorgfältig.

- Sorge für eine Wohnungssituation, die ohne Probleme Damenbesuch zulässt.

- Dein Umfeld solltest Du genau auf Menschen prüfen, die Dir Energie rauben. Diese Beziehungen solltest Du nicht weiter unterhalten.

- Pflege die Beziehungen zu Deinen Familienmitgliedern und sei dankbar für funktionierende Verhältnisse. Versuche zu reparieren, was zu reparieren ist. Sind sie hingegen endgültig zerrüttet, brich den Kontakt ab.

D.
Die Dritte Stufe der Reife

*„Man sieht nur mit dem Herzen gut,
das Wesentliche ist für das Auge unsichtbar."*
(Antoine de Saint-Exupéry)

Beginnen wir dieses Kapitel mit einer Wiederholung: Was passiert auf der Dritten Stufe der Reife?

„Ein gewisses Maß an Erfahrungen wurde angehäuft und das Selbstvertrauen ist stärker geworden. Er ist langsam in der Lage, die Krücken loszulassen und verstärkt auf die eigene Persönlichkeit zu setzen."

„Krücken loslassen" ist die Essenz dieser Stufe. Wie das geht, wird dieses Kapitel aufschlüsseln. Die Struktur dieses Abschnitts wird wieder von den beiden Säulen des Inneren und den fünf Säulen des Äußeren Feldes bestimmt. Wir gehen Säule für Säule vor und beginnen mit dem Inneren Feld.

I1: Selbstwertgefühl, Selbstvertrauen und Selbstbewusstsein —
Selbstvertrauen entwickeln

Kannst Du Dich noch daran erinnern, wie es war, als Du Fahrradfahren gelernt hast? Ohne Hilfe war es viel zu schwierig, aber mit Stützrädern ging alles ganz leicht. Jedenfalls so lange, bis Du mutiger wurdest und so schnell fuhrst wie Du konntest. In Kurven gab es dann plötzlich ein Problem: Die Stützräder waren nun keine Hilfe mehr, nein, sie behinderten Dich sogar. Mit ihnen war es nämlich unmöglich, sich in die Kurve zu legen und eine Biegung mit hoher Geschwindigkeit zu durchfahren. Die Hilfestellung, die Dir das Fahren überhaupt erst ermöglicht hatte, hinderte Dich nun am Erfolg — paradox, nicht wahr? Vermutlich bist Du wie ich nur wegen der Stützräder einige Male im Straßengraben gelandet. Und wahrscheinlich wurdest auch Du durch die Brennnesseln dazu getrieben, Fahrradfahren ohne Stützräder zu lernen. Anfangs ein Ding der Unmöglichkeit — wieder landete man im Straßengraben. Aber man biss sich durch und irgendwann klappte es tatsächlich. Und ab diesem glücklichen Moment verschwendete man nie wieder einen einzigen Gedanken an Stützräder.

In einer ähnlichen Situation befindest Du Dich jetzt. Du hast erkannt, dass Du etwas in Deinem Leben ändern willst. Du hast Dich auf den Weg gemacht, um Erfolge im Umgang mit Frauen zu feiern. Erfolge, die Du bisher in Deinem Leben vermisst hast. Methoden, Systeme und Strategien waren Deine Lösung. Mit Ihnen wusstest Du plötzlich, was zu tun und zu sagen ist. Die ersten Erfolge stellten sich ein. Dann verlangsamte sich Dein Fortschritt und vielleicht fühlt es sich mittlerweile schon so an, als würde Deine Entwicklung komplett stagnieren.

Woran das liegen könnte? Ganz einfach: Was Dich damals erfolgreicher gemacht hat, verhindert jetzt Deine weitere Entwicklung. Deine zurechtgelegten Methoden, Systeme und Strategien sind Deine Stützräder. Sie haben Dich erste Erfolge feiern lassen, verhindern aber jetzt den großen Durchbruch. Deshalb muss nun die Konsequenz sein, die Stützräder abzubauen und wegzuschmeißen, um irgendwann keinen einzigen Gedanken mehr an sie zu verschwenden. Und das ist genau das, was Du auf der dritten Stufe tun wirst. Du beginnst nun, Deine Methoden, Systeme und Strategien allmählich hinter Dir zu lassen und auf die Fähigkeiten zu vertrauen, die Du mittlerweile in Dir trägst. Im Klartext: Du entwickelst echtes, in Dir verankertes Selbstvertrauen.

Genau an dieser Stelle bleiben sehr viele Männer hängen, die ihr Liebesleben eigentlich verbessern wollen. Sie haben ein gewisses Level an Erfolg bei Frauen erreicht, sind von der Erreichung ihrer wirklichen Ziele aber meilenweit entfernt. Manche von ihnen hatten mit über hundert Frauen Sex, aber ihre eigentlichen Wünsche erfüllen sich nicht — zum Beispiel weil sie nicht die Frauen bekommen, die sie wirklich wollen. Diese Männer ziehen unermüdlich ihr System durch und verstehen nicht, warum sie nicht weiter voran kommen. Es ist für viele Menschen schwer, etwas loszulassen, was sie erreicht haben. Wieder von vorne zu beginnen ist anfangs schrecklich. Leider ist dies der einzige Weg, der zur nächsthöheren Stufe führt. Auf der dritten Stufe mag es sich zu Beginn anfühlen, als wärst Du ein blutiger Anfänger — so ganz ohne Deine liebgewonnenen Methoden, Deine Stützräder. Aber schon nach wenigen Wochen wirst Du ein Niveau erreichen, dass Du vorher nie für möglich gehalten hättest.

Zurück zur Entwicklung von Selbstvertrauen. Dies passiert auf zwei Wegen: Über realistisches Selbstbewusstsein und über erreichte Erfolge, die sich durch beharrliches Üben einstellen.

Selbstvertrauen entsteht nicht über Nacht. Erst wenn man sich seiner Stärken, seiner Fähigkeiten und seiner Schwächen selbst bewusst wird — siehe Zweite Stufe der Reife — kann das Vertrauen in sich selbst wachsen. Wie man dieses realistische Selbstbewusstsein erlangt, wurde bereits in einem früheren Kapitel ausführlich dargestellt.

Neben gesundem Selbstbewusstsein führen vor allem Erfolge zu Selbstvertrauen. Wenn etwas funktioniert, weil man etwas richtig gemacht hat, gibt das Vertrauen — *Selbstvertrauen*. Also gilt weiterhin: Raus mit Dir und üben, üben, üben!

Viele Menschen machen den Fehler, positive Ergebnisse des eigenen Handelns schneller zu vergessen als negative. Günstiger wäre es allerdings genau umgekehrt. Wir sollten uns länger und öfter an Dinge erinnern, die gut gelaufen sind. Das stärkt das Selbstvertrauen. Auch deshalb solltest Du unbedingt ein Erfolgstagebuch führen — Erfolge müssen immer festgehalten werden!

Vergegenwärtige Deine Erfolge und beginne damit, Dich stärker als bisher selbst zu achten. Nur wenn Du ausreichend Selbstachtung hast, entsteht wirkliches Selbstvertrauen.

Großes Vertrauen in sich selbst entsteht, wenn man immer mindestens einen Großteil von dem erreicht, was man sich vorgenommen hat. Wenn man sich zu viel vornimmt, wird das schwierig. Und wenn man sich zu geringe Ziele setzt, wird man diese zwar erreichen, aber nicht wirklich weiter kommen im Leben. Also lässt auch hier der goldene Mittelweg grüßen, der gegangen werden sollte. Im Aktionsplan dieses Abschnitts findest Du die Zielcollage — ein wunderbares Tool für diesen Bereich. Es gilt, vernünftige Ziele zu setzen und diese durch harte Arbeit zu erreichen, so dass Dein Selbstvertrauen die Chance hat, zu wachsen. Um das zu bewerkstelligen, brauchst Du vor allem eines ...

Motivation

Viele Männer fragen mich, was mich erfolgreich gemacht hat. Die Antwort ist einfach: Pure Motivation. Meine Motivation ermöglicht mir, meinen Traum zu leben.
Motivation ist der Treibstoff Deiner Schaffenskraft. Ziele ohne entsprechende Triebkraft anzugehen bringt in der Regel wenig, Motivation ist die Voraussetzung für Erfolg in allen Lebensbereichen. Sie ist der Antrieb, um auf die Sonnenseite unseres Daseins und zu einem erfüllten Liebesleben zu kommen. Alles was Du bisher in Deinem Leben auf die Reihe bekommen hast, wurde von Dir realisiert, weil Du motiviert genug warst. Motivation ist, was Dich Aufgaben scheinbar mühelos bewältigen lässt — auch schwierigste Prüfungen, beruflich wie privat. Alle erfolgreichen Menschen haben ausreichend Motivation, um ihre Ziele zu erreichen. Sie bringt sie genau dahin, wo sie hin wollen.
Generell solltest Du das Beste und Schönste aus Deinem Leben machen wollen, was überhaupt möglich ist. Der Sinn des Lebens ist Deinem Leben einen Sinn zu geben. Also tu genau das. Liebe das Leben und liebe Frauen. Wenn Du das wirklich tust, wirst Du motiviert genug sein, um grandiose Erfolge zu feiern.
Aber wie funktioniert das ganz konkret und auf der operativen Ebene? Wie kannst auch Du es schaffen, Dein Optimum an Motivation zu erreichen? Ich werde Dir im Folgenden zwei Motivationsmethoden vorstellen.
Die erste Art, um mich für meine Sache zu motivieren, ist die *Hin-zu-Motivation*. Mit dieser Art der Motivation habe ich zum Beispiel mit dem Rauchen aufgehört. Ich habe damals mein gesamtes Leben umgekrempelt und beschlossen, wirklich etwas zu verändern. Einen Teil davon habe ich Dir bereits im Prolog erzählt. Ich habe damals aber nicht nur entschie-

den, besser im Umgang mit Frauen zu werden, sondern auch das Rauchen einzustellen. Ohne die *Hin-zu-Motivation* war das allerdings extrem schwierig. Mit dieser Methode war es plötzlich möglich.

Wie funktioniert die *Hin-zu-Motivation?*

Ich hatte damals bereits unzählige Male versucht, mit dem Rauchen aufzuhören. Leider ohne Erfolg. Obwohl ich am Ende bereits jede einzelne Zigarette als unangenehm empfand, konnte ich es nicht lassen. Meine Motivation hat damals einfach nicht ausgereicht.
Dann habe ich ein Buch gelesen. „Endlich Nichtraucher!" von Allen Carr. Es hatte großartige Wirkung auf mich — ich erhoffe mir von meinem Buch eine ähnliche Wirkung auf Dich. Schon nach der Hälfte der Lektüre war ich damals Nichtraucher, vielleicht wirst Du ja auf ähnliche Weise durch mein Buch zum Frauenhelden.
Was mir durch dieses Buch klar wurde, war die Art, wie ich zu motivieren bin. Daraufhin änderte ich mein gesamtes Denken. Bisher hatte ich immer durch *Weg-von-Motivation* versucht, rauchfrei zu werden: „Ich will mit dem Rauchen aufhören, ich muss weg davon." Leider verfehlte das bei mir komplett seine Wirkung. Wenn das Rauchen wegfällt, was bleibt dann? Okay, ich will weg vom Rauchen, aber wo will ich denn eigentlich hin? Es fehlt sozusagen der Ersatz dafür, die Vision, das motivierende Ziel, in gewisser Weise auch die Belohnung für meine Entbehrungen. Außerdem verstärkte das Mantra „ich will aufhören zu rauchen" meine Gedanken an Zigaretten. Deshalb brauchte ich eine neue Art der Motivation, die *Hin-zu-Motivation.* Wenn ich früher weg vom Rauchen wollte, wollte ich nun hin zu einem gesünderen Lifestyle.
Ich sagte mir, dass Nichtraucher wesentlich attraktiver sind als Raucher. Sie sind und leben wesentlich gesünder. Vom Selbstwertthema mal ganz abgesehen — jemand, der sich täglich vergiftet, kann sich nicht wirklich gern haben. Der eigene Körper wird verseucht und man kippt definitiv früher aus dem Leben. Wer sich selbst und das Leben liebt, behandelt sich anders. Rauchen liefert einfach keinen einzigen Nutzen oder Vorteil. Ich wollte einfach gesünder leben.

Dieser kleine Unterschied in der Motivationsperspektive hatte große Wirkung. Er gab bei mir den Ausschlag, den Sprung ins Nichtraucherleben zu schaffen. Ich halte die *Hin-zu-Motivation* für deutlich stärker als die *Weg-von-Motivation*. Genau genommen ist es für mich schon fast eine kleine Zauberformel.

Dazu bemerken muss ich allerdings, dass Motivationsarten bei jedem Menschen unterschiedlich wirken, wir ticken nicht alle gleich. Es gibt Leute und auch Lebensbereiche, bei denen die *Weg-von-Motivation* funktioniert. Jeder Mensch benutzt meist unbewusst beide Arten der Motivation, mal die eine und mal die andere. Wir wollen Schmerzen vermeiden, weg von schlechten Dingen und hin zu Freude und Glück. Bei mir persönlich, beim Aufhören mit dem Rauchen und auch bei den Themen Frauen und Liebesleben halte ich die *Hin-zu-Motivation* jedoch für deutlich stärker.

Analysiere Dich selbst und überlege Dir, worauf Du stärker ansprichst. Auch Deine Freunde, Arbeitskollegen, Familienmitglieder und alle anderen Mitmenschen kannst Du diesbezüglich einteilen. Allein schon diese Überlegungen werden Dich in Deinem zukünftigen Leben weiter nach vorne bringen.

Ein Mensch, der ständig nur mit *Weg-von-Motivation* seine Ziele erreichen will, schenkt nur dem negativen Teil seine Beachtung. Das positive, im eigentlichen Sinne motivierende Element fehlt hier. Das suggeriert, dass man nur etwas verliert — in meinem Fall das Rauchen. Und auf diesem negativen Teil der Sache liegt die ganze Konzentration, wodurch das Rauchen im Denken noch größeren Raum einnimmt. Vielen geht deshalb bei dieser Art der Motivation die Kraft aus, ihre Disziplin versagt. Denn: Was gibt es zu hier gewinnen? Auf den ersten Blick tatsächlich nichts. Dabei ist das Gegenteil der Fall. Zu gewinnen gibt es zum Beispiel mehr Geschmackserlebnisse beim Essen, gut riechende Klamotten und heiße Dates mit Nichtraucherinnen. Und mehr Gesundheit und ein längeres Leben. Viel motivierender, oder nicht?

„Ich will gesünder leben" hat viel mehr Kraft als „ich will aufhören zu rauchen".

Das zugehörige Gesetz lautet:

Beachtung schafft Verstärkung, Nichtbeachtung schafft Befreiung.

Dieses Gesetz kannst Du natürlich auch auf alle anderen Lebensbereiche anwenden. Wir werden es bei der zweiten Motivationsmethode ein weiteres Mal thematisieren.
Durch die Beachtung von dem, was ich nicht will, wird nicht ausreichend Antriebsenergie erzeugt, um Dich letztendlich dorthin zu bringen, wo Du hin willst.
Ungefähr ins gleiche Horn bläst auch Dortmunds Meistertrainer Jürgen Klopp, wenn er sagt:
„Ich glaube nicht, dass die Angst vorm Verlieren dich eher zu einem Sieger macht als die Lust auf Gewinnen."
Genau deshalb habe ich mit meiner neuen Einstellung „ich will gesünder leben" statt „ich will mit dem Rauchen aufhören" mein Ziel tatsächlich erreicht. Und es war sogar viel leichter, als ich dachte. Ich konzentrierte mich einfach nur noch auf die schönen Dinge, die ich haben wollte und programmierte mich auf diese Weise um. Das Rauchen wurde einfach immer weniger beachtet.
Aber zurück zum Thema Erfolg bei Frauen. Was Du brauchst, um die in diesem Buch dargestellten Stufen der Reife zu durchlaufen, ist Motivation. Motivation, um auf die Straße zu gehen und Frauen anzusprechen. Motivation, die Dinge zu erlernen, die für ein spannendes Liebesleben notwendig sind. Motivation, nach einem Rückschlag wieder aufzustehen. Und nicht zuletzt Motivation, um Dein ganzes Leben zu ändern.
Konzentriere Dich in Zukunft auf die *Hin-zu-Motivation*, um Deine Ziele zu erreichen. Stell Dir bildlich vor, was Du erreichen willst, wo Du hin willst. Wie es sein wird, wenn Du das hast, was Du wirklich willst. Zum Beispiel attraktive Frauen in Deinem Leben. Wie sich Dates, Sex und eine Liebesbeziehung anfühlen werden. Das alles wird Dir Kraft geben, um Deinen Weg zu gehen.
Ergänzend zur *Hin-zu-Motivation* empfehle ich Dir das Anwenden einer Zielcollage. Im Aktionsplan werde ich Dir später noch zeigen, wie sie

funktioniert. Ich habe selbst über Jahre erfolgreich damit gearbeitet und auch meine Seminarteilnehmer berichten ausschließlich positiv von den Effekten dieses Motivationstools.

Soviel zur ersten Methode für eine dauerhafte und starke Selbstmotivation, betrachten wir nun die zweite.

Das Problem vieler Dating-Coachings oder auch Datingratgeber ist, dass die positiv motivierende Wirkung danach relativ schnell wieder verfliegt. Eine Veranstaltung oder ein Buch bringen wenig, wenn die Teilnehmer oder Leser es nicht schaffen, sich danach weiter selbst zu motivieren. Am Ende geben sie manchmal dem Coach oder dem Autor die Schuld, dass sie es nicht geschafft haben, dauerhaft etwas zu verändern. Im Prinzip natürlich eine verständliche, aber nicht sehr gesunde Meinung, denn wem man die Schuld gibt, gibt man die Macht. Und wem man die Macht gibt, dem übergibt man auch die Verantwortung für den eigenen Erfolg. Und ein Mensch kann nun mal keine Verantwortung für den Erfolg eines anderen übernehmen, auch nicht in einem Verhältnis zwischen Coach und Coachee oder Autor und Leser. Jeder ist seines eigenen Glückes Schmied. Um diese Problematik von vornherein zu vermeiden, sind meine Coachings darauf ausgerichtet, dass der Coachee von Anfang an auf eigenen Beinen steht. Ich bin nur der Wegweiser, so wie *Morpheus* zu *Neo* im Film „Matrix" sagt:

„Ich kann dir nur die Tür zeigen. Hindurchgehen musst du alleine."

Auch wenn ich all meine Kraft und Energie in Dich stecke hast Du Deinen Erfolg immer noch selbst in der Hand.

Neben der *Hin-zu-Motivation* habe ich vor einigen Jahren eine zweite Methode kennen gelernt. Sie hat mir die Augen geöffnet und mir klar gemacht, warum ich in bestimmten Momenten meines Lebens außerordentlich erfolgreich war und warum manchmal der gegenteilige Fall eintrat. Und wodurch meine Motivation ganz konkret zu aktivieren ist.

Früher habe ich nie verstanden, warum einige Teilnehmer meiner Coachings, Seminare und Workshops auch nach der Veranstaltung langfristig erfolgreicher blieben als vorher und andere kaum oder gar nicht. Mit der folgenden Motivationsmethode konnte ich dieses Problem tatsächlich lösen. Seitdem ist es mir möglich, jeden einzelnen Teilnehmer dauerhaft an sein optimales Leistungsniveau zu führen. Worum handelt es sich bei dieser Methode? Ich habe sie von einem meiner Mentoren gelernt, wofür ich heute noch sehr dankbar bin. Damals absolvierte ich eine Ausbildung bei einem der erfolgreichsten Rhetorik- und Persönlichkeitstrainer Deutschlands — ich darf und muss ihn hier ausdrücklich erwähnen: Alexander Christiani. Sein Buch „Weck den Sieger in dir! In 7 Schritten zu dauerhafter Selbstmotivation" ist die Quelle meiner Erkenntnisse zu dieser Theorie. Ich kann Dir nur ans Herz legen, es zu lesen. Dort findest Du auch viele weitere interessante Punkte, zum Beispiel wie Du Dein Stimmungsmanagement optimieren kannst — ebenfalls sehr entscheidend für den Erfolg bei Frauen.

Nun ganz konkret zur Methode und wie sie funktioniert. In Kurzform könnte man sie so darstellen: Jeder Mensch verfügt über individuelle Motivatoren und wir finden Deine, damit Du sie in Zukunft sozusagen auf Knopfdruck aktivieren kannst und auf diese Weise immer bereit für Höchstleistungen bist. Ich nenne die Methode *Hauptmotivatorenanalyse*. Los geht's!

Ja, es gibt diese Motivatoren tatsächlich, wir alle haben sie. Geprägt durch Erziehung, Erfahrungen und Charakter verfügen wir gewissermaßen über *Motivationsknöpfe*, die wir drücken können, sofern wir sie kennen. Wenn wir sie aktivieren, sind wir zu Bestleistungen fähig. Sportpsychologen haben dafür einen Test entwickelt, der Menschen auf 14 Motivatoren untersucht. Wenn wir mit diesem Test Deine Knöpfe finden, kannst Du durch ihre Aktivierung in Zukunft dafür sorgen, dass Du immer maximal motiviert bist für jede Aufgabe im Beruflichen und Privaten — also auch was Frauen angeht.

In einem ersten Schritt suchst Du in Deiner Erinnerung nach fünf Situationen, Ereignissen oder Prüfungen, in denen Du weit über Deine normale Leistungsgrenze hinausgewachsen bist. Also: Wann und zu welcher Gelegenheit warst Du mal deutlich besser als Du von Dir selbst gewohnt warst? Denk an Sport, Wettkämpfe, Schule, Uni, Beruf, Ausbildung, Training, Fortbildungen, Präsentationen, Aufführungen, Vorstellungsgespräche, schwierige soziale Situationen oder Ähnliches. Gerne darf das Ereignis etwas mit Frauen zu tun haben, muss es aber nicht. Es geht dabei nur um Dich und Deine Leistung, die deutlich besser war als alle Deine Leistungen vor diesem Ereignis.

Im zweiten Schritt wählst Du aus diesen Erfolgserlebnissen eines aus, das Du näher analysieren willst. Versuche Dich möglichst genau daran zu erinnern und schließe die Augen dabei. Welche Gedanken hattest Du bei der Leistungserbringung, bei der Vorbereitung, am Vorabend des Ereignisses und direkt danach? Was hast Du gemacht und wie hat es sich angefühlt? Wie war Deine Stimmung, Dein Zustand davor, während und nach der Aktion? Wie hast Du damals mit Dir selbst kommuniziert, wie bist Du mit Dir umgegangen? Warst Du nett zu Dir selbst oder hast Du Dich selbst unter Druck gesetzt? Gab es eine präzise Vorbereitung auf die Aktion und wenn ja, welche Phasen enthielt diese Vorbereitung? Versuche, eine Art inneren Dokumentarfilm zu erstellen, um möglichst viele Eindrücke von diesem Erfolgserlebnis zu erhalten.

Im dritten Schritt solltest Du einige Stichwörter festhalten, die Dein Erfolgserlebnis am besten beschreiben. Schreibe auf, was Dir in den Sinn kommt. Versuche, durch Begriffe die damalige Situation exakt zu skizzieren.

Im vierten Schritt werde ich Dir nun eine Liste von 14 Motivatoren vorstellen, aus denen Du Deine fünf wichtigsten herausfinden sollst, wenn Du an Dein Erlebnis denkst. Welche der folgenden Triebfedern treffen am meisten auf Dich und Deinen damaligen Erfolg zu?

1. *Selbst in Aktion sein.* Bringt es Dir besondere Motivation, Dich selbst bei einer Aktion zu erleben, wie Du Deine Talente und Möglichkeiten während der Leistungserbringung einsetzt?
2. *Anderen zuschauen können.* Inwieweit motiviert es Dich, anderen zuschauen zu können? Sind für Deine Motivation Vorbilder wichtig — zum Beispiel im Sinne von „was der kann, kann ich schon lange"?
3. *Erinnerungen an vergangene Erfolge oder Misserfolge.* Motivieren Dich Ereignisse aus Deiner Vergangenheit, bei denen es besonders gut oder besonders schlecht lief?

4. *Zukunftsperspektive.* Ist es für Dich wichtig, dass Du beispielsweise bei einem neuen Job gute Zukunftsaussichten hast? Oder zählt für Dich nur, dass die Arbeit und ihre Begleitumstände für heute in Ordnung sind?
5. *Identifikation mit der Aufgabe.* Ist für Dich besonders motivierend, wenn Deine Aufgabe für Dich sinnvoll und wertvoll ist? Oder ist das weniger entscheidend?
6. *Wohlgefühl während des Ereignisses.* Hast Du während der Leistungserbringung bei Deinem Erfolgserlebnis Stress empfunden? Brauchst Du vielleicht sogar Druck, um richtig abliefern zu können? Oder musst Du Dich für Topleistungen eher rundum wohl und entspannt fühlen?
7. *Wettkampf- und Rekordorientierung.* Geht es für Dich darum, Erster und besser als die anderen zu sein? Willst Du auch Dich selbst ständig übertreffen? Ist das eine der wichtigsten Triebfedern für Dich?
8. *Allein arbeiten können.* Bist Du gerne Herr des Geschehens und allein verantwortlich für das Ergebnis? Motiviert Dich das oder eher nicht?
9. *Companionship.* Ist es für Dich ein Motivator, mit anderen im Team zu arbeiten?
10. *Äußere Faktoren.* Motivieren Dich viele Zuschauer, die Anwesenheit von Freunden oder Bekannten, Glücksbringer, neue Arbeits- oder Sportgeräte?
11. *Anerkennung.* Sind die nach Deiner Leistung erhaltenen Komplimente wichtig gewesen? Bedeuten Sie besondere Motivation für Dich? Geht es auch darum, es Dir selbst zu beweisen?
12. *Anerkennung durch die Sache.* Ist es für Dich wichtig, dass Du das Ergebnis Deiner Arbeit vor Dir sehen kannst und Du so Anerkennung durch die Sache selbst erfährst? Dass Du beispielsweise etwas physisch erschaffst?
13. *Herausforderung.* Bist Du ein Typ Marke „jetzt erst recht"? Motiviert es Dich, wenn man zu Dir „das schaffst du nie" sagt?
14. *Gute Vorbereitung.* Bekommst Du durch besonders gute Vorbereitung auf eine Aufgabe eine Extraportion Sicherheit und Motivation?

Lies Dir diese 14 Motivatoren mehrmals durch und entscheide sorgfältig, welche fünf Deine Hauptmotivatoren sind. Falls Du unsicher bist, kannst Du Dir auch ein anderes Erfolgserlebnis vornehmen und ein zweites Mal die Liste durchgehen. Dann sollten Dir die fünf wichtigsten klar werden. *Beachtung schafft Verstärkung, Nichtbeachtung schafft Befreiung* hast Du bereits gelernt. Jetzt, wo Du Deine wichtigsten Motivatoren kennst, lautet deshalb nun die Frage:
Wie kannst Du Dein Leben beruflich wie privat so gestalten, dass diese Hauptmotivatoren möglichst stark ihre Wirkung entfalten können?
Dies zu beantworten und dementsprechend zu handeln ist nicht weniger als der Weg zu einem glücklichen und erfüllten Leben.
Im fünften Schritt solltest Du nun eine Liste mit Möglichkeiten erstellen, wie Du Deine persönlichen Hauptmotivatoren aktivieren kannst. Mindestens fünf im Alltag umsetzbare Aktivierungswege pro Motivator solltest Du finden. Gehe dabei ruhig genau ins Detail, oft haben kleine Dinge große motivationale Wirkung.
Der sechste Schritt ist die eigentliche Anwendung der Erkenntnisse im Alltag. Wenn Du diese Aktivierungswege für die Erreichung Deiner Ziele ab heute täglich nutzt, wirst Du in Zukunft über eine Fähigkeit zur Selbstmotivation verfügen, die Du nie für möglich gehalten hättest. Auch und gerade beim Thema Frauen wird es für Dich dann nie wieder Motivationsprobleme geben. Um Deine Ziele noch besser erreichen zu können, werde ich Dir im folgenden Aktionsplan die Zielcollage nahebringen.

Aktionsplan zur ersten Säule des Inneren Feldes: Selbstwertgefühl, Selbstvertrauen und Selbstbewusstsein — Selbstvertrauen entwickeln

- Die Zielcollage ist eines der besten Tools, um Dein Selbstvertrauen und Deine Motivation langfristig weiter aufzubauen. Führe sie ein Mal pro Jahr durch und Du wirst Deine Wünsche wahr werden lassen. Ich habe diese Methode vor einigen Jahren auf einem Persönlichkeitsentwicklungsseminar für Manager kennen gelernt und seitdem mit unglaublichem Erfolg eingesetzt. Lass mich Dir erklären, wie Du dieses Werkzeug erstellst und anwendest, um Dein Frauenhelden-Leben weiter voran zu bringen.

- Nimm Dir ein paar Zeitschriften und schneide Bilder oder Wörter aus, die Deinen Zielen am besten entsprechen. Sie sollten Dir ein gutes Gefühl erzeugen und ein Lächeln ins Gesicht zaubern. Klebe diese Ausschnitte auf ein großes Blatt Papier. Der Fantasie sind dabei keine Grenzen gesetzt und erlaubt ist was gefällt — Frauen, Bodybuilder, Waschbrettbäuche, Häuser, Autos, Urlaubsziele, Klamotten, Frisuren, Jobs oder Sportarten. Wenn Du fertig bist, kannst Du die Collage einrahmen und in Deiner Wohnung an einem möglichst prominenten Platz aufhängen, an dem Du Dich häufig aufhältst. Dein Unbewusstes wird davon geprägt werden und Dein Handeln wird sich darauf ausrichten, diese Ziele zu erreichen. Ich habe es genauso gemacht und fast alles erreicht, was auf meiner Zielcollage zu finden ist. Damals war mir überhaupt nicht klar, was das Ding für einen Einfluss auf mein Leben haben würde und heute bin ich auf dem besten Weg, alles zu erreichen was ich immer wollte.

I2: Soziale Kalibration —
Dates

Häufig fragen mich Teilnehmer meiner Coachings, ob ich einer Frau Türen aufhalte und mich gemäß alter Schule verhalte. Kavalier oder besser kein Kavalier sein — dazu kann ich nur sagen: Wenn Du Lust darauf hast, dann mach es. Wenn nicht, dann nicht. Solch ein Verhalten sollte nicht aufgesetzt oder bemüht rüberkommen, sondern echt und von Dir selbst gewollt. Mach es nicht, weil es sich vermeintlich so gehört. Mach immer was Du willst und womit Du dich gut fühlst. Alles soll von Herzen kommen!
Falls Du Dich gerne gemäß alter Schule verhältst, aber Angst hast, dass Du in den Augen der Frau dann zu weich, bemüht oder needy wirken könntest, kannst Du Dein Verhalten hin und wieder mit spielerischen Aussagen relativieren — zum Beispiel so:
„Weil heute so schönes Wetter ist und ich gute Laune habe, halte ich Dir

sogar mal die Tür auf."
Falls die Dame ein ganz besonders harter Fall ist und mit solchem Verhalten überhaupt nicht klarkommt, musst Du es zur Not tatsächlich einstellen, wenn Du auf Nummer sicher gehen willst. Du solltest Dich allerdings fragen, ob sich Investitionen in diese Frau tatsächlich lohnen. Manieren sind schließlich keine Schwäche. Wenn eine Frau damit ein Problem hat, scheint sie sehr unreif zu sein oder aus schwierigen Verhältnissen zu kommen, was ebenfalls meist mit einem problematischen Charakter einhergeht.

Einige kurze Worte zum so genannten *Alpha*-Verhalten kann ich mir an dieser Stelle nicht verkneifen. Dominanz in Maßen ist toll, aber nicht in Massen! Vor allem in der *Seduction Community* gibt es viele Männer, die *Alpha*-Verhalten falsch verstehen. Überzogene Dominanz und zwanghaftes Anführerverhalten kommt bei den meisten Frauen nicht gut an, vor allem nicht bei wirklich hochklassigen. Ein wirklicher *Alpha* verhält sich nicht unterdrückend und rücksichtslos, weder gegenüber Frauen noch gegenüber Männern. Ein Mann sollte, wenn es darauf ankommt, seine Burg verteidigen können, aber nicht andere daran hindern, ihre eigene Burg zu bauen.

Aktionsplan zur zweiten Säule des Inneren Feldes: Soziale Kalibration — Dates

- Verhalte Dich gemäß alter Schule der Kavaliere, wenn Du Lust drauf hast. Wenn Du keine Lust darauf hast, lass es bleiben.

- Kalibriere durch möglichst viel Übung Dein Level an Dominanz in allen Begegnungen mit Menschen, natürlich auch und gerade auf Dates. Nicht zu viel und nicht zu wenig ist optimal. Also: Besorg Dir ein Date! Und falls Du vergessen hast, wie das geht, blättere bitte zurück zum Kapitel der Zweiten Stufe der Reife.

Ä1: Methoden, Systeme und Strategien — *Dating*

Im Folgenden werde ich Dir Methoden, Systeme und Strategien nahebringen, die sich für das Dating eignen. Richtig, einstudierte Routinen und ähnliche Krücken sollst Du auf dieser Stufe langsam vergessen. Die Methoden, Systeme und Strategien, die ich Dir zum Thema Dating in diesem Kapitel zeigen werde, haben völlig anderen Charakter. Das sind keine Stützräder, sondern Kommunikationsmodelle und Gesetzmäßigkeiten, die immer gelten. Diese müssen mittel- bis langfristig deshalb nicht wieder abgestreift und vergessen werden, wie die Modelle aus dem Kapitel zur Zweiten Stufe der Reife. Insofern kannst Du ganz beruhigt sein. Gleiches gilt übrigens auch für die Methoden, die Du im Kapitel zur Vierten Stufe der Reife lernen wirst.

Wohlgemerkt: Es geht in diesem Abschnitt nicht nur um das erste, sondern auch um zweite, dritte und vierte Dates. Und an dieser Stelle noch ein kleiner sprachlicher Hinweis: Das Wort Date kann im Deutschen wie im Englischen sowohl für die Verabredung als auch für die Frau selbst verwendet werden, eine Frau kann also *Dein Date* sein.

Ein weiterer wichtiger Hinweis zum Wort Date: Manche Frauen mögen das Wort nicht. Klingt zu verpflichtend und zu überhöht. Und es suggeriert, als müsste auf jeden Fall etwas laufen. Frauen tendieren dazu, sich bei Verpflichtungen anfangs leicht unwohl zu fühlen. Das Wort Date kann also unangenehme Gefühle auslösen, benutze es also deshalb vorsichtig und verzichte im Zweifel darauf. Wie beim Kontaktdatenaustausch läuft auch beim Thema Dating alles viel einfacher, wenn es entspannt und ohne gefühlte Verpflichtungen abläuft.

Um es von Beginn an gleich deutlich zu sagen: Dating ist für viele Männer eine große Herausforderung, was es aber überhaupt nicht sein sollte. Zu viele Mythen ranken sich um dieses Thema. Wenn es ein Mann mit einer Frau bis zu diesem Punkt geschafft hat, macht er oft genau dieselben Fehler wie in der Anfangsphase. Er versucht die Frau auf Teufel komm raus von sich zu beeindrucken und ihr alles recht zu machen. Er hofft auf diese Weise unter ihre warme Decke schlüpfen zu können. Das ist natürlich

Quatsch. In der Dating-Phase gelten genau die gleichen Gesetze der Anziehung wie in allen anderen Phasen der Verführung auch.
Die wichtigste Dating-Regel lautet deshalb:

Habe Spaß und tu das, wonach Dir ist.

Hört sich leichter an als es ist, vor allem wenn Du die Frau wirklich gut findest. Es erfordert Stärke, zu sich selbst, seiner Meinung, seiner Persönlichkeit und seinen Vorlieben zu stehen. Also, sei stark und stehe zu dem was Du bist. Es wird sich auszahlen. Wenn Du Dich wirklich an diese Regel hältst, wirst Du alle grundlegenden Dinge automatisch richtig machen. Wenn Dein Spaß auf einem Date für Dich im Vordergrund steht, bist Du ergebnisunabhängig. Dann konzentrierst Du Dich auf die Gegenwart, auf Deine gute Zeit im Jetzt. Auf ein positives Gefühl, denn das ist alles was zählt.
Ergebnisabhängigkeit hingegen wäre auf die Zukunft gerichtet, auf das Resultat, das Du irgendwann einfährst. *Vergiss die Zukunft, sie ist in diesem Moment vollkommen irrelevant.* Handeln kannst Du immer nur jetzt. Gedanken an die Zukunft würden Dich unlocker machen und Dich verkrampfen lassen. So wirst Du kaum Erfolg bei Deiner Traumfrau haben.
Zu machen was Du willst ist selbstbewusst, weil Du damit zeigst, dass Du ein Mann mit eigenen Ansprüchen bist und weißt, wohin die Reise gehen soll. Erinnere Dich: Frauen mögen Männer nicht, die nicht führen können. Und verführen lassen sie sich von dieser Gattung Mann ganz besonders selten.
Stell Dir vor, Du wärst eine Frau. Du bist auf einem Date und weißt genau, dass der Kerl gegenüber mit Dir ins Bett will. Leider macht er keinerlei Anstalten in die entsprechende Richtung und traut sich nichts, weil er nichts versauen will. Wäre das für Dich männlich-attraktiv? Hat ein solcher Mann aus Deiner Sicht einen hohen Wert, wenn er Angst hat, etwas zu versauen? Wenn er Angst hat, dass er Dich nicht ins Bett bekommt und dann alleine ins Bettchen muss? Die Antwort erübrigt sich, nehme ich an. Das grundsätzliche Verhalten, wie ein Mann sich verhalten sollte, haben wir ausführlich auf der Zweiten Stufe der Reife besprochen. Es wird Zeit,

dass Du begreifst, worauf es wirklich ankommt: Ohne etwas zu riskieren wirst Du nichts gewinnen. Wer bei Frauen auf Sicherheit spielt, wird am Ende alles verlieren.

Immer wieder bombardieren mich meine Coachees mit Fragen, wie sie auf einem Date zum Ziel kommen. Wenn ich ihr Verhalten beobachte, sehe ich immer wieder die gleichen Probleme. Steif und unlocker. Keine Spur davon, Nähe mit der Frau aufbauen zu wollen — emotional wie körperlich. Sie trauen sich einfach nichts. Totale Angst vor Zurückweisung. Falls Du Dich selbst in diesem Verhalten erkennst: Öffne Dich endlich und gib der Frau damit die Chance, Dich zu mögen und sich mit Dir wohlzufühlen.

Die Angst vor körperlicher und emotionaler Nähe tötet alles.

Um Erfolg bei Frauen zu haben, musst Du diese Angst hinter Dir lassen. Unbedingt. Einem Mann gegenüber, der sich nicht öffnet, wird sich eine Frau nicht öffnen. Ein Date ist nichts anderes als das Zwischenspiel zwischen dem Ansprechen und dem Sex. Es wird zum Trauerspiel, wenn Du nicht mehr Deines Inneren nach außen kehrst. Ohne ein leidenschaftlicheres Zwischenspiel wirst Du kein leidenschaftliches Endspiel erleben. Deshalb solltest Du immer alles geben.

Leidenschaft darf nie zu kurz kommen, von Anfang bis Ende. Lass sie was erleben. Mach Dinge, die Du schon immer mal machen wolltest. Zeige ihr geheimste Orte — auch wenn Du dort schon mit anderen warst, völlig egal. Hauptsache die Orte sind cool und Du fühlst Dich dort wohl. Führe sie und ziehe Sie in Deine Welt.

Für Dates gilt außerdem: Werde und bleibe experimentierfreudig! Probiere Dich aus. Kein Treffen bringt eine Garantie mit sich, dass es gut wird. Es gibt zu viele Faktoren, die es negativ wie positiv beeinflussen können. Auch die Frau selbst. Denn auch wenn Du gelernt hast, dass Du für ihren Gefühlszustand innerlich die Verantwortung übernehmen solltest, musst Du Dich nicht mit absolut langweiligen oder sogar unwilligen Kandidatinnen quälen. Ja richtig, dafür sind Deine Ansprüche zu hoch. Wenn eine Frau sich wirklich unmöglich verhält, lass sie einfach sitzen. Du kannst

jederzeit gehen. Übrigens: Dinner ist nicht empfehlenswert, solange Du nicht mit ihr im Bett warst. Zu steif, zu teuer, zu viel Aufwand. Anfassen, Eskalation und Knutschen kaum möglich, Nebeneinandersitzen ist nämlich kaum drin. Vergiss also erst mal sämtliche Restaurants.
Ein Date ist auch für eine Frau dazu da, sexuelle Kompatibilität zwischen Dir und ihr zu erkunden. Ein Kaffeekränzchen kann sie schließlich auch mit ihrem schwulen besten Freund veranstalten. Deshalb gilt: Wenn Du Dich vernünftig anstellst, will sie es auch! Die Vorauswahl hast Du ja bereits bestanden, sonst hätte sie sich gar nicht erst mit Dir verabredet. Also verliere keine Zeit! Und nimm ein Gummi mit zum Date …
Ich persönlich habe in 90 % der Fälle Sex auf dem ersten Date. Ich hatte auch schon Sex beim zweiten und in Ausnahmefällen auch beim dritten Date, aber danach wird es immer schwieriger. Der ideale Zeitpunkt für eine Verführung ist nach drei bis zehn Stunden Zweisamkeit. Je länger es darüber hinaus dauert, desto geringer wird die Wahrscheinlichkeit, dass es noch dazu kommt.
Je weiter Du reifst und Deinen Weg gehst, desto leichter wird es Dir fallen, den Zeitraum bis es zum Sex kommt erheblich einzugrenzen. Irgendwann stellt selbst Sex innerhalb der ersten zehn Minuten des Kennenlernens im Club vielleicht kein größeres Problem mehr dar. Ab der Vierten Stufe wird so etwas immer wieder mal passieren, weil Du in Deiner Persönlichkeit als Frauenheld entsprechend gereift bist. Aber dafür musst Du bereit sein, Dein wahres Gesicht zu zeigen. So lange Du versuchst, Dein wahres Gesicht zu verstecken, wird so etwas ausgeschlossen bleiben.
Damit nichts ausgeschlossen bleibt, solltest Du auf Dates das folgende *Mindset* nutzen:

Gestalte die Zeit mit ihr so, als wäre der Sex in zehn Stunden bereits fest zwischen Euch verabredet.

So ähnlich kennst Du dieses *Mindset* bereits aus dem Kapitel zur Zweiten Stufe der Reife. Wenn Du es beherzigst, wirst Du alles richtig machen.

Dates mit Frauen aus Deinem Bekannten- und Freundeskreis

Dates mit Frauen aus Deinem Bekannten- und Freundeskreis sind aus vielen Gründen besonders einfach zu akquirieren. In der Natur der Sache liegt, dass Du eine Menge Gelegenheiten hast, um anzubandeln. Außerdem steigt Sympathie automatisch mit der Anzahl persönlicher Kontakte — auch dieser Effekt spielt Dir in die Hände. Dein Standing ist von vornherein gut, Du gehörst schließlich zur Ingroup und bist ein Freund von Freunden. Frauen suchen außerdem sehr gerne in ihren Bekanntenkreisen nach männlichem Material, das sich für feste Beziehungen eignet.
Der Nachteil an Dates mit Frauen aus Deinem Bekannten- und Freundeskreis: Wenn etwas schiefgeht, der eine etwas will was der andere nicht will oder eine so entstandene Affäre oder gar Beziehung aus anderen Gründen endet, kann das schnell böses Blut geben. Die Konsequenzen können verheerend sein — bis hin zu zerstörten Freundschaften, auseinanderbrechenden Cliquen und anderen schlimmen Folgen. In dieser Hinsicht stehen Verhältnisse mit Frauen aus dem Freundes- oder Bekanntenkreis denen mit Arbeitskolleginnen fast in nichts nach. Und bei Letzteren sollte man wirklich den Ratschlag befolgen, seinen Füller niemals in Firmentinte zu tauchen!

Unterhaltungen auf Dates

Beginnen wir diesen Abschnitt mit einer kleinen Wiederholung der Methoden, Systeme und Strategien, die Dir im Kapitel zur Zweiten Stufe der Reife präsentiert wurden. Was für das Kennenlernen von Frauen gilt, ist bei einem Date und bei jedem anderen Gespräch mit attraktiven Frauen mindestens genauso wichtig ...
Generell solltest Du immer mehr Aussagen treffen als Fragen stellen — auch und gerade wenn es um Dinge geht, die die Frau betreffen. Im Kreise Deiner Freunde und Deiner Familie triffst Du doch auch eher Aussagen, oder? Dann tu es auch auf Verabredungen. Ständig Fragen zu stellen kommt nämlich sehr unsicher rüber und endet in fürchterlichen Interviews. Fragen sind nur am Anfang eines Gesprächsfadens angebracht, da-

nach sollte die Unterhaltung ohne auskommen können — zumindest was Fragen von Deiner Seite angeht. Wie bereits erwähnt, solltest Du immer spontan und niemals hundertprozentig berechenbar sein. So vermeidest Du, die Dame zu langweilen. Deshalb darfst Du auch ruhig ins Blaue raten — umso lustiger, wenn Du mal total falsch liegst. Oder Du wendest das bereits in aller Ausführlichkeit besprochene *Cold Reading* an, um schnell eine gemeinsame Basis zu erzeugen. Bei Bedarf bitte zum Abschnitt über Vertrauen zurückblättern.

Ob Du ein guter Gesprächspartner bist, hängt nicht nur von den Dingen ab, die Du sagst. Gerade bei Unterhaltungen mit Frauen ist es wichtig, gut zuhören zu können. Übe das Zuhören — ganz bewusst. Achte darauf, bei jedem Date ausreichend zuzuhören. Frauen reden gerne und sie mögen es, wenn man ihnen zuhört. Also lass sie reden und hör gut zu, unterbrich sie nur selten.

Meta-Frames

Es gibt eine Vielzahl von Kommunikationsmethoden, die eine außerordentlich starke Wirkung auf andere Menschen haben. Auch wir bedienen uns solcher Methoden — erfunden haben wir sie allerdings nicht, sondern die Frauen! Frauen sind die wahren Meisterinnen der Kommunikation, der Beeinflussung und der Manipulation, weshalb es nur fair ist, wenn ich Dir jetzt diese Tricks zeige. Sie benutzen diese Techniken allerdings meist unbewusst, während ich Sie Dir nun auf ganz bewusstem Level beibringen werde. Dadurch wirst Du auch in Zukunft verhindern können, von ihnen manipuliert zu werden.

Wenn eine Frau diese Mittel einsetzt, um Dein Interesse zu wecken oder Dich bei der Stange zu halten, kann man das meist noch positive Manipulation nennen. Setzt sie sie allerdings ein, um Dich nur in ihrem Orbit schwirren zu lassen oder gar auszunutzen, liegt negative Manipulation vor. Damit Dir so etwas nicht oder nicht mehr passiert, habe ich diese Abschnitte geschrieben.

Frauen machen das hauptsächlich, um ihre Ziele zu erreichen und starke von schwachen Männern zu unterscheiden. Nur schwache Männer las sen sich von diesen Spielchen einwickeln und zu *Orbitern* degradieren, der starke Mann nicht. Er erkennt ihre Manipulation und leitet entsprechende Gegenmaßnahmen ein.

Setze die folgenden Techniken immer nur zum Vorteil für Euch beide ein. In den falschen Händen könnten sie großen Schaden anrichten. Ich hoffe inständig, dass Deine die richtigen sind!

Das Wort Frame kennst Du bereits aus dem Kapitel zur Zweiten Stufe der Reife — ein Bezugsrahmen im Sinne einer bestimmten Deutung der Realität. *Meta-Frames* sind eine sehr effektive Methode um Dein Gegenüber in einen Handlungsrahmen zu setzen, der Deinen Zielen entspricht. Im Klartext bedeutet das, dass Du durch den übergeordneten Sinn einer Aussage bestimmtes Verhalten der Frau auslöst, ohne dass sie sich überhaupt im Klaren darüber ist. Wir sprechen hier also von klassischer Manipulation. Der über allem stehende Handlungsrahmen — deshalb das Wort Meta — zwischen der Frau und Dir bringt sie dazu, Dinge zu tun, die Du willst.

Frauen setzen solche *Meta-Frames* sehr gerne, wenn es darum geht, ihren Wert zu erhöhen und einen Mann auf Stärke zu testen. Wie gesagt, Frauen tun so etwas meist unbewusst. Der häufigste *Meta-Frame*, den eine Frau setzt, ist der, dass sie der Preis ist. Das bringt einen Mann, der nicht weiß, wie er aus diesem Frame ausbrechen kann, in eine sehr ungünstige Situation. Sobald diese Deutung der Wirklichkeit von beiden akzeptiert ist, wird sie tatsächlich Realität — die Frau ist dann faktisch mehr wert als der Mann. Sehr ungünstig, denn wir wollen ja, dass sich die Frau eher um uns bemüht als umgekehrt. Dazu kommt, dass eine Frau nur selten mit jemandem Sex hat, der in ihren Augen weniger wert ist als sie. Mit ihren Frames und Tests trifft die Frau eine Auslese. Sie sortiert die Schwachen aus und findet heraus, wer stark und wertvoll genug ist, um mit ihr Sex zu haben. Also darf so ein Frame niemals akzeptiert werden!

Männer, die diese Frames gekonnt *re-framen*, also durchbrechen und nach Belieben neu setzen, qualifizieren sich als stark und wertvoll. Du musst also unbedingt lernen, mit diesen Gesprächssituationen richtig umgehen zu können. Bei diesem oben geschilderten Versuch, den Frame namens „ich bin der Preis" zu setzen, musst Du also unbedingt gegensteuern.

Zum Beispiel dadurch, dass Du ein Witzchen darüber machst und sie damit aufziehst oder indem Du mit den Schultern zuckst und sie ein bisschen auslachst. Danach solltest Du eine freche Bemerkung auf Lager haben, der ihren Frame endgültig zerplatzen lässt wie eine Seifenblase. Das kann ein „och, du bist aber süß" sein oder auch einfach nur ein ironisches „aber natürlich, Prinzessin".

Ein Meta Frame ist also eine kommunikative Ebene, die in der Interaktion zwischen Mann und Frau eine übergeordnete Rolle spielt. Dieser Frame wird meist nicht direkt ausgesprochen, sondern schwingt im Subtext der Unterhaltung mit, er ist mehr zwischen den Zeilen zu lesen. Du musst also zunächst verstehen, wie Du eine solche übergeordnete Instanz in der Kommunikation erkennst. Ein Beispiel:

Eine Frau sagt zu einem Mann, der sie nach dem ersten Date noch zu sich nach Hause eingeladen hat, dass sie nicht mitkommen möchte, weil sie ja wüsste, was er vorhätte und es keinen Sex gäbe. Für den Mann, der keine Ahnung hat, dass die Frau gerade einfach nur den Meta-Frame namens „ich bin der Preis" gesetzt hat, ist jetzt fast schon Endstation. Er kann ihn nicht *re-framen* und hat keine andere Chance, als ihn zu akzeptieren. Damit ist er in einer Sackgasse, er ist plötzlich weniger wert als sie und ist zusätzlich noch als notgeiler Bock abgestempelt, der nicht zum Zuge kommen wird. Würde er nun physische Dominanz an den Tag legen und sich so seine Männlichkeit zurückholen wollen, könnte das klappen — oder aber auch in Ohrfeigen enden. Sehr riskant, außerdem geht es viel eleganter: Er muss einfach nur einen cleveren *Re-Frame* setzen, der den alten Frame auflöst und der Frau signalisiert, dass er stark genug ist, um Verantwortung für das weitere Geschehen zu übernehmen. Er könnte sagen:

„Du hast vollkommen recht, du darfst natürlich nur mit zu mir, wenn du dich auch benimmst."

Oder:

„Du bist gut, wir kennen uns erst seit paar Stunden und du denkst schon an Sex."

Oder:

„Kein Ding, so weit waren wir doch auch noch gar nicht — ich habe nie Sex beim ersten Date. Mach dir bitte keine Sorgen."

Wenn man danach mit einem Lächeln das Thema wechselt, ist es meist kein Problem, sie doch mit nach Hause zu nehmen und die Eskalation dort trotz allem Gesagten weiter voran zu treiben.

Trainiere Deine Fähigkeiten, Meta-Ebenen in der Kommunikation zu erkennen. Stelle Dir bei jedem Satz Deines Gegenübers die Frage, was die Meta-Aussage dahinter ist und welcher Frame möglicherweise damit installiert werden soll. Die Schwierigkeit liegt nun darin, gleichzeitig locker und entspannt zu bleiben und nicht hinter jedem Satz einen negativ-manipulierenden Angriff zu vermuten. Übrigens: Hinter fast jeder Aussage in einer Unterhaltung steckt ein *Meta-Frame*, die meisten davon sind allerdings vollkommen harmlos und können einfach ignoriert werden.

Im Umgang mit schönen Frauen solltest Du immer den bereits hinlänglich beschriebenen Bezugsrahmen setzen, dass Du der Preis bist — auch und gerade dann, wenn eine Frau keinen eigenen *Meta-Frame* setzt! Natürlich immer mit einem spitzbübischen Lächeln um die Lippen.

Kommen wir zu einer weiteren Gesprächstechnik für Fortgeschrittene.

Nested Loops und Open Loops

Nested Loops und *Open Loops* werden in der Neurolinguistischen Programmierung verwendet und sind bereits seit dem Altertum bekannt. Schon die Hebräer benutzten sie in ihren Geschichten.

Mit *Nested Loops*, verschachtelten Schleifen, kann man dem Zuhörer durch verschachtelte Geschichten zielführende Suggestionen kommunizieren und ihn in besondere Zustände versetzen, zum Beispiel sexuelle Erregung. Mehrere Storys werden ineinander verflochten und beeinflussen so das Unbewusste des Publikums.

Auch hier gilt ausdrücklich: Verwende diese äußerst wirksamen Werkzeuge der Beeinflussung ausschließlich zum Wohle Deiner Mitmenschen!

Nested Loops haben den Charme, dass die Zuhörerin den interessanten bis merkwürdigen Geschichten aufmerksam lauscht während auf einer separaten Ebene ihr Unbewusstes direkt angesprochen wird.

Nach dem Beenden einer Geschichte erwartet die Zuhörerin, dass die anderen Geschichten nach gleichem Muster geschlossen werden. Die Botschaft wirkt in ihrem Unbewussten.

Das folgende Beispiel für *Nested Loops* ist aus der Feder von Ross Jeffries. Der Einfachheit halber sind die Suggestionen kursiv gesetzt, damit Du diese Bestandteile der Geschichte leichter erkennen kannst. Richtig vorgetragen kann diese Geschichte erstaunliche Resultate bringen:

„Eine Freundin hat mir neulich einen coolen Witz erzählt, den muss ich dir unbedingt erzählen.
Also: Ein Typ ist totaler Paris-Hilton-Fan. Eines Tages bekommt er mit, dass Paris sich auf einer exklusiven Yacht eingemietet hat. Es gibt an Bord nur zwei Kabinen und die zweite ist für diesen Trip noch nicht vermietet. Sie kostet schlappe 300.000 Euro. Also verkauft der Typ sein Haus, sein Auto, nimmt seine Ersparnisse und mietet sich für 300.000 Euro auf dieser Yacht ein. *Hast du jemals eine Sache (zeige dabei auf Dich selbst) wirklich gewollt? Du bekommst immer mehr Lust darauf und denkst daran, wie gut es sein wird, diese Sache am Ende tatsächlich zu bekommen. Je mehr du daran denkst (zeige dabei auf Dich selbst), desto mehr willst du es. Und je mehr du es willst, desto mehr denkst du daran. Du fängst an, die Welt aus anderen Augen zu sehen, als ob es eine andere Seite an dir gäbe.* Sie sind auf dem Schiff. Es wird von einem Sturm gegen einen Felsen geschleudert. Das Schiff sinkt. Die Besatzung stirbt, er wird an den Strand gespült. Und wer wird noch an den Strand gespült? Richtig, Paris Hilton. Sie ist noch halb unter Wasser, er reißt ihr Oberteil auf, drückt mit seinen Händen auf ihre Brust und beatmet sie Mund zu Mund. Sie fängt wieder an zu atmen, spuckt das verschluckte Wasser aus und überlebt.
Dann sagt sie: „Oh mein Gott, du hast mir das Leben gerettet! *Jetzt sind wir hier gemeinsam auf dieser einsamen Insel, auf der außer uns niemand ist. Es gibt keinen einzigen Grund, warum wir nicht alle Hemmungen fallen lassen können — niemand wird je mitbekommen, was hier zwischen uns passiert. Wir können machen was wir wollen — sogar Dinge, von denen wir nie wussten, dass wir sie gerne ausprobieren möchten. Ich werde alles für dich machen. Du bist mein Gebieter. Was willst du?"*

Der Typ schaut sie an und sagt: *„Kann ich ehrlich zu dir sein?"*
Sie darauf: „Du bist mein Gebieter, du kannst mir alles sagen".
Dann sagt er: *„Ich habe in meinem ganzen Leben niemanden so ficken wollen wie dich. Ich will dich so ficken, als ob du die letzte Frau auf der Erde bist und ich der letzte Mann. Die ganze Vögelei, die wir schon immer machen wollten, wird jetzt passieren."* Sie sagt: „Alles was du willst, Gebieter".
In den nächsten sechs Wochen vögeln sie sich förmlich das Hirn raus. *Du glaubst mir nicht? Ficke mit jemanden (zeige dabei auf Dich selbst), als ob es der letzte Fick sein wird, den du jemals in Deinem Leben bekommst.* Sechs Wochen lang fickt sie ihn wie eine Wahnsinnige. Sie macht alles für ihn. Sie sucht die Insel nach Kokosnüssen ab, was sie offensichtlich bei ihrer Show „The Simple Life" gelernt hat. Sie angelt für ihn und bringt ihm frische Früchte. Nach sechs Wochen schaut sie ihn eines Tages fragend an:
„Gebieter, was ist los? Wie kann ich dich glücklich machen?"
Er antwortet: „Paris, hast du noch dein Make-up?"
„Aber natürlich, Gebieter."
Er: „Ich will dir damit einen Vollbart malen."
„Aber natürlich, mein Gebieter, dein Wunsch sei mir Befehl."
Darauf er: „Paris, siehst du da drüben mein Jackett und meine Krawatte, die wir aus dem Schiffswrack bergen konnten? Ich möchte, dass du das anziehst."
„Aber natürlich, Gebieter. Alles, was du willst."
„Paris, ich möchte, dass du einen Spaziergang am Strand machst. Gehe einfach dort entlang."
Und genau das tut sie. Nach einer Weile rennt er ihr hinterher, klopft ihr auf die Schulter, zieht am Jackett und ruft:
„Hey Buddy, du glaubst nie, wen ich gefickt habe!"

Wenn die Pointe am Ende gut getimet ist, wird sie sich kringeln, versprochen. Aber das ist nicht alles. Wenn Deine Fähigkeiten als Geschichtenerzähler gut sind, wird die Suggestion in der Story ihre Wirkung nicht verfehlen und bei ihr für Erregung sorgen. Und wenn Du kein guter Geschichtenerzähler bist, dann benutze diese Geschichte zur ergebnisunabhängigen Erweiterung Deiner Komfortzone. Um sie einer Frau zu erzählen, braucht man nämlich Mut! Diese lustige Geschichte transportiert eine sexuelle Message, die Du ohne die Story nicht so einfach an die Frau bringen könntest. Wenn diese Geschichte mit Leidenschaft und Authentizität erzählt wird, wirst Du ihre Augen glitzern sehen. Teile der Suggestion sollten Dir übrigens bekannt vorkommen, ich habe sie bereits im Abschnitt zur Vertrauensbildung auf der Zweiten Stufe der Reife vorgestellt. Lass Deiner Kreativität freien Lauf und erfinde neue, eigene Geschichten. Sie können Dates mit Dir zu einem einmaligen Erlebnis machen.

Open Loops sind eine weitere effektive Kommunikationsmethode, die auch und gerade von Frauen gerne und häufig eingesetzt werden. Am besten sind diese offenen Schleifen anhand eines Beispiels zu erklären.

Wenn Du eine Frau freudig erregt anrufst und ihr sagst, dass Du etwas Tolles erlebt hast, es ihr aber erst erzählen kannst, wenn Ihr Euch persönlich seht, dann ist das ein klassischer *Open Loop*.

Was wird dann passieren? Richtig, sie wird sehr neugierig werden und Deine Erregung wird sich auf sie übertragen. Wenn Du sie dann siehst, solltest Du allerdings wirklich etwas zu erzählen haben.

Du solltest auch mit dieser Technik nicht übertreiben, aber *Open Loops* kannst Du in einem Gespräch reihenweise setzen. Wenn Du von Geschichte zu Geschichte springst und einige nicht beendest, setzt Du *Open Loops* und hältst die Spannung hoch. Wenn das Gespräch dann schneller zu Ende geht als gedacht, wird die Frau danach auch deshalb auf magische Weise das Gefühl haben, Dich wiedersehen zu wollen. Ihr Unbewusstes versucht nämlich die offenen Enden der Geschichten zu schließen und verlangt nach Informationen.

Die Macht von *Open Loops* zu verstehen bringt Dir viel. Du kannst sie nun bewusst und gezielt einsetzen, um Gefühle in einer Frau zu erzeugen. Fast genauso wichtig ist aber, dass Du nun gegen Manipulationsversuche durch *Open Loops* gewappnet bist. Du wirst sie erkennen und ihre Wirkung auf Dich kalkulieren können.

Um ein spannender Gesprächspartner zu sein sind *Open Loops* jedenfalls eine sehr gute Wahl. Richtig angewendet bindest Du damit die Aufmerksamkeit der Frau und ziehst sie in Deine Welt.

Die Beziehung der Frau zum Vater

Wir alle sind Produkte unserer Eltern und deren Erziehung. Auch die Beziehung zwischen Vater und Tochter beziehungsweise zwischen Mutter und Sohn ist immer ein Parameter für die zukünftigen Beziehungen. Extrem wichtig für Frauen ist das Verhältnis zu ihrem Vater, der berühmt-berüchtigte Vater-Komplex lässt grüßen. Diese Beziehung ist maßgeblich für ihr Verhältnis zu Männern. Deshalb ist es durchaus gut zu wissen, wie eine Frau zu ihrem Vater steht — allein schon um die Frau gut einschätzen zu können. Die Gretchenfragen lauten deshalb: Wie ist Daddy so, wie gut versteht sie sich mit ihm und wie stark ist ihre Verbindung?

Die folgenden Aussagen sind Tendenzaussagen — sie spiegeln hauptsächlich Erfahrungswerte wider. Du solltest diese Erkenntnisse nie benutzen, um Frauen zu schaden oder von Dir abhängig zu machen. Denke daran, neben Deinem immer auch das Wohl Deiner Mitmenschen im Auge zu behalten.

Wenn ihr Vater ein Familienvater und Ernährer wie aus dem Bilderbuch ist, wird sie solche Qualitäten auch bei potenziellen Geschlechtspartnern suchen. Bei diesen Frauen kommt es besonders gut an, großzügig zu sein und ihr materiell etwas bieten zu können. Wenn ihre Verbindung stark ist, sucht sie nach starken Männern und starker Führung. Wenn ihr Vater ein saufender Wüstling ist, wird sie mit hoher Wahrscheinlichkeit auf Bad Boys stehen. Sie wird dann immer wieder Beziehungen führen, die ihr nicht gut tun. Und wenn ihr Vater sie schlecht behandelt hat, sie ihn aber trotzdem vergöttert, kommst Du bei ihr nur dann weit, wenn Du sehr dominant auftrittst. Ungefähr so, wie ihr Vater das immer getan hat. Wenn Du sie willst, bist Du genau genommen sogar gezwungen dazu, denn sonst wirst Du nie wirklich an sie herankommen. Bei Vätern, die abgehauen oder tot oder ständig nur auf Geschäftsreise sind oder ihre Töchter einfach nie beachtet haben, stehen diese nicht selten auf ältere Männer und sind außerdem sexuell sehr aktiv. Dafür steht der eingangs erwähnte Begriff Vater-Komplex.

Fazit: Sich am Wesen des Vaters und der Beziehung der Frau zu ihm zu orientieren, mag auf den ersten Blick manipulativ erscheinen, ist aber pragmatisch und zielführend. Wenn Du es nicht gegen die Frau verwendest, ist dieses Verhalten auch nicht schädlich. Fakt ist nun mal, dass Frauen tendenziell immer nach kleinen Ebenbildern ihrer Väter suchen — es sei denn sie haben komplett mit ihrem Erzeuger gebrochen, dann kann sogar das genaue Gegenteil der Fall sein. Und genau das gilt es herauszufinden. Ebenfalls herauszufinden gilt es, ob die Frau beispielsweise durch eine problematische Beziehung zu ihren Eltern Probleme mit sich selbst hat. Von Frauen mit ernsthaften psychischen Problemen solltest Du Dich konsequent fernhalten. Dein Anspruch sollte es sein, eine psychisch möglichst gesunde Frau an Deiner Seite zu haben. Abgesehen davon, dass diese Einstellung einen hohen Selbstwert ausdrückt: Nur gesunde Frauen, die sich selbst mögen, können gute Partnerinnen sein!

Methoden für besonders attraktive Frauen

In der *Seduction Community* werden manchmal unterschiedliche Konzepte präsentiert, je nachdem, ob man es mit einer überdurchschnittlich oder nur durchschnittlich attraktiven Frau zu tun hat. Im Prinzip ist das unnötig.
Es gibt kaum Unterschiede, wie man eine besonders gut aussehende Frau im Gegensatz zu einer eher durchschnittlich aussehenden Frau behandeln sollte. Allerdings: Je besser eine Frau aussieht, desto weniger sollte man dies zum Thema machen. Sie hat es oft genug gehört. Sie sollte man eher für ihre Cleverness oder ihren guten Geschmack loben. Der weniger gut aussehenden Frau kann man hingegen schon eher Komplimente auf ihre Optik machen. Umgekehrt sollte man bei diesen Frauen mit Neckereien, die das Aussehen betreffen, sehr vorsichtig sein. Allerdings können solche Witzchen auch bei der schönsten Frau nach hinten losgehen, weil äußerliche Attraktivität nicht unbedingt Selbstsicherheit mit sich bringt. Manchmal verhält es sich sogar genau umgekehrt. Nur wirklich selbstsichere Frauen vertragen Humor, der auf Kosten ihrer Optik geht. Der Grund dafür ist klar: Die Optik ist für Frauen eines der maßgeblichsten Kriterien ihrer Weiblichkeit und ihres Selbstwertes. Frauen werden von der Gesellschaft schließlich oft genug darauf reduziert.

Trotzdem solltest Du Frauen nicht nur nach ihren visuellen Qualitäten beurteilen. Beispielsweise ist hohes Selbstwertgefühl der Frau ähnlich wichtig, wenn es darum geht, die passende Partnerin für eine Beziehung zu finden. Deshalb solltest Du Attraktivitätsskalen, wie sie Teile der *Seduction Community* verwenden, eher belächeln. Sie sind bestenfalls irrelevant. Wenn Dein Erfolg beim anderen Geschlecht größer wird, wirst Du erkennen, dass Schönheit nicht alles ist. Spätestens wenn Du mal unterdurchschnittlichen Sex mit einer überdurchschnittlich hübschen Frau hattest, wird Dir das klar sein. Und glaub mir, das wird passieren! Ob eine Frau wirklich begehrenswert ist, solltest du am besten immer erst entscheiden, wenn Du bereits mit ihr im Bett warst. Unerfahrene Männer erheben äußerlich attraktive weibliche Wesen zu Göttinnen und zerfließen schnell vor Verehrung. Sie stellen die Person damit auf ein Podest, wo sie nicht hingehört. Keine Frau der Welt gehört auf ein Podest, kein Mensch gehört dorthin. Manche Männer verlieben sich, ohne je ein Wort mit der Angebeteten gewechselt zu haben. Begehe solche Fehler bitte nicht. Hübsche Frauen zu begehren ist völlig in Ordnung, ihnen Sonderrechte einzuräumen und sie auf Händen zu tragen ist falsch und kontraproduktiv — vor allem wenn Du noch keinen Sex mit ihnen hattest. Kontraproduktiv ist dieses Verhalten, weil es die Wahrscheinlichkeit nicht erhöht, bei diesen besonders attraktiven Geschöpfen zu landen. Im Gegenteil. Du machst es Dir nur schwerer damit. Wenn Du eine solche Frau nur wegen ihrer Schönheit besonders behandelst ohne dass sie Dich besonders behandelt zeigst Du damit Schwäche und geringes Selbstwertgefühl und wirst kaum Erfolg bei ihr haben.

Natürlich sind viele der attraktivsten Frauen auf diesem Planeten noch ziemlich jung. Wenn Du aber jetzt keine 20 und vielleicht auch keine 30 mehr sein solltest, aber eben auf diese Frauen stehst, entscheidet der Umgang mit Deinem Alter zu einem nicht unerheblichen Teil darüber, ob Du bei diesen Frauen Erfolg hast oder nicht. Die Gesellschaft betrachtet solche Bemühungen zwar meist recht argwöhnisch, was Dich aber nicht interessieren sollte.

Das Problem ist, dass Frauen durch solche Regeln geprägt sind. Obwohl sich viele von ihnen zu erfahrenen Männern hingezogen fühlen, trauen sie sich oft nicht, dazu zu stehen. Um hier beim ersten Kennenlernen nicht schon die Pferde scheu zu machen und sich Chancen zu verbauen, solltest Du clever vorgehen.

Wenn eine Frau Dich nach Deinem Alter fragt, kannst Du es Dir schwer oder leicht machen — Deine Entscheidung. Schwer machst Du es Dir eher, wenn Du ihr brav und ohne Umschweife Dein wahres Alter verrätst. Kann funktionieren, ist aber unsicher. Fühlt sich vielleicht ehrlich an, aber ebenso ehrlich wirst Du damit einen Großteil dieser Art Frauen von vornherein aussortieren. Sicherer und einfacher ist folgende Variante: Du forderst sie auf zu schätzen, lächelst, lobst sie für ihre gute Schätzung — die ungefähr auf das von ihr gerade noch tolerierte Höchstalter bei Männern hinauslaufen wird — und wechselst elegant das Thema. Das ist alles. Dein wahres Alter beichten kannst Du dann direkt nach dem ersten Sex, in diesem Zustand wird die Beichte für sie nur noch halb so wild sein. Schließlich hast Du ja nicht einmal wirklich gelogen …

Diese sehr attraktiven und sehr jungen Frauen testen übrigens gerne. Darauf solltest Du vorbereitet sein. Auf Aussagen wie „vom Alter her passen wir doch überhaupt nicht zusammen" kannst Du Folgendes entgegnen: „Wenn du so was sagst, bekomm ich noch das Gefühl, dass du mich nicht handlen kannst."

Oder:

„Du hast Recht! Du bist mir eigentlich wirklich schon zu alt. Aber vielleicht mach ich bei dir eine Ausnahme."

Umso höher Deine Stufe der Reife, umso weniger wirst Du derartige Probleme haben. Und mit diesen Hinweisen wird es Dir durchaus möglich sein, Erfolg bei deutlich jüngeren und attraktiven Frauen zu haben.

Umgang mit Absagen

Mehr als zwei oder höchstens drei Absagen von Dates solltest Du bei keiner Frau tolerieren, egal wie attraktiv sie auch sein mag. Spätestens nach dem dritten Mal sollte sie in Deinen Planungen keine Rolle mehr spielen. Jeder weitere Versuch von Deiner Seite, sich zu verabreden, wäre bedürftiges Verhalten. Außerdem gilt: Hinterhertelefonieren ist niemals eine Option! Allerdings solltest Du Absagen nie persönlich nehmen und einfach an Dir abtropfen lassen. Es darf keine *Knappheitsmentalität* geben, es gibt genug andere Frauen. Mach der Frau keine Vorwürfe und befasse Dich emotional möglichst wenig mit ihrer Aktion. Du solltest gar nicht erst in den Diagnosemodus verfallen und wilde Schlussfolgerungen ziehen, die rein spekulativ sind. Mach es Dir ganz einfach: Gib ihr noch maximal zwei weitere Chancen für ein Treffen. Wenn sie diese nutzt — prima, wenn nicht — mehr Zeit für andere Frauen, die wissen was sie wollen.

Gerade junge Frauen lassen oft Dates einfach so platzen. Auch deshalb darfst Du Absagen nie persönlich nehmen. Sie sind noch unerfahren und teilweise auch ängstlich. Nimm ihnen ihre Angst, indem Du aus dem Date keine große Sache machst und Dich auch von Absagen nicht beeindrucken lässt. Nach spätestens drei geplatzten Verabredungen ist natürlich trotzdem Ende.

Wenn Dir jemand absagt, solltest Du immer sofort ein Alternativdate ausmachen und die Zeit mit einer anderen attraktiven Frau verbringen. Die Dame, die Dir abgesagt hat, darf übrigens ruhig mehr oder weniger durch die Blume erfahren, dass Du nicht allein daheim herumgesessen bist. Wenn das Leben Dir eine Zitrone bringt, dann frag immer nach Salz und Tequila — denke positiv, eine Absage hat eine Menge Vorteile. Vielleicht lernst Du in genau dieser Zeit eine für Dich noch attraktivere Frau näher kennen.

Auch Doppelbelegungen können hilfreich sein, vor allem wenn Du es mit Frauen zu tun hast, bei denen unter Umständen noch nicht genug Wert und Anziehung aufgebaut wurde, so dass eine Absage im Bereich des Möglichen ist. Oder wenn Du es mit Frauen zu tun hast, die sprunghaft und unzuverlässig sind — was Du Dir nicht lange bieten lassen solltest. Zwei Dates für den gleichen Zeitpunkt aber in unterschiedlichen Locations zu verabreden hat den Charme, dass eins sehr sicher zustande kommt.

Du kannst in Ruhe abwarten ob eine von beiden absagt. Und wenn das nicht passiert, musst *Du* eben einer absagen. Die Wahrscheinlichkeit, dass Du den Abend alleine verbringst, ist jedenfalls sehr gering.

Ausgehen mit einem Date

Wenn man mit einem Date tanzen geht, gibt es einige Methoden, um für zusätzliche Anziehung zu sorgen. Wie Du Dich hoffentlich erinnern kannst, wird weiblicher Jagdinstinkt durch Konkurrenz geweckt. Du kannst deshalb mit verschiedenen einfachen Maßnahmen dafür sorgen, dass Deine Begleitung schnell das Gefühl bekommt, sich besonders um Dich bemühen zu müssen. Zum Beispiel, weil Du bei anderen Clubbesucherinnen sehr begehrt zu sein scheinst ...
Nehmen wir das Tanzen mit Deinem Date. Natürlich solltest Du Dich dabei immer auf sie konzentrieren, aber nebenbei kannst Du subtil eine kleine Konkurrenzsituation herbeiführen. Hier geht es nicht darum, trotz weiblicher Begleitung plump mit anderen herumzuflirten — das würde ich nämlich nicht empfehlen. Hier geht es darum, mit einer leichten Drehung des Körpers einen Effekt zu erzielen, der Dir nützen kann. Zu empfehlen ist ein solcher Move dann, wenn Dein ausgesprochen attraktives Date noch nicht allzu viel davon mitbekommen haben sollte, dass Du bei anderen Frauen angesagt bist. Falls das der Fall ist und in unmittelbarer Nähe eine andere Frau tanzt, kannst Du Deinen Körper etwas von Deinem Date abwenden und nur ein kleines bisschen gegenüber dieser fremden Dame öffnen. Nicht vollständig und auch nur kurz, wenn überhaupt wird diese Aktion auch nur ein oder zwei Mal mit einem kleinen Lächeln um die Lippen wiederholt. Das allein kann aber schon genügen, um wieder die volle Aufmerksamkeit Deiner Begleitung zu haben, falls sie vorher nicht mehr hundertprozentig bei der Sache zu sein schien. Dieser Effekt ist dann besonders stark, wenn die andere Dame ebenfalls ihren Körper in Deine Richtung öffnet. Das Schöne an solch kleinen, subtilen Mini-Flirts mit anderen Frauen: Deine Anziehungskraft auf alle anwesenden Frauen wird steigen. Und Du riskierst damit keinen Ärger, weil bei vernünftiger Anwendung der Technik niemand einen Grund haben kann, auf Dich sauer zu sein.
Auch mit Barkeeperinnen darfst Du ein bisschen schäkern, wenn Du auf einem Date bist. Wohlgemerkt: vorsichtig! Eine kleine Konkurrenzsituation zwischen Deinem Date und der Barkeeperin kann vorhandene Anzie-

hung höher schrauben. Plumpes, unkalibriertes Rumgeflirte, obwohl Du in Begleitung bist, kann dagegen Schaden anrichten. Der goldene Mittelweg lässt grüßen. Ach ja: Wer bezahlt? Die Antwort auf diese uralte Frage ist eigentlich ganz einfach: Wenn Du Bock hast, lädst Du sie ein. Wenn nicht dann nicht. Ja, so einfach ist das. Ich persönlich zahle fast immer beim ersten Date, es sei denn sie erhebt Einspruch — dann wird geteilt. Und ja, es gab auch Dates, bei denen ich eingeladen wurde ...
Am Ende eines Abends empfehle ich Dir, nur dann zu bezahlen, wenn sie Dich gut behandelt hat. Du solltest nie die Rechnung übernehmen, damit sie Dich in Zukunft besser behandelt — das funktioniert nicht.
Viele Frauen bezahlen gerne zumindest ihren Teil der Rechnung, wenn sie dem Mann einen hohen Wert zuschreiben und sie ihn mögen. Manchmal bezahlen sie aber auch, wenn sie Mitleid mit dem Mann haben oder ihn so schlimm finden, dass sie ihm nichts schuldig sein wollen. Diese Fälle zu unterscheiden sollte Dir gelingen. Wenn Du in einem Club von einer Frau oder einer ganzen Gruppe von Frauen auf einen Drink eingeladen wirst, kannst Du sicher sein, dass diese Frauen Dir hohen Wert zuschreiben. Je weiter Du auf Deiner Reise als Mann gekommen bist, desto öfter wird Dir so etwas passieren. Es ist ein guter Indikator dafür, dass Deine Außenwirkung bereits beachtlich ist.
Mach bitte nie den Fehler, einer Frau einen Drink zu spendieren, wenn sie Dich dazu auffordert. Das machen fast nur Männer von geringem Wert oder Männer, bei denen Geld keine Rolle spielt. Sie wird Dich jedenfalls kaum attraktiver finden, wenn Du es tust. Eine Frau sollte von Dir nur dann auf einen Drink eingeladen werden, wenn sie sich das verdient hat. Und wann sie sich das verdient hat, entscheidest Du ganz allein.
Eine Einschränkung muss ich an dieser Stelle machen, beim Thema Frauen einladen gibt es nämlich große kulturelle Unterschiede. In Russland beispielsweise ist es mehr als nur üblich, dass der Mann bezahlt. Auf solche Eigenheiten solltest Du unter Umständen Rücksicht nehmen, wenn Du es mit einer Russin zu tun haben solltest. Generell gilt trotzdem, dass Männer von hohem Wert es nie nötig haben, Frauen zu kaufen oder durch Alkohol gefügig zu machen.

Sex — Teil I

Wie wichtig zügige Eskalation ist, weißt Du spätestens seit dem Kapitel zur Anziehung. Außerdem hast Du erfahren, wie wichtig es ist, dass alles möglichst selbstverständlich abläuft. Ein ins Ohr geflüstertes „ich würde zu gerne wissen, wie du schmeckst" oder ein „ich habe Lust auf dich — jetzt!" bewirkt hier Wunder. Rede über Sex, mach sie heiß. Nimm sie einfach entschlossen an die Hand und führe sie Richtung Schlafzimmer oder wohin auch immer.

Das Kapitel zur Anziehung hat außerdem schon vorweggenommen, dass sexuelle Erregung von Frauen häufig narzisstisch geprägt ist: Frauen erregt es, wenn sie von einem Mann begehrt werden. Das heißt unter anderem: in entsprechender Umgebung, also vorzugsweise unter vier Augen, selbstbewusst Begierde zeigen. Die Begierde einer Frau ist begehrt zu werden! Strategien Marke *Push & Pull* hast Du ebenfalls bereits kennen gelernt. Diese lassen sich auch sexuell umsetzen. Die Frau nach einem wilden Kuss leicht theatralisch wegzustoßen und die Sache auf diese Weise zu unterbrechen wäre ein Beispiel dafür. So sorgst Du für Spannung.

So zu tun, als ob man mit sich selbst kämpft, um die Frau nicht zu küssen, ist eine weitere Möglichkeit. Eigentlich nicht mehr als eine Spielerei, aber so wird zusätzliche Spannung erzeugt und mit sexueller Begierde gespielt. Diese körperliche Variante von *Push & Pull* ist auch für das Nachtleben gut geeignet, Du kannst sie vor allem nach dem ersten Kuss anwenden und dazu benutzen, die Betonung darauf zu legen, dass Du eine Herausforderung bist und bleibst. Beiß Dir auf die Lippen, sieh ihr voller Verlangen in die Augen, um sie dann vorerst doch nicht ein weiteres Mal zu küssen. Mach es spannend, indem Du spannend bleibst. Komme ihr mit Deinen Lippen sehr nah und warte ob sie Dich küsst. Wenn nicht entferne Dich einfach wieder. Das alles muss mit einem leidenschaftlichen und wilden Ausdruck passieren, so als würden nun unglaubliche Dinge passieren, wenn ihr jetzt allein wärt. Und wenn ihr es kurz darauf seid, gibst Du Deinem Trieb nach und versuchst nicht mehr, sie nicht zu küssen …

Übrigens darfst Du im Bett ruhig jede Menge Komplimente verteilen, gerne auch auf äußerliche Dinge. Frauen sind gerade mit einem neuen Partner am Anfang oft sehr unsicher, Komplimente können ihnen Sicherheit geben.

Mach Dir immer wieder klar, dass Frauen Sex lieben. Ja, nicht weniger als Männer! Das Problem ist nur, dass Frauen sich aus gesellschaftlichen oder erziehungsbedingten Gründen häufig schlecht fühlen, wenn sie sich erlauben, ihre Sexualität frei auszuleben. Deshalb ist es Deine Aufgabe, ihnen das Gefühl zu geben, dass sie sich dafür nicht schlecht fühlen müssen. Dann ist es möglich, dass sie Dir alles geben, was Du Dir immer gewünscht hast.

Der erste Sex bedeutet einen Wendepunkt im Denken der Frau und in Eurem Verhältnis. Bis zu diesem Punkt investieren Frauen meist weniger als Männer, danach ist es eher umgekehrt. Schließlich ist Sex für Frauen deutlich riskanter als für Männer, sie können schwanger werden und sich leichter Krankheiten einfangen. Wenn sie schon so weit gegangen sind bei all den Gefahren, die ihnen von Sex mit relativ fremden Männern drohen, sind sie meist auch bereit, noch viel mehr zu investieren.

Wenn Du Sex bei einem Date willst, solltest Du ihr rechtzeitig und ausreichend Entschuldigungen für ihr eigenes Verhalten liefern. Die meisten Frauen müssen scheinbar rational vor sich selbst begründen können, warum sie beispielsweise einen Mann mit nach Hause nehmen oder mit ihm gehen. Entweder durch den Kaffee-Klassiker, die ebenfalls bewährte DVD, gemeinsames Kochen, Videospiele, die Dachterrasse mit Skyline-Blick — völlig egal, es muss nur einigermaßen logisch erscheinen.

Eine bewährte Strategie ist, den Spieß umzudrehen und zu sagen, was sonst eher Frauen sagen würden. Wenn Du sie zu Dir einlädst, lässt Du zum Beispiel ganz beiläufig mit einem schelmischen Lächeln einen Satz wie diesen hier fallen:

„Aber es gibt keinen Sex."

Andere Variante:

„Wenn Du brav bist, kannst Du noch mit zu mir kommen."

Funktioniert, probier es aus!

Wenn Ihr bei Dir angekommen seid, sagst Du einfach gar nichts, schaust ihr in die Augen, drückst sie vorsichtig an die Wand, küsst sie und schiebst Deinen Oberschenkel zwischen ihre Beine. Der Rest geschieht dann wie von selbst.

Ach ja, und für alle Fälle: Wenn beim Sex mal etwas schiefgeht, sagst Du einfach: „Mensch, in den Filmen sieht's doch immer so einfach aus."

Aktionsplan zur ersten Säule des Äußeren Feldes: Methoden, Systeme und Strategien — Dating

- Das Erzählen guter Geschichten kannst Du mit einem Freund trainieren. Lass Dir von ihm einen beliebigen Begriff geben und erzähle eine Geschichte, die Du tatsächlich oder vermeintlich selbst erlebt hast, in der dieser Begriff eine zentrale Rolle spielt. Um die Schwierigkeit zu erhöhen, kann Dein Freund Dir immer wieder neue Begriffe zuwerfen. Wenn Deine Geschichte dann irgendwann ins Absurde abgleitet, ist das kein Problem, wenn sie trotzdem noch interessant und unterhaltsam ist. Nach fünf Minuten ist dann Dein Freund dran.

- Ähnlich lustig und lehrreich: Ketten aus zusammengesetzten Hauptwörtern bilden. Du sagst „Tischbein", Dein Spielpartner sagt „Beinschiene" und Du sagst „Schienenfahrzeug". Solche Spiele verbessern die Assoziationsfähigkeit. Ach ja: Selbst auf einem Date kannst Du solche Spiele spielen!

Ä2: Gesundheit, Fitness und Ernährung — *Ziele erreichen*

„Pain makes me grow. Growing is what I want. Therefore for me, pain is pleasure."
(Arnold Schwarzenegger)

Ziele erreichst Du durch Disziplin. Dafür sind wiederum bestimmte Charaktereigenschaften und Fähigkeiten notwendig, beispielsweise die Fähigkeit zum Belohnungsaufschub. Belohnungsaufschub heißt, die Belohnung für entbehrungsreiches Verhalten erst später ernten zu können. Längere Projekte wie Masseaufbau oder Gewichtsverlust verlangen deshalb ganz selbstverständlich die Fähigkeit zum Belohnungsaufschub.

Durchhaltevermögen entsteht außerdem nur, wenn man an eine Sache wirklich glaubt, diese Sache wirklich will und davon beseelt ist. So entsteht die Motivation, die Du brauchst. Dafür solltest Du Dich in die positiven Gefühle hineinversetzen, die die Erreichung des Ziels mit sich bringen wird. Stelle Dir die richtigen Fragen. Fragen wie zum Beispiel: „Wie werden sich Dinge wie Flirten und Sex wohl mit 20 Kilo Körpergewicht weniger anfühlen?"

Dein Fitnesstraining — Teil II

Wenn Du das Beginner-Training aus dem Kapitel zur Zweiten Stufe der Reife mittlerweile locker meisterst, wird es Zeit für das Advanced-Programm.

Das Aufwärmen besteht wie immer aus Armkreisen, Hüftkreisen, Hampelmann und Skippings. Zehn Minuten sollten genügen. Die Übungen wurden im entsprechenden Abschnitt im Kapitel zur Zweiten Stufe der Reife genauer beschrieben.

Das Advanced-Trainingsprogramm besteht wieder aus drei Runden mit einer Minute Pause zwischen jeder einzelnen Übung. Trainiert wird zwei bis drei Mal die Woche.

1. Kniebeugen.
Ausführung siehe entsprechende Stelle im Kapitel zur Zweiten Stufe der Reife.
Führe 20 Wiederholungen pro Runde durch.

2. Liegestützen mit Knie anziehen.
Startposition:
Deine Fußspitzen sind fest auf den Boden gestellt, Dein Körper ist langgestreckt. Deine Hände sind im schulterweiten Abstand auf Brusthöhe unter dem Oberkörper platziert.

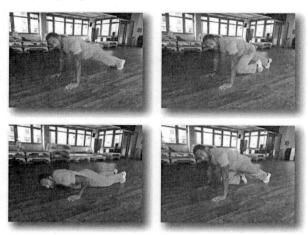

Ausführung:
Führe zunächst eine gewöhnliche Liegestütze aus. Nachdem Du Dich wieder hoch in die Startposition gedrückt hast, ziehst Du jetzt ein Knie unter Deinem Körper so weit wie möglich nach vorne, ohne mit dem Fuß den Boden zu berühren. Danach abermals eine Liegestütze ausführen und dann das andere Knie anziehen.
Führe 16 Wiederholungen pro Runde durch, also acht Mal pro Seite das Knie anziehen.

3. Hampelmann.
Ausführung siehe entsprechende Stelle im Kapitel zur Zweiten Stufe der

Reife.
Führe diese Übung 30 Sekunden lang durch.

4. Pull-ups.
Startposition:
Fasse eine Klimmzugstange im schulterweiten Griff, die Handflächen zeigen zu Dir. Arme ganz lang lassen, lass Dich einfach hängen.

Ausführung:
Bringe deine Schulterblätter zusammen, ziehe Dich mit der Kraft deines Oberarms hoch, so dass Dein Kinn über die Stange kommt. Senke Deinen Körper wieder komplett ab und lass Dich hängen. Halte Deinen Oberkörper bei der gesamten Bewegung aufrecht.
Führe 10 Wiederholungen pro Runde durch.

5. Ausfallschritte.
Startposition:
Schulterbreiter Stand, Füße parallel zueinander.

Ausführung:
Mit einem Bein einen weiten Schritt nach vorne machen, das Gewicht auf die Ferse des aufgesetzten Fußes verlagern. Nun das Bein beugen bis der Oberschenkel parallel zum Boden ist, der hintere Fuß ist nun auf den Zehenspitzen und das Knie des hinteren Beines stoppt bevor es letztendlich den Boden berührt. Danach wieder in die ursprüngliche Startposition zurückdrücken. Diese Bewegung wird mit jedem Bein abwechselnd ausgeführt. Der Oberkörper ist während der kompletten Ausführung des Schrittes auf Spannung zu halten. Schulterblätter zusammen ziehen und Brust rausstrecken. Achte darauf, dass Knie und Fußspitze des aufgesetzten Beines stets in dieselbe Richtung zeigen.
Führe pro Runde 10 Wiederholungen pro Seite durch.

6. Hampelmann.
Ausführung siehe entsprechende Stelle im Kapitel zur Zweiten Stufe der Reife.
Führe diese Übung 30 Sekunden lang durch.

7. Sit-ups.
Startposition:
Lege Dich mit dem Rücken auf den Boden und stelle die Beine etwa fußbreit voneinander entfernt und leicht angewinkelt vor Dir auf. Die Hände sind entweder an der Stirn oder Du streckst die Arme nach hinten aus.

Ausführung:
Zuerst den unteren Rücken nach unten gegen den Boden pressen, um ein Hohlkreuz auszugleichen. Danach den Kopf anheben und dann Wirbel für Wirbel nach oben aufrollen, so dass der Oberkörper senkrecht zum

Boden steht. Während Du Dich nach oben aufrollst bitte nicht die Luft anhalten, sondern gleichmäßig ausatmen. Nun wieder in die Ausgangsposition zurückkehren.
Führe 20 Wiederholungen pro Runde durch.

8. Beine und Arme anheben in Bauchlage.
Startposition:
Lege Dich auf den Bauch, strecke beide Beine hüftweit nach hinten und beide Arme schulterweit nach vorne.

Ausführung:
Hebe Beine und Arme gleichzeitig so hoch wie möglich an. Halte die Spannung im unteren Rückenbereich, während Du auf den Boden schaust. Fußspitzen und Handflächen zeigen auf den Boden. Atme ruhig und gleichmäßig.
Führe 20 Wiederholungen pro Runde durch.

Nach drei Runden durch alle Übungen folgt das Cool Down, das genauso praktiziert werden soll wie im Kapitel zur Zweiten Stufe der Reife beschrieben — also Fahrradfahren, Schwimmen oder lockeres Joggen.

Tipps für echten Masseaufbau

Muskel- und Masseaufbau fällt vielen Männern alles andere als leicht. Vor allem wirklich dünne Männer mit einem *BMI* von deutlich unter 20 müssen viel harte Arbeit investieren, um zu einer männlicheren Figur zu kommen. Genau diese physische Präsenz spielt nämlich eine durchaus gewichtige Rolle bei der Entscheidung über Erfolg oder Misserfolg beim anderen Geschlecht. Grundsätzlich haben es fitte, gesunde und angemessen muskulöse Männer bei der Partnersuche leichter. Ein Mann sollte nicht übergewichtig, aber auch nicht zu dünn sein. Schon deshalb lohnt es sich, in den eigenen Körper mittels Sport und vernünftiger Ernährung zu investieren: Er kann den Erfolg bei Frauen vergrößern!

Liegt Dein *BMI*-Wert im untergewichtigen Bereich, solltest Du Dir bewusst machen, dass Frauen im seltensten Fall schmächtige Männer bevorzugen. Fehlende Masse muss meistens mit anderen positiven Eigenschaften oder Fähigkeiten kompensiert werden, um bei hochklassigen Frauen zu landen. Auf Dauer kann das sehr anstrengend oder sogar unmöglich werden.

Dennoch gibt es mit Sicherheit schlimmere Schicksale, als zu dünn zu sein. Dünne Menschen dürfen nämlich im Gegensatz zu allen anderen essen, was sie wollen. Bei einem *BMI* von unter 20 sollte ein Mann bei jeder Mahlzeit sogar immer so viel essen, wie er kann — und zwar große Mengen von Eiweißquellen wie Fleisch, Quark; Eiern und Milch, hochwertige Kohlehydratlieferanten wie Reis und Kartoffeln und auch hochwertiges Fett, beispielsweise aus Fischgerichten. Generell gilt ganz einfach: Je mehr gegessen wird desto besser! Zunehmen ist ein echter Fulltime-Job.

Außerdem sollte ein dünner Mann ein intelligentes, auf ihn zugeschnittenes Sportprogramm absolvieren. Dieses sollte zum Großteil aus Training mit Gewichten bestehen und deutlich weniger aus Ausdauersportarten. Die Anmeldung im Fitnessstudio ist zu empfehlen und eine möglichst weitreichende Ausrichtung des Lebens auf regelmäßiges Essen, Trainieren und Schlafen. Mit Untergewicht sollte man im Übrigen nicht zu häufig das Fitnessstudio aufsuchen, sondern höchstens zwei bis drei Mal pro Woche. Und: Bitte eher kurz und heftig arbeiten als lang und schnarchig! Stundenlanges Training verbrennt viel Kalorien, Fett und sogar Muskelmasse und bringt deshalb unter dem Strich weniger Massezuwachs als ein schnelles, hartes Programm mit relativ hohen Gewichten und eher wenig Wiederholungen innerhalb eines Satzes.

Allgemein muss der Masseaufbau für einen untergewichtigen Mann oberste Priorität vor allen anderen möglichen Figurzielen haben. Um irgendwann wirklich gut auszusehen, muss er erst richtig zunehmen, um dann in einem zweiten Schritt Fett und Wasser wieder rauszuziehen. Es handelt sich dabei also um ein langfristiges, umfangreiches und ehrgeiziges Projekt!

Wenn Du wirklich Masse zulegen willst, solltest Du darauf achten, so wenig Fitnessgeräte und so viel Hanteltraining und freie Übungen wie möglich ins Training zu integrieren. Fitnessgeräte taugen prinzipiell wenig für den reinen Masseaufbau, nur ehrliche Arbeit mit schweren Hanteln lässt Dich effektiv Gewicht zunehmen. Und trainiert wird grundsätzlich bis zum Muskelversagen! Zwei bis drei Mal die Woche solltest Du intensives Massetraining mit vielen Grundübungen wie Bankdrücken, Klimmzüge und Kreuzheben durchführen. Ungefähr so wie Arnold Schwarzenegger in den Siebziger Jahren trainiert hat. Diese Art zu trainieren ist auch heute noch effektiv.

Sämtliche Übungen sollten spätestens nach einigen Wochen oder Monaten variiert oder komplett ausgetauscht werden, um Gewöhnung des Körpers an bestimmte Übungen zu vermeiden. Erfolgreicher Muskelaufbau gelingt nur durch das ständige Überraschen des eigenen Körpers, um immer wieder möglichst intensiven Muskelkater zu erzeugen. Muskelkater an den trainingsfreien Tagen ist zugegebenermaßen nicht der einzige, aber ein ziemlich wichtiger Indikator für wirkungsvolles Training.

Tipps für ein Sixpack

Ich sage es Dir gleich zu Beginn ganz ehrlich — ein Sixpack ist immer mit Verzicht verbunden. Ein Waschbrettbauch ist nichts anderes als ein Zeichen von großen Bauchmuskeln und vor allem einem sehr geringen Körperfettanteil. Essen was man will ist deshalb nicht drin, wenn man sich ernsthaft dieses Ziel gesetzt hat. Wenn Du also das ein oder andere Kilo zu viel auf den Rippen hast und wirklich ein Sixpack willst, solltest Du Dich an folgende von Kate Moss inspirierte Devise halten: Nichts kann so geil schmecken, wie es sich anfühlt, mit der eigenen Figur zufrieden zu sein. Und das ist die Wahrheit!

Um abzunehmen, solltest Du sehr viel Wasser trinken. Erhöhter Wasserkonsum beschleunigt Deinen Stoffwechsel und bringt Deinen Körper dazu, körpereigene Wasserreserven aufzugeben — die Folge ist Gewichtsverlust. Trinke also mindestens zwei Liter pro Tag, aber gerne auch drei oder mehr.

Außerdem empfehlenswert: So genannte Stoffwechselbeschleuniger. Der Konsum von Kaffee, Schwarztee, Grüntee, Chili, Pfeffer, Knoblauch und Zwiebeln lässt Dich praktisch ohne jede Anstrengung Gewicht verlieren. Alkohol, Süßes, Fettes und Salziges solltest Du generell vermeiden. Achte stattdessen auf einen möglichst hohen Eiweißanteil in Deinem Ernährungsplan: Truthahn, Huhn, Pute, Steaks, Thunfisch, Harzer Käse, Hüttenkäse und Magerquark sind perfekte Nahrungsmittel für diese Zwecke. Und bitte nicht zu viel und ausschließlich hochwertige Kohlenhydrate konsumieren. Aufgrund des geringeren Fettanteils lieber Reis, Pellkartoffeln oder auch Nudeln statt Pommes, Kroketten oder Bratkartoffeln essen. Außerdem ist ein hoher Obst- und vor allem Gemüseanteil in der Nahrung vorteilhaft. Äpfel, Salat und Brokkoli sind gesund und haben kaum Kalorien. Ich empfehle wie bereits erwähnt viele kleinere Mahlzeiten am Tag. Das Volumen der Mahlzeiten und der darin enthaltene Kohlehydratanteil sollten generell gegen Abend abnehmen — auch das hast Du bereits im Kapitel zur Zweiten Stufe der Reife gelernt. Viele kleine Mahlzeiten über den Tag verteilt bringen den Körper dazu, körpereigene Fettreserven aufzugeben. Er fühlt sich dann immer gut versorgt und braucht keine Notrationen für schlechte Zeiten mehr.

Um abzunehmen, ist Sport natürlich extrem wichtig. Du solltest drei Mal die Woche Krafttraining in Kombination mit Ausdauersport betreiben. Auch regelmäßiges Bauchtraining ist wichtig. Welche Übungen Du machst ist viel weniger entscheidend als das Abwechseln zwischen den verschiedenen Übungen und die Regelmäßigkeit des Trainings. Ob Klappmesser, Sit-ups, Crunches oder Radfahren — die Bauchübung ist hier gemeint, in der kein Fahrrad verwendet wird — welche Übung absolviert wird, ist eher zweitrangig. Wichtig ist nur, mindestens zwei bis drei Mal pro Woche hartes Bauchmuskeltraining zu absolvieren.

Achte auf ausreichend Schlaf, denn während man schläft, isst man nichts. Außerdem beeinflusst wenig Schlaf bestimmte Hormone so ungünstig, dass die Weichen zur Entwicklung von Übergewicht gestellt werden. Acht Stunden und mehr im festen Rhythmus sind eine gute Grundlage für Gewichtsreduktion. Eine gerade Haltung wirkt sich positiv aus, ein gerader Rücken führt nämlich zu einer schlankeren Taille. Außerdem verhindert eine gute Körperhaltung, dass der Bauch herausgedrückt wird. Und der Energieverbrauch wird angekurbelt! Die eigene Haltung sollte regelmäßig im Spiegel kontrolliert und gegebenenfalls aktiv korrigiert werden. Eine ständige leichte Spannung in den Bauchmuskeln ist dazu vorteilhaft. Kontrolliere regelmäßig Dein Gewicht, weil Du nur so effektive Zielsetzung betreiben kannst. Führe Tagebuch über Deine Entwicklung, über Dein Training und wenn nötig sogar über Deine Ernährung. Fotografiere Dich in regelmäßigen Abständen aus der gleichen Perspektive, zum Beispiel wöchentlich. Es gilt, Zusammenhänge zwischen Deinem Verhalten und der Reaktion Deines Körpers zu erkennen. Setze Dir realistische und motivierende Gewichtsziele und betreibe bei Zu- und Abnahme Ursachenforschung. So machst Du wertvolle Erfahrungen und lernst, was sich gut und schlecht auswirkt auf die Entwicklung Deiner Körpermasse. Entwickle ein Gefühl für Deinen Körper. Sixpack-Besitzer haben meist nicht nur viel Sport getrieben und große Disziplin beim Essen bewiesen, sondern auch ein gutes Gefühl für ihren Körper entwickelt. Sie kennen ihn gut und haben gelernt, ihn zu steuern und zu formen. Verstehe Deinen Körper als System und versuche, dieses stets auf Deinen Lifestyle reagierende System zu verstehen. Nur so ist ein Sixpack dauerhaft möglich.

Aktionsplan zur zweiten Säule des Äußeren Feldes: Gesundheit, Fitness und Ernährung — Ziele erreichen

- Führe das Advanced-Training durch, bis es Dir zu einfach erscheint.

- Je nachdem, wo Du hin willst, musst Du bestimmte Dinge durchziehen — vor allem, was Deine Ernährung betrifft. Willst Du fünfzehn Kilo zu- oder doch eher abnehmen? Je nach Deinen Zielen unterscheidet sich die Herangehensweise stark.

Ä3: Lifestyle, Fashion und Pflege —
Attraktivität ausbauen

Auf der Dritten Stufe der Reife wird es in diesem Bereich im wahrsten Sinne des Wortes abenteuerlich. Hier geht es darum, Dein Leben und Deinen Lifestyle zu pimpen und Deine Attraktivität dadurch weiter zu steigern. Nichts ist aufregender für eine Frau als einen Mann kennen zu lernen, der ein außergewöhnliches Leben führt und mit dem sie wirklich etwas erleben kann. Auf der Zweiten Stufe der Reife ging es primär darum, den eigenen Lifestyle verbal cleverer darzustellen und so die Grundlage zu schaffen, dass Du bei Frauen besser ankommst. Nun solltest Du darüber nachdenken, Deine Freizeitgestaltung zu ändern.
Probiere neue Dinge aus und finde neue Leidenschaften! Niemals gab es so viele Möglichkeiten, sein Leben spannend und abenteuerlich zu gestalten als heutzutage. Heute sind außergewöhnliche Freizeitbeschäftigungen verfügbar, von denen man früher nicht einmal zu träumen gewagt hätte — Jochen Schweizer & Co. lassen grüßen. Besondere Events bringen emotionale Hochtouren, die Dates mit Frauen bereichern, auch wenn Du ihr später nur davon erzählst. Noch besser: sie einfach dorthin mitnehmen! Aber auch ohne Frauen den Spaß am Leben am Limit und verrückten Sachen zu entdecken wird Dir gut tun. Wenn Du neue Dinge ausprobierst, probierst Du auch immer Dich selbst auf neue Weise aus. Dadurch lernst Du Dich selbst besser kennen, was einen weiteren Vorteil darstellt. Unter Umständen erwächst dadurch ein völlig neues Lebensgefühl. Verlasse Deine Komfortzone also nicht nur im Umgang mit Frauen, sondern auch mit den Elementen und bei sportlichen Herausforderungen. Es geht dabei aber nicht darum, etwas zu machen was alle cool finden, sondern darum das zu machen, was Du cool findest. Gehe Deinen Weg und sei immer offen für Neues!

Dein Stil — Teil II

Welcher Stil passt zu Dir? Um diese Frage zu beantworten, setzen wir mit dem Konzept des *Stereotyping* an. Es gibt völlig unterschiedliche Typen von

Menschen. Jeder hat eine andere Körperhaltung, Körper- und Gesichtsform. Und nicht jedem steht alles.

Bevor ich Dir durch *Stereotyping* einen Weg zeige, um herauszufinden, wie Dein zukünftiger Stil aussehen könnte, an dieser Stelle folgender Hinweis: Damit sich diese Erkenntnis überhaupt lohnt und dann auch umgesetzt wird, musst Du zu einer Stiländerung bereit sein. Unter Umständen kann es sogar nötig sein, Dich fast völlig neu zu erfinden. Wenn Du aber meinst, Dich nicht verändern zu müssen, wird es keine Verbesserung geben. Darüber solltest Du Dir von vornherein im Klaren sein.

Generell gilt: Wenn Du Deine Traumfrau erobern willst, solltest Du mal etwas Neues ausprobieren. Erst recht wenn es um Deinen Kleidungsstil geht.

Kommen wir zum *Stereotyping*. Diese Methode ermöglicht Dir, die Beratung eines Stylisten, die 100.000 € jährlich kostet, umsonst zu bekommen. So viel geben Hollywoodstars nämlich für einen Klamottenberater aus.

Und so geht's: Im Internet gibt es eine Plattform, die Du über meinen Blog advanced-personality-coaching.de/blog/ findest. Dort kannst Du ein Bild von Dir hochladen und die Website spuckt Dir alle Stars aus Film und Musik aus, die vom gleichen Typ sind wie Du. Per Bildersuche von Google suchst Du Dir diese Stars dann heraus und checkst ihre Outfits. Natürlich solltest Du nichts blind und komplett von ihnen übernehmen, sondern mit gesundem Menschenverstand rangehen und Dir die für Dich tragbaren Teile besorgen. In Sachen Mode ist es immer vorteilhaft, sich Vorbilder zu suchen und so den eigenen Style erschaffen.

Mit dieser Methode kannst Du Dich tatsächlich kostenlos von den besten Stilberatern der Welt „beraten" lassen. Von ihnen kannst Du Dich inspirieren lassen und genau den passenden Style für Deinen Typ finden. *Stereotyping* wie die Stars ist so für Dich möglich. Gilt natürlich nicht nur für Klamotten, sondern auch für Frisuren und vieles mehr. Probiere es aus!

Neben dem Konzept des *Stereotyping* solltest Du Dir natürlich generell so viel Inspiration wie möglich holen, um Deinen eigenen Stil zu entwickeln. So solltest Du im Internet auch regelmäßig Modeblogs wie „The Sartorialist" oder „Kinowear" lesen und Dich davon beeinflussen lassen.

Aktionsplan zur dritten Säule des Äußeren Feldes: Lifestyle, Fashion und Pflege — Attraktivität ausbauen

- Gehe auf advanced-personality-coaching.de/blog/ und klicke Dich zum *Stereotyping*-Test. Stelle Dir ein Outfit zusammen und gehe möglichst bald shoppen, am besten in weiblicher Begleitung. Lerne zur Not eine Frau auf der Straße kennen, die mit Dir einkaufen geht. Entwickle so Deinen eigenen Stil.

- Deine alten Klamotten kommen direkt in die Altkleidersammlung, werden in einem Freudenfeuer verbrannt oder auf dem Dachboden gelagert, um sie irgendwann mal — wenn Du bereits richtig erfolgreich bist — auszupacken und anderen Deine Geschichte à la „from zero to hero" erzählen zu können.

Ä4: Karriere, Ziele und Vision — *Deine Entwicklung*

Auf jeder Stufe der Reife wirst Du immer wieder dafür arbeiten müssen, Dich aufs Neue zu erfinden und weiter zu entwickeln. Stetig lernen und konstant wachsen ist angesagt. Mit Deiner neu gewonnenen Lebenseinstellung ist das möglich. Erinnere Dich an das Zitat von David Deida — die Herausforderungen hören nie auf. Eine solche Annahme würde Dich auch nur in eine falsche Richtung treiben. Tatsächlich geht es darum, sich jeden Tag diesen Herausforderungen neu zu stellen und sie lieben zu lernen. Dabei helfen können Dir Vorbilder.

Vorbilder

Vorbilder zeigen uns den Weg, sie verleihen Kraft und Zuversicht. Jeder, der Vorbilder hat, kann selbst zum Vorbild werden. Ohne ein Vorbild wird es vor allem im Berufsleben nicht selten schwierig. Aber auch in allen anderen Bereichen des Lebens, die Du möglichst erfolgreich gestalten willst, kann ein Vorbild nützlich sein — egal ob Sport, Hobby oder sogar in der

Liebe. Auch nichtreale Vorbilder sind völlig in Ordnung und hilfreich, also beispielsweise Filmcharaktere oder Protagonisten aus Romanen.

Ich empfehle Dir — so wie es mir einmal von einem sehr erfolgreichen Charisma- und Rhetoriktrainer nahegelegt wurde — jedes Jahr mindestens eine Biografie einer Persönlichkeit zu lesen, die Dich interessiert und die Dir als Vorbild dienen könnte. Dadurch erkennst Du, dass auch andere Menschen für ihren Erfolg kämpfen mussten und dadurch an die Spitze gekommen sind.

Besonders gut als Vorbild eignet sich ein Mentor, also ein geistiger Anleiter und Ratgeber, zu dem Du persönlichen Kontakt hast. Wenn Du die Chance auf einen solchen Austausch hast, solltest Du ihn unbedingt wahrnehmen. Erfolgreiche Männer haben fast immer gemeinsam, dass sie sich auf ihren Wegen Trainer, Coaches und Mentoren gesucht haben, um in bestimmten Bereichen besser zu werden. Da Du das hier liest, solltest Du ebenfalls diesen Weg gehen.

Ein guter Freund von mir aus Berlin, der tolle Frauen in seinem Leben hat und in allen anderen Bereichen seines Lebens ebenso erfolgreich ist, hat in seiner Wohnung drei Bilder seiner größten Inspirationen an der Wand hängen. Genau das empfehle ich Dir auch!

Falls es Dich interessiert, mich inspirierten Arnold Schwarzenegger, Anthony Robbins, Daniel Craig als *James Bond*, Brad Pitt, Bodo Schäfer beim Thema Finanzen und Casanova und der unter dem Namen *Mystery* bekannte Erik von Markovik in Sachen Meisterschaft der Verführung. Sie haben mich mit ihrem Wirken motiviert, meinen eigenen Weg zu gehen. Auch wenn ich nicht alle ihre Ansichten und Aussagen teile, haben sie mir doch gezeigt, was möglich ist. Suche Dir jetzt Deine Vorbilder!

Dein Job

Wenn Dir Dein Job keinen Spaß macht und Du das Gefühl hast, dass Du woanders besser aufgehoben wärst, solltest Du handeln. Der falsche Job kann nicht nur unglücklich, sondern sogar krank machen. Arbeit, die nicht Deinen Stärken entspricht, kann zu Überforderung führen. Es hilft auch meistens nichts, an seinen Schwächen herumzudoktern — da kommt bestenfalls Mittelmäßigkeit heraus. Wenn Du aber gewissenhaft an Deinen Stärken arbeitest winkt Perfektion!

Aktionsplan zur vierten Säule des Äußeren Feldes: Karriere, Ziele und Vision — Deine Entwicklung

- Wie im vorherigen Abschnitt bereits beschrieben: Lies pro Jahr mindestens eine Biografie einer inspirierenden Persönlichkeit, erstelle eine Liste mit Deinen Vorbildern, hänge Bilder Deiner Vorbilder in Deiner Wohnung auf, suche Dir mindestens einen Mentor und lasse Dich in dem Bereich coachen, der Dir am wichtigsten ist. Wirklich gut zu werden ist ohne fremde Hilfe oft nicht möglich! Mache nie den Fehler und denke, Du könntest schon alles. Damit schwächst Du von vornherein Dein Wachstumspotenzial.

- Frage erfolgreiche Menschen, welches die drei wichtigsten Bücher sind, die sie je gelesen haben.

- Frage Dich, ob Dein Job der richtige für Dich ist. Wenn nicht, solltest Du handeln und Dir einen neuen suchen.

Ä5: Familie, Freundschaften und Glück — *Der Weg zum Glück*

Du solltest bei allem was Du tust die Voraussetzungen für Glück schaffen. Die Bedeutung von materiellen Dingen für das Lebensglück wird durch die heutige Glücksforschung relativiert. Die glücklichsten Menschen der Welt leben in relativ armen Gegenden. Und glücklich machende Momente sind häufig Augenblicke, in denen wir gar nicht bewusst nach Glück streben. Durch völliges Leben im Jetzt und weitgehender Ausblendung von Vergangenheit und Zukunft entsteht ein Zustand, den die Psychologie *Flow* nennt. In diesem Zustand gehen wir völlig in einer fordernden, aber nicht überfordernden Tätigkeit auf. Die Zeit vergeht wie im Flug. Wir leben vollkommen in der Gegenwart, was früher mal passiert ist oder was passieren könnte spielt in diesen Momenten keine Rolle. Einen *Flow*-Zustand möglichst häufig zu erreichen erhöht das subjektiv empfundene Level an Glück.

Dein privates Umfeld

Auf der Zweiten Stufe der Reife habe ich Dir hauptsächlich aus beruflicher Hinsicht erklärt, wie wichtig das richtige Umfeld ist. Auf dieser Ebene der Reife will ich besonders auf die Bedeutung des Umfelds aus privatem Blickwinkel eingehen. Dein Umfeld wird nämlich in den allermeisten Fällen nicht nur darüber entscheiden, ob Du beruflich erfolgreich wirst, sondern auch darüber, ob Du glücklich wirst.
Wenig ist so wichtig wie ein funktionierendes Umfeld das Dich fordert, fördert und Dir zur Seite steht. Im Berufsleben und im Privatleben ist es wichtig, in Gesellschaft positiver Menschen zu sein. Wer motiviert Dich und gibt Dir Kraft? Wer blockiert Dich und raubt Dir Kraft? Das sind wirklich entscheidende Fragen auf dem Weg nach oben. Sicher sind diese nicht immer besonders angenehm, gerade wenn es um Familie, Freunde oder Partnerin geht. Damit wirklich positive Veränderungen möglich sind, empfehle ich Dir aber, diese Fragestellungen für Dich konsequent zu beantworten. Kläre Dinge, die Dir wichtig sind mit den Menschen, die Dir wichtig sind. Sie haben großen Einfluss auf Dich. Ungünstige Verhältnisse können Dich davon abhalten, Deinen Weg zu gehen. Beherzigen solltest Du deshalb Folgendes:

Love it, leave it or change it!

Wenn es ein Problem gibt, hast Du immer drei Alternativen: Ursachen des Problems ändern, lernen die Sache zu akzeptieren und im besten Fall sogar zu lieben oder weiterziehen. So oder so gilt es unbedingt, eine Entscheidung zu treffen!
Wenn Du etwas in Deinem Umfeld ändern willst, weil Du glaubst etwas erkannt zu haben, was Dich davon abhält Deine Ziele zu erreichen, dann gibt es nur diese drei Möglichkeiten, die Dich zum Glück führen können!

Wenn wir uns nun auf Dinge konzentrieren, die Dein Liebesleben betreffen, fallen mir sofort meine Einzelcoachings ein. Dabei habe ich die Chance, jeden Coachee sehr persönlich kennen zu lernen — übrigens eine der schönsten Seiten meines Berufes. Oft stellt sich heraus, dass das Umfeld des Klienten alles andere als erfolgsfördernd ist.
Beispielsweise wirkt zu starke Prägung durch die *Seduction Community* häufig negativ. Viele Informationen, die dort herumgeistern, sind schlicht falsch und das Ansprechen von Frauen wird deshalb oft falsch angegangen. Oder bei Frauen erfolglose Freunde oder Bekannte vermasseln sich gegenseitig größeren Erfolg, teilweise bewusst und teilweise unbewusst. Vorsicht: Es gibt Mitmacher, Miesmacher und Macher!
Wie bereits im Kapitel zur Zweiten Stufe der Reife dargelegt: Sei deshalb vorsichtig und wähle Deine Freunde mit Bedacht. Vor allem wenn Du in Betracht ziehst, mit ihnen gemeinsam auf die Reise zu mehr Erfolg zu gehen. Freunde, die die gleichen Ziele und Werte haben wie Du, sind unendlich wertvoll. Ab sofort solltest Du deshalb nur noch mit Männern unterwegs sein, die wirklich Gas geben und rücksichtsvoll mit ihren Bros umgehen. Wenn Du im Moment nicht auf solche Männer zurückgreifen kannst, machst Du allein Dein Ding.
Wenn Du Dich an die Gesetze des positiven Denkens, Sprechens und Handelns erinnerst, ist diese Vorgehensweise nur logisch und konsequent. Da draußen gibt es Menschen, die Dein Leben über alle Maßen bereichern können — auch in diesem Fall darf es keine *Knappheitsmentalität* geben, genau so wenig wie bei Frauen. Schenke nur den Menschen Deine Energie und Deinen Wert, die Dir dafür ihre Energie und ihren Wert zurückgeben. Was Menschen angeht, die selbst bei schlimmstem Fehlverhalten nicht aus Deinem Leben zu entfernen sind, solltest Du Folgendes beherzigen:

Dass Raben über Deinem Haupte fliegen, kannst Du nicht ändern.
Aber dass sie Nester in Deinem Haar bauen, das kannst Du verhindern.

Aktionsplan zur fünften Säule des Äußeren Feldes: Familie, Freundschaften und Glück — Der Weg zum Glück

- Versuche möglichst oft, den so genannten *Flow*-Zustand zu erreichen.

- Entscheide, von wem Du Dich trennen musst und welche Beziehungen Du weiter pflegst.

Zusammenfassung von Teil D: Die Dritte Stufe der Reife

- Lass Methoden, Systeme und Routinen nun weitgehend hinter Dir.

- Motivation ist der entscheidende Faktor von Erfolg und Misserfolg.

- Verhalte Dich gemäß alter Schule der Kavaliere, wenn Du das willst. Wenn Du keine Lust darauf hast, lässt Du es bleiben.

- Mach bei Dates, worauf Du Lust hast.

- Dates mit Frauen aus Deinem Freundes- und Bekanntenkreis haben den Charme, dass sie einfach zu akquirieren sind. Der Nachteil ist, dass endende Affären im Freundes- und Bekanntenkreis für Missstimmung sorgen können.

- Triff mehr Aussagen auf Dates als Fragen zu stellen.

- Setze *Meta-Frames* bewusst und clever ein. Gleiches gilt für *Nested Loops* und *Open Loops*.

- Analysiere die Beziehung einer Frau zu ihrem Vater und nutze entsprechende Erkenntnisse zu ihrem und Deinem Vorteil.

- Es gibt im Prinzip keine Methoden für besonders attraktive Frauen.

- Wer bezahlt beim Date? Wenn Du Lust hast, bezahlst Du für beide. Wenn nicht, dann nicht.

- Leite Sex dominant ein, wenn Du Sex willst.

- Finde Deinen eigenen Stil in Sachen Klamotten — er ist wichtig für Deinen Erfolg bei Frauen.

- Suche Dir Vorbilder in jedem Bereich, der wichtig ist.

- Wenn Dir Dein Job nicht gefällt: kündige!

- Lebe im Jetzt.

- Filtere Miesmacher aus Deinem Umfeld heraus.

E.
Die Vierte Stufe der Reife

*„Die tiefsten Wahrheiten sind immer einfach. Nicht simpel —
sondern einfach; darin liegt eine Welt des Unterschiedes."*
(Sokrates)

Beginnen wir dieses Kapitel wie gewohnt mit einer Wiederholung: Was passiert auf der Vierten Stufe der Reife?

„Eine maskuline Persönlichkeit ist mittlerweile vorhanden, ausreichend Erfahrung ist da. Charisma entwickelt sich, die Anziehungskraft wirkt nun auch ohne Systeme und Routinen attraktiv auf Frauen — sie fühlen sich von Natur aus zu diesem Mann hingezogen."

„Charisma entwickelt sich" ist die Essenz dieser Stufe. Wie das geht, wird dieses Kapitel aufschlüsseln.
Damit sich Charisma entwickeln kann, sind umfangreiche langfristige Veränderungen nötig. Um solche Veränderungen möglich zu machen, kann Dir das Dreieck der Veränderung helfen. Lass es mich Dir zeigen.
Das Dreieck der Veränderung ist eines der wichtigsten Geheimnisse, das ich in den letzten Jahren von einem meiner Mentoren kennen lernen durfte. Wichtig ist es, weil es mich bei Frauen und in allen anderen Lebensbereichen erfolgreich gemacht hat. Falls es bisher mit Deiner Entwicklung noch nicht zufriedenstellend geklappt hat, könnte das Dreieck der Veränderung bei Dir den Knoten zum Platzen bringen.
Das Dreieck der Veränderung besteht aus drei Ebenen, die übereinstimmen müssen, damit sich eine positive Veränderung vollzieht:

1. Denken,
2. Handeln und
3. Sprechen.

Wann immer Du etwas geschafft hast und sich dadurch etwas zum Positiven — also in Richtung Deiner Ziele — verändert hat, waren diese drei Ebenen im Einklang. Dagegen erlebe ich immer wieder bei Männern, die nicht erfolgreich mit dem anderen Geschlecht sind, dass diese Ebenen nicht miteinander harmonieren.

Beispielsweise denken und handeln sie positiv, aber in ihrer Sprache sind stark negative Tendenzen. Und dann wundern sie sich, dass trotz ihrer Bemühungen keine Veränderungen oder Erfolge eintreten. Praktisch bedeutet das, dass sie sich gedanklich vornehmen Frauen kennen zu lernen und das dann sogar umsetzen. Aber wenn sie dann mit Frauen im Gespräch sind, geben sie ausschließlich negative Dinge von sich, die Frauen kein gutes Gefühl geben. Und wie Du weißt, wird das so leider nichts.

Oder sie handeln und sprechen auf positive Weise, denken aber negativ und glauben nicht an ihren Erfolg. Auch das kann nicht funktionieren, mit starkem Selbstvertrauen hat das nämlich nichts zu tun. Leider ist starkes Selbstvertrauen aber eine Voraussetzung für Erfolg bei Frauen.

Am häufigsten ist aber der folgende Fall: Männer denken und sprechen positiv, aber handeln überhaupt nicht dementsprechend. Und Alibis und Lippenbekenntnisse bringen leider auch keine Veränderung.

Nur ein Mann, der positiv denkt, spricht und handelt, wird positive Veränderungen herbeiführen können — beruflich wie privat.

Achte in Zukunft deshalb peinlich genau darauf, dass die drei Ebenen im Einklang stehen. Nur so wird sich eine positive Veränderung in Deinem Leben einstellen. Achte außerdem darauf, was Du sagst und wem Du es sagst, denn alles was Du irgendwem sagst, sagst Du auch Dir selbst. Du solltest anfangen, positiver zu denken. Deine Gedanken formen Deine Welt innen wie außen und sind die Grundlage für alles, was um Dich herum entsteht. Und wenn Du nicht anfängst, positiv zu handeln, also endlich *die richtigen Dinge richtig tust*, dann wirst Du wahrscheinlich nie ein mit Glück erfülltes Leben führen.

Positives Denken, Sprechen und Handeln sind ab sofort für den Umgang mit Frauen und in allen anderen Lebensbereichen Deine Handlungsmaximen. Betreibe immer konsequente Gedankenhygiene im Sinne Buddhas:

> *„Wir sind, was wir denken.*
> *Alles, was wir sind, entsteht in unseren Gedanken.*
> *Mit unseren Gedanken erschaffen wir die Welt.*
> *Sprich oder handele mit einem unreinen Geist,*
> *Und Schwierigkeiten werden Dir folgen,*
> *Wie das Rad dem Ochsen, der den Karren zieht."*

Das Dreieck der Veränderung in Kombination mit Deinem Erfolgstagebuch wird Dir helfen, Deine Gedanken, Deine Sprache und Dein Handeln auf positive Weise zu verändern. Auch Dein Umfeld muss positiv wirken. Tut es das nicht, solltest Du Deinen Freundeskreis wechseln. Bei Bedarf solltest Du zum Abschnitt „Dein privates Umfeld" im Kapitel zur Dritten Stufe der Reife einige Seiten zurückblättern.

Die Übungen und Aufgaben in diesem Buch werden Dir dabei helfen, positiv zu handeln. Solltest Du also mal wieder eine Ausrede haben, warum Du nicht angreifst und losziehst, um das Gelernte umzusetzen, musst Du die positive Gedankenmaschine anwerfen und negative Dinge wie Ausreden und Entschuldigungen zurückdrängen. Das Leben hat nur *28.000 Tage* — worauf wartest Du noch?

Ach übrigens: Selbst wenn Du Dich nicht nur in diesem Buch sondern auch im richtigen Leben schon auf der Vierten Stufe der Reife befinden solltest, werde ich nicht müde, Dich immer wieder auf die Grundlagen des Erfolges bei Frauen hinzuweisen. Ja, Frauen anzusprechen ist eine dieser Grundlagen! Das gilt umso mehr, wenn Du Dich noch nicht auf dieser Stufe der Reife befindest. Falls das bei Dir der Fall ist, lass Dich von den Inhalten der höheren Stufen inspirieren, aber erledige gewissenhaft die Aufgabenstellungen aus den niedrigeren Stufen.

Dein Reifeprozess ist ein lebenslanger Weg, der mit einem ersten Schritt beginnt und viele weitere folgen lässt. Du solltest ihn deshalb als Ganzes, als eine Einheit begreifen. Einer dieser Schritte zur Reife ist der Aufbau eines stabilen Selbstwertgefühls.

11: Selbstwertgefühl, Selbstvertrauen und Selbstbewusstsein —
Selbstwertgefühl maximieren

Wenn Du die Ratschläge dieses Buches sorgfältig umgesetzt hast, solltest Du im Bereich Selbstwertgefühl bereits große Sprünge gemacht haben. Dinge wie das Führen eines Erfolgstagebuches sind unglaublich mächtige Werkzeuge, um mental stärker zu werden. Wenn Du dazu sämtliche Herausforderungen des Alltags konsequent annimmst und Frauen ansprichst, solltest Du auch was den Erfolg bei Frauen angeht schon auf völlig anderem Level als zu Beginn dieser Lektüre sein. Ich habe Dir außerdem „Die 6 Säulen des Selbstwertgefühls: Erfolgreich und zufrieden durch ein starkes Selbst" von Nathaniel Branden empfohlen — meiner Ansicht nach das beste Buch, um dieses Thema weiter zu vertiefen.

Wenn Du allerdings bis zu diesem Abschnitt ausschließlich gelesen hast ohne wirklich etwas zu tun, so muss ich Dir leider sagen, dass das nicht genügen wird, eine höhere Stufe der Reife zu erreichen. So viele Lichter Dir dabei auch aufgegangen sein mögen — sie sind nahezu wertlos ohne die entsprechenden Handlungen. Der Optimalfall wäre, wenn Du auch im wirklichen Leben bereits auf der Vierten Stufe der Reife wärst — oder zumindest auf dem Weg dorthin. Doch dafür musst Du an Dir arbeiten ...

Beispielsweise an Deinem Selbstwertgefühl. Es geht darum, Dinge auf den Weg zu bringen, von denen Du weißt, dass sie getan werden müssen, um voran zu kommen. Vertrauen in Dich selbst und Selbstwert entsteht, wenn Du das erreichst, was Du Dir vorgenommen hast oder zumindest einen Großteil davon. Nimm Dir deshalb nicht zu viel, aber auch nicht zu wenig vor.

Eine Eigenschaft des erfolgreichen Mannes ist es, zu verändernde Dinge tatsächlich und unverzüglich anzugehen. Die meisten Männer schieben aber vor allem Themen, die mit dem Erfolg bei Frauen zu tun haben, vor sich her, bis nichts mehr geht. Der Karren steckt dann schon so tief im Dreck, dass er nur schwer wieder freizuschaufeln ist. Außerdem behandeln sich auch viele Männer selbst so schlecht, dass mir manchmal angst und bange wird. Dabei ist auch hier immer zeitnahes Handeln angesagt.

Du solltest es Dir selbst wert sein, die entscheidenden Baustellen Deines Lebens und Deiner Persönlichkeit endlich zu beheben. Nur dann kann sich Dein Selbstwertgefühl entfalten. Stelle die Weichen für ein besseres Leben! Der Kauf dieses Buches ist bereits ein Zeichen dafür, dass Du etwas ändern willst, also handele auch danach. Jetzt geht es darum — falls Du es bisher noch nicht getan haben solltest — aktiv zu werden und wirklich etwas zu unternehmen. Und wenn Du bereits an Dir arbeitest, dann habe immer im Blick, ob Du nicht eine der zwei plus fünf Säulen vernachlässigst. Nur wenn an allen Fronten des Inneren und Äußeren Feldes gekämpft wird, ist maximaler Selbstwert und entsprechender Erfolg zu erwarten. Falls Du Dich vor einer Säule drückst, überwinde diese Blockade. Aufschieberitis ist einer der stärksten Erfolgs- und Selbstwertvernichter, die ich kenne. Mache Dir deshalb zur Gewohnheit, nötige Dinge wirklich anzugehen und auch zu Ende zu bringen!
Wie sieht das in der Praxis aus?
Dein übergeordnetes Ziel ist, Deinen Erfolg bei Frauen zu vergrößern. Also solltest Du Dir vornehmen, an einem bestimmten Tag in die Stadt zu gehen, um Frauen kennen zu lernen: Also setzt Du Dir ein konkretes Tagesziel, beispielsweise 50 Gespräche mit Frauen zu eröffnen. Wenn Du dieses Ziel verfehlst, weil Du Dich drückst, wird am Ende des Tages Dein Selbstwertgefühl gelitten haben. Wenn Du es aber durchziehst, wird sich ein kaum zu zügelndes Glücksgefühl einstellen. Dein Körper belohnt Dich damit für die Erreichung Deiner Ziele.
Anderer Fall: Du bist bereits auf einer hohen Stufe der Reife und hast regelmäßig Sex mit Frauen, allerdings nicht mit den Frauen, die Du wirklich willst. Vielleicht sogar mit Frauen, die Du eigentlich überhaupt nicht willst. Wenn das so ist, solltest Du es lassen — es kann Deinem Selbstwert schaden. Schlafe deshalb nicht mit jemandem, den Du nicht attraktiv findest. Werde Dir dieses Problems wirklich bewusst, setze Dir Ziele und handle dementsprechend. Im Klartext: Die Frauen ansprechen, bei denen Dir das Herz bis zum Halse schlägt und die Dich bisher handlungsunfähig gemacht haben und nicht mehr nur die, die Du sowieso ganz sicher bekommst. Wenn Du also tust, was Du Dir vornimmst, wirst Du früher oder später neben einer Frau aufwachen, von der Du immer ge-

träumt hast. Fazit: Egal wie Deine konkreten Baustellen, Deine Situation, Dein Leben und Deine Stufe der Reife aussehen mögen, tu was Du Dir vornimmst und bring die Dinge wirklich zu Ende. Mach es einfach. Alles andere würde Deinen Erfolg und Deinen Selbstwert schädigen. Hör auf, Dinge zu verschieben und Dich selbst zu betrügen. Zieh es durch, es ist Zeit.

Noch ein kleiner inhaltlicher Hinweis: Aktionspläne gibt es auf der Vierten Stufe der Reife nun nicht mehr. Das Abstraktionslevel ist mittlerweile zu hoch und die Entwicklung ist mittlerweile zu weit fortgeschritten, um mit konkreten Übungen oder Aktionen noch viel ausrichten zu können. Stelle Dich den Dingen, vor denen Du Dich bisher immer gedrückt hast.

I2: Soziale Kalibration — *Charisma*

Charisma — was ist das eigentlich?
Vor allem eine gewinnende Ausstrahlung. Menschen mit Charisma haben das gewisse Etwas. Sie betreten einen Raum, ziehen sämtliche Blicke auf sich und haben die Aufmerksamkeit aller Anwesenden. Eine Aura und eine bestimmte Offenheit, die von Körpersprache und Verhalten ausgestrahlt werden.
Was charakterisiert charismatische Menschen generell?
Laut Richard Wiseman verfügt eine charismatische Person über drei Eigenschaften:
1. Emotionen werden von ihr sehr stark empfunden.
2. Sie ist in der Lage, auch andere Menschen derart starke Gefühle erleben zu lassen.
3. Sie ist resistent gegenüber Einflüssen anderer charismatischer Menschen.
Wie entsteht Charisma?
Sicher ist: Charisma kommt von innen heraus und muss sich entfalten können. Dazu muss man eins sein mit sich selbst. Außerdem ist ein stabiles und intensives Selbstwertgefühl für diese Art von Ausstrahlung ver-

antwortlich. Beide Punkte haben wir bereits in aller Ausführlichkeit besprochen. Wenn Du eins mit Deinen Gefühlen und Wünschen bist und zu Dir selbst stehst und dies mit starkem Selbstwertgefühl kombinieren kannst, sind bereits viele Voraussetzungen für Charisma erfüllt.

Charisma entsteht außerdem durch bewusstes Leben im Jetzt. Nur wenn Du vollkommen in der Gegenwart lebst, bist Du voll da und wirklich präsent. Nur so hast Du die Chance, charismatisch zu erscheinen.

Doch was heißt vollkommen in der Gegenwart zu leben ganz konkret? Vollkommen in der Gegenwart zu leben heißt, kein Gedanke wird daran verschwendet, was vorher war oder was bevorsteht. Vollkommen in der Gegenwart leben heißt, es kann keine Angst existieren, denn Fragen wie „was könnte passieren?" oder „was ist früher passiert?" spielen keine Rolle. Vollkommen in der Gegenwart leben heißt *Flow, Being in the Zone* und sich dem Moment hingeben.

Charisma ist nicht angeboren und kann von fast jedem Menschen entwickelt werden, der sich entschlossen hat, ausdauernd an seiner Ausstrahlung zu arbeiten. Wenn Du meine Ratschläge in diesem Wegweiser befolgst, dann wirst Du praktisch automatisch im Laufe der Zeit zu einer charismatischen Persönlichkeit werden. Du kannst aber auch ganz gezielt an weiteren Stellschrauben der Ausstrahlung ansetzen.

Eine dieser Stellschrauben: Pure Entschlossenheit gepaart mit einer gewissen „I don't give a fuck"-Einstellung. Der charismatische Mann ist zu allem entschlossen und gibt dabei wenig auf die Meinung anderer Leute. Wenn er sich beispielsweise dazu entschlossen hat, eine Frau zu erobern, geht er ohne Selbstzweifel auf sein Ziel zu und holt sich was er will. Verstehe das bitte richtig! Das bedeutet nicht, dass es immer eine Erfolgsgarantie gibt oder dass Du Dich wie ein Triebtäter verhalten solltest, aber diese Entschlossenheit ab dem Moment der Entscheidung sorgt nun mal für Charisma. Frauen lieben Männer, in deren Augen dieses gewisse Etwas zu sehen ist. Charisma hat viel mit Entschlossenheit zu tun, die so stark ist, dass sie von anderen wahrgenommen wird. Ein charismatischer Mann strahlt diese Einstellung über seine Körpersprache, Gestik, Mimik und Blicke aus.

Ein Rockstar, der ohne dieses Gefühl der Entschlossenheit auf die Bühne kommt, wird die Halle nicht mitreißen können. Nur wenn er wirklich entschlossen zu Werke geht, hat er die Chance, sein Publikum wegzuhauen. Und genau das erwarte ich auch von Dir! Rock Dein Leben und die Frauen die Du triffst. Liefere ganze Arbeit ab. Trainiere Deine Entschlossenheit indem Du die Dinge, die Du willst und die Du Dir vorgenommen hast mit maximaler Kraft anstrebst. Mach nicht nur die richtigen Dinge, sondern mach diese Dinge auch richtig. Genauso steigerst Du Dein Charisma.

Ein Effekt, auf den Du mit Deinen Bemühungen hinarbeiten solltest, heißt *Movie-Star-Effect*. Er tritt meist erst dann auf, wenn Du in Deiner Entwicklung schon sehr weit bist. Er kann vorkommen, wenn verschiedene Voraussetzungen erfüllt sind. Beispielsweise musst Du dafür viele, viele Begegnungen mit Menschen erfolgreich absolviert haben.

Vielleicht kennst Du diesen Effekt bereits im umgekehrten Fall: Ein Dir unbekannter Mann mit gewisser Ausstrahlung taucht irgendwo auf und kommt Dir so bekannt vor, dass Du glaubst, ihn schon mal irgendwo gesehen zu haben — sogar wenn das eigentlich vollkommen unmöglich ist. Bevor ich hier und da im Fernsehen zu sehen war und dadurch manchmal erkannt wurde, trat dieses Phänomen bereits einige Male bei mir auf. Übrigens immer nach Tagen mit sehr vielen Gesprächen mit Frauen auf der Straße. Die anderen Menschen werden durch Deine Anwesenheit dann plötzlich sehr unsicher, lächeln verlegen und machen manchmal den Eindruck, als würden sie bald unter gefühltem sozialem Druck zusammenbrechen. Frauen werden rot und Männer zu kleinen Jungs.

Wenn der Effekt bei Dir auftritt, wird Dir genau wie mir nie so ganz klar sein, worauf er genau beruht — ob auf Deinem Charisma oder weil Dich die Leute tatsächlich schon mal gesehen haben oder aus einem ganz anderen Grund. Tatsache ist aber, dass er fast immer ein Zeichen für starkes Charisma und hohe Anziehungskraft ist.

Darauf hinarbeiten kannst Du, indem Du Dich in Situationen von hohem sozialen Druck begibst. Situationen, die für andere beklemmend wären. Hoher sozialer Druck entsteht, wenn sich ein Mensch in einem leeren Bus neben einen anderen setzt. Oder wenn eine Frau von einem Mann angesprochen wird und fünf Unbeteiligte genau zuhören können. Je häufiger

Du Dich in vergleichbare Situationen begibst und lernst mit diesem Druck umzugehen, desto stärker wird dadurch Deine Außenwirkung, Deine Ausstrahlung und Dein Charisma werden.

In einem vollen Club gibt es einen kleinen Trick, um die Wirkung des *Movie-Star-Effects* zu simulieren. Bahne Dir den Weg durch die Menge und berühre Frauen harmlos, anständig und galant, indem Du sie sanft am Rücken zur Seite schiebst — oder besser führst. Wenn Du das bei mehreren Frauen hintereinander in einer bestens gefüllten Location machst, werden sich diese Frauen nach Dir umdrehen und dadurch noch mehr Aufmerksamkeit anderer Clubbesucher auf Dich ziehen — genauso, als würde ein Filmstar durch den Club gehen. Diese Aufmerksamkeit wird Deinem Erfolg bei Frauen an diesem Abend nützen. Außerdem wird sich jede Frau, die Du berührt hast, an Dich erinnern und den Rest der Nacht anders auf Dich reagieren als auf einen völlig fremden Mann.

Dieser Trick ist übrigens viele, viele Jahre alt. Bereits Casanova hat ihn benutzt.

Ach ja, apropos Filmstar: Falls Du es noch nicht getan hast, belege einen Schauspielkurs! Meine Empfehlung aus dem Kapitel zur Zweiten Stufe der Reife gilt nämlich immer noch!

Positiv auf Dein Charisma wirkt, wie bereits erwähnt, eine starke Präsenz im Jetzt. Dadurch entsteht der so begehrte *Flow*, der dir hilft, eine Frau stark zu emotionalisieren. Wenn Deine Aufmerksamkeit dann noch auf Deine Umwelt gerichtet ist, haben Deine sozialen Fähigkeiten die Chance, ihre maximale Ausprägung zu erreichen. Du befindest Dich dann in einem Zustand, den ich als extrovertiert bezeichne, also nach außen gerichtet.

Dieser Zustand ist zum Kennenlernen von Frauen am günstigsten. In diesem Zustand bist Du offen — Deine Aufmerksamkeit ist auf die Außenwelt gerichtet. Von außen betrachtet wirkst Du in diesem Zustand außerdem am präsentesten. Du hast Zugriff auf all Deine kommunikativen Fähigkeiten und Ressourcen und bist am besten sozial kalibriert. Dein Charisma ist dann am stärksten.

Bei meinen Coachings stelle ich leider immer wieder fest, dass viele Männer in einem introvertierten Zustand sind, also nach innen orientiert. Deshalb können sie nur schwer mit anderen Menschen in Verbindung treten, sie sind nicht offen genug und ausreichend nach außen gerichtet. Frauen erkennen blitzschnell, ob Du im richtigen Modus bist. Und wenn Du es nicht bist, fliegst Du meist zügig aus dem Gespräch — falls sich überhaupt eine Unterhaltung ergibt.

Häufig sind sehr rationale und analytische Berufe ohne viel Kontakt mit Menschen der Grund dafür, dass Männern der nach außen gerichtete Modus so schwer fällt. Falls Du einen solchen Beruf ausübst, solltest Du nach der Arbeit darauf achten, genug Kontakt mit anderen Leuten zu haben und mehr zu kommunizieren. Je länger Du im introvertierten Zustand warst, desto schwerer ist es, danach wieder rauszukommen. Du musst Dich dann förmlich überwinden, Deine Aufmerksamkeit wieder auf die Außenwelt zu richten.

Ich selbst befinde mich jetzt gerade beim Schreiben dieser Zeilen auch im introvertierten Zustand, werde ihn direkt danach aber zügig wieder verlassen, um möglichst bald wieder in Verbindung mit meiner Umwelt treten zu können.

Den besten Trick, um schnell in den außenorientierten Zustand zu kommen, habe ich Dir eigentlich schon verraten. Bring Dich einfach in eine Situation von hohem sozialem Druck. Veralbere eine Politesse ein wenig, eröffne das Gespräch mit einer attraktiven Frau durch ein deftiges Kompliment oder ziehe die Aufmerksamkeit Deiner gesamten Umgebung auf Dich, indem Du einfach mal alle Anwesenden laut und freundlich begrüßt. Ganz egal was, Deiner Kreativität sind keine Grenzen gesetzt. Also: Hör auf zu lesen, raus aus dem introvertierten Zustand und ab auf die Straße, damit Du nicht einrostest!

Ä1: Methoden, Systeme und Strategien —
Erfolgreich Beziehungen führen

Um erfolgreich Beziehungen führen zu können, solltest Du einige Dinge verinnerlichen. Zum Beispiel, dass Beziehungen im Prinzip nichts anderes als Aneinanderreihungen von Verführungen sind. Das heißt, Sex spielt eine bedeutende Rolle für jede Beziehung.

Ohne Sex ist es keine Beziehung, sondern eine Freundschaft oder Ähnliches.

Außerdem, auf die Gefahr mich zu wiederholen: Auch wenn Dich Hollywood, Deine Erziehung und vielleicht sogar einige Deiner Erfahrungen bisher anderes glauben ließen, sind Frauen ausgesprochen sexuelle Wesen. Ja, Frauen lieben Sex. Nicht weniger als wir Männer. Ein Grund mehr, warum Sex in Beziehungen so wichtig ist.

Sex — Teil II

Da wir uns auf der Vierten Stufe der Reife befinden und Sex für Dich mittlerweile recht alltäglich geworden sein dürfte, möchte ich Dir noch ein paar kleine Tipps oder Anregungen geben, wie Du Dein Sexleben noch attraktiver gestalten kannst. Mit einigen Tricks kannst Du Deiner Persönlichkeit in den Augen einer Frau noch mehr Wert verleihen, denn guter Sex ist ein wichtiges Kriterium für sie, um bei Dir zu bleiben.

Ein wahrer Frauenheld ist sich seiner sexuellen Qualitäten wohl bewusst und er strahlt das auch aus. Gleichzeitig weiß er auch über mögliche Schwächen Bescheid und er arbeitet immer daran, sich zu verbessern.

Wenn Du herausragende Fähigkeiten im Bett entwickeln willst, brauchst Du Wissen über gewisse Techniken. Eine funktionierende G-Punkt-Massage sollte beispielsweise zu Deinem Standardprogramm gehören. Im Internet kannst Du Dir entsprechende Lehrvideos anschauen, was ich durchaus empfehle. Der Orgasmus der Frau ist schließlich alles andere als unwichtig und wenn es durch Geschlechtsverkehr mal nicht funktionieren sollte, kann die Sache durch einen solchen Profi-Handjob elegant zu Ende gebracht werden.

Apropos Job: Im Bett gilt eine Regel: *A job is a job*. Wenn Du einer Frau mit Deiner Hand oder Deinem Mund Freude bereitest, solltest Du Dich wirklich reinhängen. Fuchs Dich richtig rein und finde heraus, was ihr Spaß macht. Jobs können auch mal anstrengend sein oder Dir sogar weh tun, Arbeit ist eben nicht immer angenehm. Die Frau wird Dir aber in jedem Fall Deine Mühen danken.

Außerdem solltest Du Verstärker-Techniken kennen. Kleine Dinge, die ihre Geilheit verstärken. Zum Beispiel ihr manchmal beim Sex die Ohren zuzuhalten, um ihre Konzentration auf andere Sinne und Organe zu verstärken. Oder ihr im richtigen Moment den Mund zuhalten. Teste einfach verschiedene Dinge und schau ob die Frau drauf steht. Eines darfst Du nämlich nie vergessen: Jede Frau ist anders — vor allem im Bett.

Männliche Dominanz ist beim Sex in den Augen der meisten Frauen extrem wichtig. Ein gesundes und ausgeglichenes Maß an Führungskraft ist nach wie vor eines der wirkungsvollsten Aphrodisiaka für Frauen. Versuche immer, im Bett möglichst selbstbewusst und entschlossen rüberzukommen, selbst wenn Dir vielleicht in manchen Situationen noch die nötige Erfahrung fehlt. Manchmal muss man seiner eigenen Entwicklung einfach etwas auf die Sprünge helfen, indem man sich etwas traut.

Wenn Du Stress hast oder Dich andere Probleme beschäftigen, kannst Du im Bett nicht immer Topleistungen bringen, das ist ganz normal. Das musst Du glücklicherweise auch gar nicht, um eine Frau zu halten. Was Du aber schaffen solltest: Langeweile verhindern. Routine im Bett ist der Anfang vom Ende einer Affäre oder Beziehung. Sorge deshalb für Abwechslung, werde nie völlig berechenbar und lass Euren Sex ebenfalls immer wieder überraschende Momente enthalten.

Die meisten Frauen lieben Sex an außergewöhnlichen Orten. Häufig besteht eine tiefe Sehnsucht nach solchen Dingen, die aber selten ausgelebt wird. Knisternde Spannung und das Risiko erwischt zu werden lässt Frauenherzen tatsächlich höher schlagen. Aber es macht nicht nur Spaß, sondern erweitert auch die soziale Komfortzone! Sex auf der Flugzeugtoilette ist die wohl bekannteste Variante von öffentlicher Verlustierung. Wie man solche Dinge hinbekommt? Einfach machen! Alles was Du dafür brauchst, sind Eier und Führungsstärke. Führe die Frau wohin Du willst und verführe sie wann und wo Du willst. Das ist alles.

Viele Dinge sind möglich, die viele Männer nicht für möglich halten. Selbst mit praktisch fremden Frauen sind Outdoor-Aktionen möglich — *Du* musst sie nur für möglich halten! Und Frauen das Gefühl geben, dass sie mit solchen Eskapaden nicht als Schlampe dastehen oder ihre Würde als Frau verlieren. Nur deshalb leben sie solche Sehnsüchte selten aus. Wenn sie Dir in dieser Hinsicht aber vertrauen, sind Dinge machbar, von denen die meisten Männer zeitlebens nur träumen. Auch ein Dreier mit zwei Frauen oder ähnliche Konstellationen sind wesentlich weniger kompliziert, als Du jetzt vielleicht noch annimmst. Mach die Dinge nicht komplizierter, sondern einfach. Für solche Aktionen notwendig ist einfach nur Mut zur Eskalation. Frauen machen das, was Du machst, wenn Du dazu stehst. Sie spiegeln einfach oft nur Dein Verhalten! Weitere Inspiration für Dein Sexleben können Dir das Kamasutra und das Tao der Liebe bieten. Beides wird Dich auf dem Weg zu einem großartigen Liebhaber weiterbringen.

Freundschaft Plus und Affären

Da wir uns in diesen Abschnitten damit beschäftigen, wie man erfolgreich Beziehungen führt, wird es Zeit für eine Klarstellung. Mit dem Begriff Beziehung meine ich nicht nur feste und monogame Beziehungen. Neben offenen Beziehungen, die ohne körperliche Treue auskommen, fallen auch Affären und die so genannte Freundschaft Plus unter diese Definition. Schließlich sind Beziehungen für uns primär Aneinanderreihungen von Verführungen, auch wenn es Dir auf den ersten Blick vielleicht etwas verkürzt vorkommen mag. Deshalb werden wir nun klären, wo die Unterschiede zwischen Freundschaft Plus, Affäre und fester Beziehung liegen.

Mit einer Freundschaft Plus geht man nicht allzu häufig aus. Und wenn doch, wird normalerweise nicht öffentlich rumgeknutscht. Schließlich dürfte keiner der beiden Beteiligten größeres Interesse daran haben, dass man sie für vergeben halten könnte. Man macht sich außerdem meist keine Geschenke und auch gemeinsame Übernachtungen kommen äußerst selten vor. Man ist schließlich nur befreundet und weder zusammen noch verknallt. Kumpels, die sich gut verstehen die Körperflüssigkeiten austauschen — das war's. Emotionale oder körperliche Treue spielt keine Rolle.

Eine Affäre ist ein sexuelles Abenteuer, das nicht selten während einer bestehenden festen Beziehung stattfindet und deshalb einen verbotenen und geheimen Touch hat. Aber auch zwei Singles können zusammen eine Affäre haben. Wie für die Freundschaft Plus gilt auch für die Affäre: Mit einer Affäre geht man selten aus. Und wenn, wird normalerweise nicht öffentlich rumgeknutscht. Schließlich ist die ganze Sache nicht offiziell

— und das sicher nicht ohne Grund. Geschenke sind ebenfalls nicht an der Tagesordnung. Die Fokussierung auf Sex kann durchaus extrem sein, der Freundschaftsaspekt spielt eine deutlich geringere Rolle als bei der Freundschaft Plus. Emotionale oder körperliche Treue ist zumindest in Teilen nicht ausgeschlossen.

Für Freundschaft Plus und Affäre gilt gleichermaßen, dass diese Modelle selten viele Monate oder gar Jahre andauern. Entweder verliert mindestens einer der beiden Beteiligten das Interesse am anderen oder mindestens einer der beiden Beteiligten verknallt sich. So oder so endet das Verhältnis dann — es sei denn, es verknallen sich beide ineinander, dann kann daraus eine feste Liebesbeziehung werden.

Falls die Frau gegen Deinen Willen versuchen sollte, das Ganze einseitig upzugraden und eine feste Beziehung draus zu machen, solltest Du frühzeitig gegensteuern. Gehe nie eine feste Verbindung ein, wenn Du Dir nicht sicher bist. Wenn Du von ihr unter Druck gesetzt wirst, solltest Du demonstrieren, dass Du jederzeit bereit bist, zu gehen. Lass Dich nicht erpressen, schließlich hast Du immer Alternativen. *Willingness to Walk Away* nennen wir das — Du handelst nie gegen Deine eigenen Wünsche oder um anderen zu gefallen und gehst lieber, bevor Du Deine Ideale verrätst. Auch wenn Du dafür den Preis bezahlen musst — beispielsweise durch das Ende der Freundschaft Plus oder der Affäre.

Mach Dein Glück nie von einer Person abhängig!

Im Abschnitt zum Thema Wert auf der Zweiten Stufe der Reife hast Du erfahren, wie mächtig Qualifizierung wirkt und wie unterschiedlich der psychologische Mechanismus dahinter verwendet werden kann. Hier nun eine kleine Erweiterung: Wenn Du in einer Freundschaft Plus oder vor allem in einer Affäre nicht zulässt, dass die Frau sich für Dich qualifiziert, ihr keine Komplimente machst und trotzdem funktionierenden Sex mit ihr hast, beginnen nicht wenige Frauen damit, sich immer mehr reinzuhängen. Wenn sie sich gefühlt nie für irgendetwas revanchieren können, suchen sie sich Mittel und Wege, um ihre „Dankbarkeit" zu zeigen. Dann kann es beispielsweise passieren, dass sie Dir ständig Geschenke machen oder dass das Verhältnis der Investitionen in die gemeinsame Sache immer ungleicher wird, sie also immer mehr Gas geben und immer mehr investieren während Du immer mehr die Füße hochlegst. Sie versuchen damit ihre Nicht-Qualifizierung für Dich zu kompensieren und ihren subjektiv gefühlten Wert zu erhöhen. Die Wahrscheinlichkeit für dieses Verhalten ist besonders hoch, wenn sie über ein nicht besonders hohes Selbstbewusstsein verfügen. Nun sollte für Dich ein hohes Selbstbewusstsein der Frau aber ein wichtiges Auswahlkriterium sein, denn nur gesunde Frauen, die sich mögen, können langfristig gute Partnerinnen sein. Außerdem sollte der eben geschilderte Mechanismus dieser verhinderten Qualifizierung nicht von Dir benutzt werden, um Frauen abzurichten. Ein richtiger Mann hat so etwas nicht nötig.

Eine feste Beziehung ist eine offizielle Verbindung zwischen zwei Partnern, grundsätzlich weiß jeder Außenstehende über die Verbindung Bescheid — einer der Hauptunterschiede zu den beiden vorangegangenen Modellen. Außerdem sollte es hier um echte Gefühle und Liebe gehen.

Eine Freundschaft Plus oder eine Affäre in eine herkömmliche Beziehung umzuwandeln, kann vielfach ein gangbarer und guter Weg sein, um etwas Festes einzuleiten. Außerdem ist diese Variante eine hervorragende Alternative zu traditionellem Dating: Der Druck ist geringer, die Treffen sind weniger kosten- und zeitintensiv. Weniger Illusion, mehr Echtheit. Man lernt sich gleich richtig kennen, vor allem sexuell. Und wie wichtig Sex ist, hatten wir ja bereits geklärt.

Häufig beginnen zwei Menschen eine feste Beziehung vor dem ersten Sex und merken dann erst nach dem ersten Mal, dass es überhaupt nicht passt. Deshalb sollte man sich mit dem Eingehen fester Bindungen in jedem Fall bis nach dem ersten Sex Zeit lassen.

Wie das konkret gehen soll, eine Freundschaft Plus oder eine Affäre in etwas Festes umzuwandeln? Einfach immer öfter sehen, mehr zusammen unternehmen und irgendwann gemeinsam übernachten. Ihr außerdem weiterhin den besten Sex ihres Lebens bieten — eine Liebesbeziehung definiert sich nun mal hauptsächlich durch Sex. Und wenn der nichts taugt, taugt die ganze Verbindung auf Dauer nichts. Wenn diese Voraussetzungen stimmen, wird sie früher oder später mit dem Wunsch nach einer fes-

ten Beziehung ankommen. Frauen haben diesen Wunsch meist schneller als Männer und die entsprechende Äußerung sollte man auch ihnen überlassen. Viele Frauen reagieren nicht besonders gut auf Männer, die mit einem solchen Wunsch ankommen. Also lieber abwarten und sie den ersten Schritt machen lassen. Die offizielle Beziehung wird sich in jedem Fall irgendwann wie selbstverständlich ergeben, wenn beide ähnlich fühlen.
Egal ob Du eine Freundschaft Plus, eine Affäre oder noch gar nichts mit einer Frau am Laufen hast: Wenn Du unbedingt eine Beziehung mit einer bestimmten Frau willst und den Prozess beschleunigen willst, solltest Du niemals ihre Freundinnen und ihr weiteres Umfeld vergessen. Diese Menschen müssen ebenfalls von Dir überzeugt sein — solltest Du ihre Freunde gegen Dich haben, wird es schwer.
Apropos Umfeld: Nimm die Frau, die Dir gefällt und nicht die, die den lautesten Applaus Deiner Freunde bringt.
Was es bei einer festen Beziehung noch so alles zu wissen und zu beachten gilt, wird Dir der folgende Abschnitt zeigen.

Feste Beziehungen

Das Thema Beziehungen ist mit Sicherheit einer der herausforderndsten Bereiche im Liebesleben eines Mannes — und zugleich wahrscheinlich auch der schönste. Wenn Du die Vierte Stufe der Reife erklommen hast und Sex mit attraktiven Frauen kein großes Thema mehr darstellt, wirst Du mir in diesem Punkt zustimmen.
Eine der größten Herausforderungen im Zusammenhang mit dem weiblichen Geschlecht liegt darin, eine hochklassige Eroberung langfristig zu halten — egal in welcher Art von Beziehung. Auch ich lerne in dieser Hinsicht immer noch dazu und werde das wahrscheinlich noch mein ganzes Leben lang tun. Eine Traumfrau zu verführen ist immer nur der erste Schritt. Frauen erobern ist mit den Ratschlägen dieses Buches relativ schnell möglich. Aber sie zu halten und glückliche monogame oder offene Beziehungen mit ihnen zu führen — da gehört deutlich mehr dazu.
Du solltest nie eine Beziehung mit einer Frau aus Alternativlosigkeit führen. Sich eine Freundin zuzulegen, nur um eine Freundin zu haben, ist

nicht empfehlenswert. Wenn Dir die Frau nicht wirklich zusagt, macht diese Beziehung nicht glücklich und deshalb keinen Sinn. Gehe eine Beziehung nur dann ein, wenn Du es wirklich willst. Ein Mann sollte ohnehin immer nur das tun, was seinen Neigungen und seiner Natur entspricht. Eine freie und bewusste Entscheidung und nichts anderes sollte die Grundlage einer Beziehung sein.

Die beste Strategie um erfolgreich Beziehungen zu führen ist Ehrlichkeit. Nur eine aufrichtige Männerpersönlichkeit schafft es dauerhaft, eine echte Klassefrau zu halten. Ehrlichkeit ist sexy. Frauen mit hohem Selbstwertgefühl geben sich nicht auf Dauer mit einem Lügner ab. Frauen lieben Männer, die sich leisten können, ehrlich zu sein — Aufrichtigkeit muss man sich nämlich tatsächlich leisten können. Frauen wollen genau solche Männer, ganz gleich was das dann unter Umständen für sie bedeuten kann. Keine Frau verdammt einen ehrlichen Mann, der seinen eigenen Weg geht. Auch wenn sie ihn vielleicht nicht halten kann und er weiter zieht. Auch wenn Dein Ziel sein sollte, mehrere Frauen gleichzeitig zu haben, sollte Ehrlichkeit Deine Devise sein — sie ist die beste Grundlage für ein solches Netzwerk. Ich selbst habe selten den Fehler gemacht, eine Frau nicht ehrlich zu behandeln. Aber wenn ich ihn gemacht habe, kassierte ich meist eine gewaltige Quittung. Was ich damit sagen will: Wenn ein Mann niemandem Lügen auftischt, um Sex haben zu können, hat er damit die wichtigste Grundlage für ein glückliches Liebesleben gelegt. Wenn Dich eine Frau fragt, ob Du ihr immer treu sein wirst, dann erzähle ihr keine Märchen mit einem flauen Gefühl im Magen, nur um sie weiter ins Bett zu bekommen. Sag ihr lieber etwas in dieser Art:

„Ob ich dir immer treu bin, kann ich dir nicht sagen — das weiß ich nicht. Keiner weiß was morgen und übermorgen ist. Aber ich kann dir versprechen, dass ich immer ehrlich zu dir bin."

Mit dieser Aussage bist Du wenigstens aufrichtig. Frauen schätzen ehrliche und selbstbewusste Männer so sehr, dass sie mit ihnen schlafen, auch wenn eine monogame Beziehung kaum möglich scheint. Und wenn die Sache damit doch beendet sein sollte, musst Du diesen Preis eben bezahlen und auf Alternativen zurückgreifen. *Knappheitsmentalität* hast Du ja schließlich längst abgelegt.

Frauen gehen offene Verbindungen oft nur aus strategischen Gründen ein — um Dich langfristig eben doch für eine monogame Verbindung zu gewinnen. Oft haben sie mit diesem Vorgehen auch Erfolg. Manchmal ist es für sie auch gar nicht anders möglich, einen Mann einzufangen, der sich auf einer hohen Stufe der Reife befindet und von vielen Frauen angehimmelt wird. So einem Mann müssen sie Freiheiten lassen, um ihn langfristig binden zu können. Deshalb ist es auf einer hohen Reifestufe so einfach, mit mehreren Frauen gleichzeitig etwas anzufangen — auch und gerade wenn man ehrlich zu allen Beteiligten ist.

Für feste Beziehungen gilt fast immer die alte Weisheit „gleich und gleich gesellt sich gern". „Gegensätze ziehen sich an" hat hingegen selten viel Bedeutung, stark voneinander abweichende Lebensstile und Interessen der Partner sind Gift für eine Beziehung. Tiefenpsychologisch scheint es so zu sein, dass wir am ehesten jemanden lieben können, der uns ähnlich ist. Und das ist nicht alles, es geht sogar noch weiter: In einer Studie haben Wissenschaftler herausgefunden, dass Studienteilnehmer ihr eigenes Gesicht, das ins andere Geschlecht transformiert wurde, am attraktivsten fanden. Wirklich erstaunlich, aber wir suchen zumindest teilweise beim Partner nach unseren eigenen Merkmalen.

Für das Verhalten in festen Beziehungen gilt: Sei ein Mensch, mit dem man gerne Zeit verbringt. Bereite der Frau prinzipiell ganz unabhängig davon, ob Du sofort etwas zurückbekommst, eine gute Zeit und gute Gefühle. Gib Wert ohne direkten Anspruch auf einen Gegenwert.

Trotzdem solltest Du langfristig nie mehr in eine Beziehung investieren als die Frau. Richte Dich nie zu sehr nach ihr, sonst ist es bald vorbei. Melde Dich nicht zu oft und übertreibe nichts. Fang nicht zu früh damit an, das Wort Liebe in den Mund zu nehmen. Sei immer Du selbst mit all Deinen Vorlieben und Neigungen, die zu Deiner Persönlichkeit gehören — aber sei die beste Version von Dir, die verfügbar ist.

Nimm Dir das, was Du willst, aber sei nicht wie *Gollum*. Eine Mentalität à la „mein Schatz" ist nicht der richtige Weg. *Gollum* endet furchtbar, weil er immerzu besitzen will.

Freiheit in der Beziehung ist ein ausgesprochen wichtiges Thema: Lass die Leine lang, eingesperrt sein mag niemand. Das richtige Maß an Nähe

und Distanz zu finden, ist eine der Hauptaufgaben eines Paares in ihrer Beziehung. Nur wenn man nicht zu dicht aufeinandersitzt und gleichzeitig nicht zu weit voneinander entfernt ist, kann es über Jahre funktionieren. Immer daran denken: Echte Liebe kann loslassen.
So wie Konfuzius sagt:

„Was du liebst, lass frei. Kommt es zurück, gehört es dir — für immer."

Funktionierende Kommunikation ist unendlich wichtig für lange Beziehungen. Lerne zuzuhören und die Frau aussprechen zu lassen. Verlange im Gegenzug das Gleiche von ihr. Und wenn es Ärger gibt, dann bitte die überschüssige sexuelle Energie möglichst schnell durch guten Sex abbauen. Streiten ist in Ordnung und hat im Normalfall eine positive, reinigende Funktion. Manchmal sind Streits aber auch Ausdruck von schwelenden, unbewussten und möglicherweise unlösbaren Konflikten und ein Zeichen dafür, die Zelte abzubrechen und woanders neu aufzubauen — also Vorsicht, es gilt abzuwägen. Nichtsdestotrotz: Versöhnungssex kann toll sein! Bei Deiner Partnerin etwas Eifersucht zu erzeugen schadet normalerweise nicht, wie gesagt, weiblicher Jagdinstinkt wird durch Konkurrenz geweckt. Nur wenn sie weiß, dass Du auf dem Single-Markt gute Chancen hättest, wird sie sich weiter richtig reinhängen. Die eigene Eifersucht sollte man aber immer möglichst klein halten — Eifersucht ist nichts als Angst vor dem Vergleich.
Fernbeziehungen sind auf Dauer nicht zu empfehlen, wenn überhaupt dann nur ganz oder teilweise offen. Monogamie in langfristigen Fernbeziehungen ist gelebter Masochismus, vor allem wenn man jung ist.
Kurz zur Charakterisierung offener Beziehungen: Meistens spielt körperliche Treue überhaupt keine Rolle, selbst emotionale Treue ist nicht immer Pflicht — manche Leute behaupten schließlich von sich, mehrere Menschen gleichzeitig lieben zu können. Sofern Eifersucht, die wie gesagt nur Angst vor dem Vergleich ist, kein größeres Problem darstellt, bietet eine offene Beziehung eine hohe Lebensqualität. Zeit wird in einer offenen Beziehung relativ freiwillig miteinander verbracht, während in einer herkömmlichen monogamen Beziehung viel größerer Druck herrscht,

freie Zeit gemeinsam zu verbringen. Für viele Menschen scheint die offene Art der festen Beziehung sogar die einzige Möglichkeit zu sein, sexuelle Anziehung über lange Zeit aufrecht zu erhalten. Moderate Eifersucht kann zu diesem Zweck effektiv in Begierde umgewandelt werden. Allerdings sind dafür Spaß am Wettbewerb und sehr hohes Selbstvertrauen wichtige Voraussetzungen. Sind diese erfüllt, können offene Beziehungen ein Höchstmaß an Ehrlichkeit bieten und die Möglichkeit, sich vollkommen ausleben zu können, Geheimnisse anvertraut zu bekommen und Geheimnisse anvertrauen zu können.

Auf der anderen Seite haben offene Beziehungen natürlich auch einige Nachteile, zum Beispiel dass man den Partner körperlich teilen muss ...

Egal welche Form Du für Dich wählst, gib schädlichen Manipulationen keine Chance. Wie können solche negativ manipulierenden Strategien aussehen? Zum Beispiel umfassen sie Methoden wie das Erzeugen von Schuldgefühlen bei Dir oder das Einwickeln, um ungute Ziele zu erreichen. Ködern, Einschüchtern und Ängstigen sind weitere Stichworte. Auch Sexentzug um Ziele zu erreichen und so das eigene Geschlechtsteil als Waffe zu nutzen ist kein besonders gesundes Verhalten.

Lass Dich nicht verarschen, nicht zum Hündchen abrichten und vergiss nie, dass eine gesunde, hochklassige und von sich überzeugte Frau es nur selten nötig hat, diese Arten der schädlichen Manipulation zu praktizieren. Wenn Deine Partnerin auf ungesunde Weise manipuliert, musst Du Konsequenzen ziehen und Dir ernsthaft überlegen, ob Du Deine Zeit mit der richtigen Frau verbringst. Wenn eine Frau versucht, Dich abzurichten und zu *betaisieren*, also einen schwachen Pantoffelhelden aus Dir zu machen, hilft nur stark und unberechenbar bleiben! Gib *Betaisierung* keine Chance!

Oneitis

In einer Beziehung, aber natürlich auch als Single, gibt es eine weitere große Gefahr: Die so genannte *Oneitis*, die ich bereits im Prolog erwähnt habe, muss unbedingt verhindert werden. Ihr Name klingt nicht nur nach Krankheit, sie ist auch eine — eine Art Liebes- und Geisteskrankheit nämlich. Und sie kann fast jeden treffen!

Oneitis oder One-it-is heißt dem irren Glauben zu verfallen, dass es nur die eine Person auf der Welt gibt, mit der man glücklich werden kann. Im Prinzip also eine extreme Ausprägung der *Knappheitsmentalität*. „Die eine oder keine" — man idealisiert diesen Menschen bis zur Unkenntlichkeit und scheint ohne ihn nicht leben zu können. Eine *Oneitis* ist also eine extreme Fixierung auf einen potenziellen oder tatsächlichen Partner. Dabei ist es nämlich zweitrangig, ob man mit dieser Person zusammen war oder ist oder noch nie etwas mit ihr hatte. Man denkt ständig an das Objekt der Begierde und vernachlässigt oft alle anderen Bereiche des Lebens. Man ist von der Frau abhängig wie von einer Droge und würde fast alles für sie tun. Eine Nebenwirkung kann starke Eifersucht sein. Auch Stalker sind häufig Opfer einer *Oneitis* und machen dadurch andere Menschen zu Opfern von physischer oder psychischer Gewalt.

Eine *Oneitis* ist sehr wohl auch in einer Beziehung möglich, meist in Verbindung mit der so genannten paradoxen Leidenschaft: Ein Partner liebt und investiert emotional mehr als der andere und ist dadurch der schwächere Pol. Es kommt bei ihm zur *Oneitis*. Er ist bedürftig, während der andere stark und unabhängig ist. Die Partnerschaft gerät aus dem Gleichgewicht und wird wahrscheinlich irgendwann vom stärkeren Partner beendet werden.

Die Unterscheidung zwischen Verliebtheit oder Liebe und einer Fixierung ist oft nicht einfach. Diese Frage hilft bei der Diagnose:
Geht es Dir besser oder schlechter, seit Du mit der Person zu tun hast?
Oder, anders gefragt:
Verleiht Dir das Gefühl zu dieser Person Flügel oder behindert es Dich?
Eigentlich ist es nämlich ganz einfach: Verliebt geht es einem im Leben besser, fixiert schlechter. Den eigenen Zustand zu erkennen ist der erste Schritt zur Heilung, falls wirklich eine Fixierung vorliegt.
Oneitis unterscheidet sich in mehreren Punkten von Liebe: Echte Liebe kann loslassen, Fixierung nicht. Liebe ist, das Leben miteinander teilen zu wollen, während Fixierung heißt, das Leben miteinander teilen zu müssen. Opfer dieser Krankheit wird man leichter, wenn Defizite im eigenen Leben oder in der eigenen Persönlichkeit vorliegen: Der falsche Job, eine ungünstige Wohnsituation, das falsche Gewicht, innere Unsicherheiten und

andere Baustellen, die behoben werden müssen. Daraus entstehende Unzufriedenheiten führen schnell dazu, die Lösung in einer anderen Person zu suchen — obwohl man eigene Probleme natürlich immer nur selbst lösen kann. Versuche deshalb niemals Löcher in Deinem Leben oder in Deiner Persönlichkeit mit einer Frau zu stopfen, es funktioniert nicht!

Weitere Ursachen einer Fixierung sind Mangel an Alternativen, zu wenig soziale Kontakte, falsche Erziehung und falsche Vorstellungen vom Leben und der Liebe. Ein Partner soll das eigene Leben nur bereichern, nicht ausmachen — egal was Hollywoodfilme uns weismachen wollen. Kein Mensch gehört auf ein Podest und Geschlechtspartner sollten nie der Mittelpunkt des eigenen Lebens sein.

Wenn Du durch oben genannte Fragen tatsächlich eine Fixierung bei Dir diagnostiziert hast, musst Du handeln. Um eine entstehende oder bereits vorhandene *Oneitis* zu bekämpfen, gibt es viele Dinge, die Du tun kannst:

1. Auch in festen Beziehungen die eigene Unabhängigkeit niemals aufgeben.
2. Nie deutlich mehr in eine Beziehung investieren als die Partnerin.
3. Defizite im eigenen Leben immer konsequent angehen und ausmerzen.
4. Löcher in der eigenen Persönlichkeit erkennen und an ihnen arbeiten.
5. Falsche und verklärte Vorstellungen von Liebe korrigieren.
6. Niemanden über Dich und auf ein Podest stellen.
7. Auch in einer festen Beziehung mögliche Alternativen nie ganz aus den Augen verlieren.
8. Immer für ausreichend soziale Kontakte sorgen.
9. Wenn Du in einer Beziehung bist, musst Du Dich schleunigst von Deiner Partnerin emanzipieren und distanzieren und die eigene Souveränität wiederherstellen. Sprich offen und ehrlich mit ihr darüber.
10. Ersatzbeschäftigungen wie Sport, Hobbys, Partys, Urlaube und Arbeit helfen.
11. Geh raus und lerne neue Leute kennen.
12. Zur Not helfen manchmal nur Kontaktabbruch und die Beendigung der wie auch immer gearteten Beziehung zum Objekt der Begierde.

13. Um eine *Oneitis* letztendlich zu überwinden sind möglichst viel Kontakt zu und *Sex mit anderen Frauen* am wichtigsten.

Gute Besserung!

Ä2: Gesundheit, Fitness und Ernährung — *Langfristiger Erfolg*

*„The resistance that you fight physically in the gym
and the resistance that you fight in life
can only build a strong character."*
(Arnold Schwarzenegger)

Mittlerweile solltest Du Dich bezüglich Deiner Gesundheit auf gutem Wege befinden, um langfristig das Leben in vollen Zügen genießen zu können. Falls Du allerdings bis zu diesem Punkt nur gelesen statt gehandelt haben solltest, wird es nun wirklich Zeit für Dich. Nimm jedes Kapitel und jeden Abschnitt ernst und setze die enthaltenen Ratschläge und Aktionspläne um.
Deine Zeit ist begrenzt und ohne Gesundheit ist alles nichts. Ohne Gesundheit bricht die Basis weg. Sicherlich können wir nicht alles beeinflussen, was unsere Gesundheit angeht, aber die Grundlagen können wir durch Sport und Ernährung durchaus legen. Unsere Lebensqualität und -dauer können wir so enorm beeinflussen. Kein Geld und keine Frau der Welt werden Dir in Zukunft von Nutzen sein, wenn Deine Gesundheit nicht mitspielt. Denke an die *28.000 Tage* eines Lebens, die ich bereits erwähnt habe. Vielleicht hast Du davon bereits die Hälfte erlebt, vielleicht schon mehr. Genieße den Rest Deiner Zeit in vollen Zügen und nutze ihn! Ich möchte Dir möglichst viel für Deinen langfristigen Erfolg in Sachen Gesundheit, Fitness und Ernährung mitgeben. Hier geht es nicht um kurzfristige Erfolge, sondern um dauerhafte Änderung von Gewohnheiten und kontinuierliche Verbesserung Deines Lebensgefühls. Ein funktionierender Körper ist eine der wichtigsten Grundlagen für ein glückliches Leben — er ist der Schrein der Seele.

Mich wundert es immer wieder, wie fürsorglich manche Männer mit ihrem neuen Auto umgehen, während sie ihre wichtigste Maschine wie Dreck behandeln. Ihr Auto bekommt das beste Öl, während ihr Körper mit Müll geradezu vollgestopft wird. Und am Ende wundern sie sich, warum ihr Körper streikt. Auf die Idee, mit ihrem Körper wie mit ihrem Auto umzugehen, kommen die meisten trotzdem nicht.
Echte Frauenhelden tun etwas dafür, um das Leben bis ins hohe Alter genießen zu können. Schauen wir uns nun die Trainingspläne für Fortgeschrittene an, um Dich noch weiter zu bringen.

Dein Fitnesstraining — Teil III

Wenn Dir das Advanced-Training mittlerweile zu leicht fällt, solltest Du auf das Pro-Programm umsteigen.
Das Aufwärmen besteht wie immer aus zehn Minuten Armkreisen, Hüftkreisen, Hampelmann und Skippings. Diese Übungen wurden im entsprechenden Abschnitt im Kapitel zur Zweiten Stufe der Reife genauer beschrieben.
Im Pro-Modus solltest Du die drei Runden so schnell wie möglich hintereinander durchführen und drei Mal die Woche alles geben.

1. Sprung-Kniebeugen.
Startposition:
Schulterweiter Stand, Zehen leicht nach außen gedreht. Gehe in die Kniebeuge während Du Deine Arme an die Seiten Deines Körpers presst. Bitte nur so tief in die Kniebeuge gehen, wie Du Deinen Rücken gerade halten kannst. Dein Körpergewicht ruht dabei auf den Fersen. Deinen ganzen Körper und vor allem Deine Bauchmuskeln unter Spannung setzen und Deinen Blick aufrecht halten.

Ausführung:
Nutze Deine Arme um Schwung zu holen, springe in die Höhe als würdest Du versuchen, mit den Händen die Decke zu berühren. Lande sanft in der Ausgangsposition.
Führe 20 Wiederholungen pro Runde durch.

2. Liegestützen mit Rotation in den Seitstütz.
Startposition:
Wie immer bei Liegestützen: Die Fußspitzen sind auf den Boden aufgestellt. Der Körper ist langgestreckt. Deine Hände sind im schulterbreiten Abstand auf der Höhe der Brust unter dem Oberkörper platziert.

Ausführung:
Führe zunächst eine gewöhnliche Liegestütze aus. Drehe Dich danach so, dass Dein gestreckter Arm Richtung Decke zeigt und blicke dabei auf die erhobene Hand. Beide Füße drehen sich mit ein, der untere auf die Außenseite der obere auf die Innenseite. Kehre nun zurück in die schulterbreite Position, führe eine weitere Liegestütze aus und drehe Dich dann auf die andere Seite mit erhobenem Arm. Halte während der ganzen

Übung die Bauchmuskeln auf Spannung.
Führe 20 Wiederholungen pro Runde durch.

3. Pull-ups.
Ausführung siehe entsprechende Stelle im Kapitel zur Dritten Stufe der Reife.
Führe 15 Wiederholungen pro Runde durch.

4. Burpees.

Startposition:
Beine hüftweit auseinander, Arme an die Seiten des Körpers legen.

Ausführung:
Beuge Deinen Oberkörper vornüber und bringe dabei beide Hände an die Außenkanten Deiner Füße. Stütze Dich auf die Hände und ziehe zuerst den einen Fuß nach hinten in die Liegestützposition danach den anderen. Lege Dich auf den Boden, zuerst die Knie, dann das Becken und danach den gesamten Oberkörper. Halte die Ellenbogen nah am Körper, blicke in Richtung Boden. Richte Dich wieder auf, erst den Oberkörper, dann das Becken und dann die Knie. Bringe einen Fuß nach dem anderen zur Innenkante Deiner Hand. Richte Dich wieder auf und hole mit Deinen Armen Schwung. Springe mit den Händen voran in Richtung Decke und lande möglichst sanft in der Startposition. Du kannst das Ganze härter gestalten indem Du in die Liegestützposition springst.
Führe zehn Wiederholungen pro Runde durch.

5. Schwimmer-Sit-ups.
Startposition:
Lege Dich flach auf den Rücken, hebe Beine und Arme an, damit Fersen und Hände in der Luft sind.

Ausführung:
Rolle Dich explosiv zusammen und fasse mit beiden Händen an Deine Schienbeine, damit Du nur noch auf Deinem Becken sitzt. Rolle Dich Wirbel für Wirbel wieder in die Startposition. Lasse den unteren Rücken in der Startposition immer mit dem Boden in Kontakt.
Führe 20 Wiederholungen pro Runde durch.

Danach Cool Down wie gehabt, siehe Kapitel zur Zweiten und Dritten Stufe der Reife an entsprechender Stelle.

Nun ist es Zeit, etwas zu entspannen ...

Meditation

Ich habe Dir bereits ans Herz gelegt, immer im Jetzt und stets den Moment zu leben. Dadurch verstärkt sich Deine positive Wirkung auf andere Menschen, Du wirst kommunikativer und wirkst sympathischer auf andere Menschen.
Um Deine Willenskraft zu stärken und Dir auch in stürmischen Zeiten eine ruhige Hand zu verleihen, empfehle ich Dir, mit Meditation zu beginnen. Mentales Training lässt Dich Kraft schöpfen, außerdem fördert es Deine Kreativität und Deine Ausstrahlung. Die meisten Menschen, die regelmäßig meditieren, berichten von einer erstaunlichen Wirkung auf ihren Geist und ihr Wohlbefinden. Ich möchte nicht zu tief in dieses Thema einsteigen, da es sonst den Rahmen dieses Buches sprengen würde. Trotzdem möchte ich Dich mit diesem Abschnitt dazu inspirieren, Meditation tatsächlich auszuprobieren. Zehn Minuten am Tag reichen völlig aus, um Effekte zu erzielen. In der Bücherliste auf meiner Website findest Du ausgewählte Literatur zu diesem Thema. Eine kleine Einführung in die Welt der Meditation will ich Dir aber jetzt schon mit auf den Weg geben. Dimme das Licht, entzünde eine Kerze und sorge für leise meditative Klänge, wenn Du das willst. Setze Dich in absolut ruhiger Umgebung im Schneider- oder Lotussitz auf einen nicht zu harten Untergrund, vielleicht auch auf ein Kissen. Richte Deinen Rücken auf und halte den Kopf

gerade. Nun die Handflächen nach oben auf die Knie legen. Deine Gedanken werden kommen und gehen, was anfangs auch vollkommen in Ordnung ist. Konzentriere Dich einfach auf Deinen Atem und wie er in Deine Lunge hinein- und wieder hinausströmt. Immer wenn Deine Gedanken wieder beginnen zu kreisen, verstärkst Du die Konzentration auf Deinen Atem. Darum geht es am Anfang. Atme tief ein und langsam wieder aus. Fühle Dich wohl dabei. Nach ungefähr fünf Minuten zählst Du ganz langsam im Kopf von eins bis zehn. Das Ziel ist es, bei zehn anzukommen, ohne ein einziges Mal auch nur ein wenig gedanklich abzuschweifen. Wenn Du abdriftest, musst Du wieder bei eins anfangen. Ohne abzuschweifen bis fünf zu kommen ist für den Anfang ein sehr gutes Ergebnis. Wenn Du es irgendwann bis zehn schaffst, schreibe mir bitte eine E-Mail. Dann möchte ich Dich unbedingt kennen lernen!

Ä3: Lifestyle, Fashion und Pflege —
Langfristige Attraktivität

Dein Erfolg bei Frauen und im Leben hängt maßgeblich davon ab, wie groß Dein persönliches Universum ist. Wenn Du nur daheim sitzt und Videospiele spielst, ist Dein Universum sehr klein. Der Erfolg bei Frauen und im Leben wird dem ungefähr entsprechen. Wenn Du aber Deinen Komfortbereich verlässt, ins kalte Wasser springst und fremde Orte erkundest, wird Dein Erfolg stetig wachsen.
Wachstum Deiner Persönlichkeit und Deiner Möglichkeiten findet nur außerhalb Deiner Komfortzone statt. Wie Du die Welt erlebst, erfährst und bereist ist dafür ganz entscheidend. Reisen in fremde Länder und neue Erfahrungen machen Dich langfristig attraktiv, weil sie Dir niemand nehmen kann und Du ein Leben lang davon zehrst. Eine Weltreise zu machen kann Dich weiter bringen, als Du jemals geahnt hättest. Aber auch neue sportliche Herausforderungen, beispielsweise in einem Extremsport, können Dir einen neuen Schub geben und Deine Ausstrahlung langfristig verändern. Während dieses Buch entstanden ist, hat ein Österreicher namens Baumgartner sich in einen Grenzbereich begeben, den noch nie zuvor ein Mensch betreten hat. Aus dem Weltall mit einem Fallschirm zu

springen ist eine Erfahrung, die ihm niemand mehr nehmen kann und ihn nie wieder loslassen wird. Sie ist deshalb von unschätzbarem Wert. Mache Du Deine Erfahrungen von unschätzbarem Wert!
Erweitere Deinen Komfortbereich in jedem Bereich des Lebens — nicht nur was Frauen angeht — und Deine Attraktivität wird immer weiter wachsen. Dann wirst Du erfahren, was wahres Lebensglück bedeutet. Ein Mann braucht dieses Gefühl von Freiheit und Abenteuer. Nur so wirst Du Deiner Lebensvision näher kommen und Deine Ziele erreichen.

Ä4: Karriere, Ziele und Vision — *Umsetzung Deiner Pläne*

DULG

Nun will ich ein Thema ansprechen, dass nicht wirklich rational erklärbar oder wissenschaftlich untermauert ist. Nichtsdestotrotz halte ich es für wichtig, Dir diese Erkenntnis mit auf den Weg zu geben.
In diesem Abschnitt geht es um ein Phänomen, das ich regelmäßig in meinen Coachings beobachte und zigfach bei mir selbst festgestellt habe. Ich habe mittlerweile aufgehört, es in Gänze verstehen zu wollen. Dafür habe ich begonnen, es meinen Coachees zu zeigen. Einen Namen hat es auch.
DULG — das Universum liebt Geschwindigkeit.
DULG ist eine Erkenntnis, die es nicht nur im Umgang mit dem anderen Geschlecht zu berücksichtigen gilt — aber in diesem Bereich eben ganz besonders. Das gilt besonders für das Kennenlernen fremder Frauen. Immer wieder habe ich die gleiche Abfolge von Ereignissen erlebt: Ich sehe eine Frau der Kategorie „auf dich habe ich die letzten Monate gewartet", zögere sekundenlang mit dem Ansprechen und dann … ist sie weg. Blitzschnell. Verloren für immer. Fast jedes Mal wenn ich zögere, werde ich dafür bestraft. Die Frau ist entweder vom Erdboden verschluckt oder die Situation wird in anderer Weise so ungünstig, dass nichts mehr zu retten ist. Vielleicht kennst Du diese Situationen ja auch.
Ich habe mir deshalb angewöhnt, immer sofort zu reagieren. Fast immer werde ich dafür belohnt und meinen Coachees geht es genauso. Das ist

DULG. Die Drei-Sekunden-Regel, wirst Du jetzt vielleicht sagen. Ja, die Drei-Sekunden-Regel, genau. Aber noch viel mehr als das! Gewissermaßen die spirituelle, übergeordnete Ebene dieser Regel. Spontaneität wird einfach immer belohnt, nicht nur beim Ansprechen fremder Frauen. Sie erzeugt einen natürlichen Fluss, der automatisch zum Erfolg führt. Das Universum scheint schnelles Handeln wirklich zu lieben und belohnt es — in jedem Bereich des Lebens. Richte Dich danach, auch in den Feldern Karriere und Lebensziele. Wer zu spät kommt, den bestraft das Leben, wie Michail Gorbatschow gesagt haben soll.

KLUW

Das KLUW-System habe ich von einem meiner Vorbilder gelernt und bereits ansatzweise in diesem Buch gestreift. KLUW steht für konstant lernen und wachsen. Wenn Du Dir KLUW zur Lebensmaxime machst, wirst Du in allen Lebensbereichen Erfolg haben. Leben heißt nun mal Lernen, so lange Du lebst befindest Du Dich in einem kontinuierlichen Verbesserungsprozess. Kaizen, wie die Japaner das nennen. Wer nicht mehr dazulernt ist so gut wie tot.
Wenn Du ein erfolgreicher Mann werden willst, ist diese Lebensweise zwingend notwendig. Egal ob Du Traumfrauen erobern oder Millionen machen willst — ohne Lernen funktioniert keins von beiden. Ich verdiene mein Geld mit dem Trainieren, Ausbilden und Coachen von Männern, die in ihren Erfolg bei Frauen und ihre Persönlichkeit investieren. Sie kommen zu mir und bezahlen mich dafür, dass ich sie berate, anweise, ihnen in den Arsch trete und ihnen den Kopf wasche. Ich bin der, der sie auf den richtigen Pfad bringt, den Pfad Richtung konstant Lernen und Wachsen. Durch meine Seminare und Workshops haben sie einen wesentlichen Vorteil: Ihr Lernen und Wachsen geht sehr viel schneller als bei anderen Männern. Statt Versuch & Irrtum, endloser Stagnation oder sogar möglichen Rückschritten ist auf diese Weise kontinuierlicher Fortschritt möglich. Sie sparen viel Energie, Zeit und Fehlschläge. Denn nur weil man weiß was falsch ist, weiß man noch lange nicht was richtig ist. Sich den Weg von Profis weisen lassen, ist deshalb immer die cleverste Variante.

Umso erstaunlicher ist es für mich, wie viele Männer ohne jeden Erfolg versuchen, sich alleine durch das Dickicht zu kämpfen. Leider bleiben 90 % irgendwo hängen und kommen niemals in den Rhythmus von konstantem Lernen und Wachsen.

Ich selbst habe im Laufe meiner beruflichen Laufbahn unzählige Seminare, Trainings und Coachings besucht und auf diese Weise einen hohen fünfstelligen Betrag in meine eigene Entwicklung investiert, um von den besten Männern unterschiedlichster Fächer zu lernen. Es reicht eben meist nicht aus, nur Bücher zu lesen und sich Vorbilder zu suchen. Ein ums andere Mal habe ich feststellen müssen: Der größte Erfolg stellt sich ein, wenn man sich von seinen Vorbildern persönlich coachen lässt!

Ä5: Familie, Freundschaften und Glück — *Zukünftige Entscheidungen*

Um es kurz zu machen: Bei wichtigen Entscheidungen wie eine gemeinsame Wohnung oder eine Familiengründung solltest Du Dich nie von anderen Leuten drängen lassen. Es ist Dein Leben und Dein Glück. Wenn schwerwiegende Entscheidungen anstehen, solltest Du mit Pro-und-Contra-Listen arbeiten, um Vor- und Nachteile genau abzuwägen. Ein DINA4-Blatt, links die Contra-Punkte, rechts die Argumente dafür und in der Mitte ein Strich. Und wenn diese Liste fertig ist, wirst Du wissen, was zu tun ist.

Zusammenfassung von Teil E. Die Vierte Stufe der Reife

- Beachte immer das Dreieck der Veränderung, wenn Du Dinge wirklich ändern willst.

- Arbeite an Deinem Charisma. Diese besondere Gabe ist eigentlich keine Gabe, denn sie ist erlernbar.

- Perfektioniere Deine Techniken und Qualitäten im Bett. Eigne Dir jedes Wissen an, dass Du erlangen kannst.

- Lass Dich in Beziehungen nicht negativ manipulieren oder betaisieren. Manipuliere auch Du nicht negativ und sei immer ehrlich.

- Wehre den Anfängen einer *Oneitis*. Eine Fixierung ist nie eine Option für Dich.

- Probiere Meditation aus. Sie wird Dir Dinge ermöglichen, die Du vielleicht noch nicht für möglich hältst.

- Erweitere Dein persönliches Universum.

- Merke Dir: Das Universum liebt Geschwindigkeit.

- Höre nie auf zu lernen und zu wachsen.

- Bei wichtigen Entscheidungen, die Deine Zukunft betreffen, solltest Du Dich nicht drängen lassen. Benutze Pro-und-Contra-Listen, um möglichst rationale Entscheidungen zu treffen.

F.
Die Fünfte Stufe der Reife

„Wer einmal das Außergewöhnliche erfahren hat, kann sich nicht mehr an die Normen des Durchschnitts binden."
(Richard Bach)

Da wären wir — auf der Fünften Stufe der Reife, ja, der höchsten Stufe. Der Weg ist nicht zu Ende, aber erreicht wurde viel. Du bist aufgewacht, hast Methoden gelernt und dann wieder hinter Dir gelassen, Dein Charisma aufgebaut und an allen Faktoren Deiner Person und Deiner Persönlichkeit gearbeitet, die mit der Anziehungskraft auf Frauen zu tun haben. Wenn Du alle Ratschläge dieses Wegweisers befolgt hast, wird ab hier alles ohne größeren Kraftaufwand funktionieren. Vieles ist nun sogar spielend einfach. Frauen geben Dir ihre Nummer, ohne dass Du noch großartig Worte verlieren musst. Sie überhäufen Dich mit Ansprecheinladungen und Du kannst Dir ihres Interesses sicher sein, egal wo Du hinkommst. Du bist immer im Mittelpunkt, wenn Du das willst. Und Du hast es längst nicht mehr nötig, irgendjemanden zu beeindrucken. Du bist der, der beeindruckt werden muss. Ja, genau so ist es!

Was bedeutet hohe Reife noch? Hohe Reife bedeutet auch, immer gelassen und besonnen zu bleiben, andere Leute nicht abzuwerten oder auf Podeste zu stellen und ein gesundes Gefühl für die eigene Verantwortung zu haben. Handle danach und gehe verantwortungsvoll mit Deinen Fähigkeiten um. Sie sind mittlerweile so stark, dass sie als Waffe missbraucht werden könnten. Nutze sie ausschließlich für gute Zwecke! Um so weit zu kommen, war jeder Handgriff, jeder Schritt, jeder Korb, jeder *Approach*, jede Niederlage und jeder Kuss nötig. Ohne all diese Ereignisse wärst Du nicht hier. Niemals wärst Du ohne die Anstrengung, den Schweiß und Deine Disziplin so weit gekommen. Du hast es geschafft!

Ich konnte diesen Wegweiser verfassen, weil ich diesen Weg, den ich hier beschrieben habe, vor Dir gegangen bin. Ich habe bewusst in einigen Bereichen auf allzu detaillierte Ausführungen verzichtest, weil es in erster Linie darum geht, dass Du Deinen eigenen Stil entwickelst, Deine eigene Persönlichkeit ausbildest und Deine eigene Reise antrittst. Meine Anregungen sollten nur dazu dienen, Dir auf dieser Reise Orientierung zu geben.

Die Fünfte Stufe der Reife erreichst Du nur, wenn Du alles loslässt und Deinen eigenen Weg gehst. Einen Weg, den vor Dir noch keiner gegangen ist, weil nur Du ihn gehen kannst. Auf dem Weg zur Fünften Stufe kann man in keine fremden Fußstapfen mehr treten, man muss seine eigenen hinterlassen.

Hinterlasse auch weiterhin Deine Spuren in dieser Welt. Vielleicht verfasst Du ja irgendwann ein eigenes Buch — Dein Buch des Lebens schreibst Du in jedem Fall. Schließlich bist Du jetzt mit der *24/7-Lebenseinstellung* gesegnet: 24 Stunden am Tag und sieben Tage die Woche voll da sein, den Moment genießen und das beneidenswerte Leben eines Frauenhelden voller Sex, Glück und Erfolg führen. Eine wundervolle Frau in Dein Leben zu ziehen ist jetzt so normal wie einen schönen Abend mit Deinen Freunden oder Deiner Familie zu verbringen.

Doch nicht nur das. Du bist jetzt Mitglied der *Secret Society*. Seit Du nur noch Möglichkeiten statt Probleme siehst, gehörst Du zu ihr. Die *Secret Society* ist eine Gemeinschaft vieler Frauen und höchstens 5 % aller Männer. In diese Gesellschaft wird man nicht eingeladen. Über diese Gesellschaft spricht auch niemand, aber jeder der dazugehört weiß davon. Eine Gesellschaft, deren Mitglieder sich keine Vorwürfe für ihre Lust am Leben machen. Frauen leben in dieser Gesellschaft ihre intimsten Fantasien aus. Männer, die Frauen für ihre Sexualität als Schlampen verurteilen, haben keinen Zutritt. Ein echter Frauenheld würde so etwas niemals tun. Er liebt Frauen und ist bereit, in voller Hingabe mit ihnen zu verschmelzen. Und genau dafür wird er von Frauen begehrt.

Wenn Frauen Dir begegnen, sehen sie in Deinen Augen, dass Du zur *Secret Society* gehörst. Sie geben sich Dir hin, wenn Du das willst — was zu den schönsten Dingen gehört, die einem Mann im Leben passieren können. All Deine Mühen haben sich gelohnt!

Spätestens auf der Fünften Stufe der Reife wird es nun noch Zeit, den

Sinn des Lebens zu streifen. Ich will dieses abendfüllende Thema gar nicht allzu weit ausbreiten. Vor allem nicht, weil die berühmte Frage nach dem Sinn des Lebens für mich relativ schnell zu beantworten ist:

Der Sinn des Lebens ist, dem Leben einen Sinn zu geben.

Du hast in Deinem Leben damit begonnen. Bitte führe es genau so fort.

Epilog

Nun weiß ich immer noch nicht, wer Du bist und wo Du Dich gerade aufhältst. Aber ich bin mir absolut sicher, dass Du eine lange Reise begonnen hast und bereits sehr weit gekommen bist. Ich kann mich noch genau erinnern, wie ich mich damals gefühlt habe. Deshalb kann ich mir vorstellen, was jetzt in Dir vorgeht. Vieles hast Du erlebt und vieles hast Du noch vor Dir. Es gibt da draußen noch etliches zu entdecken. Zahlreiche Abenteuer warten nur darauf, von Dir bestanden zu werden.

All das, was Du durch dieses Buch erfahren und gelernt hast, wird Dich in Deinem restlichen Leben begleiten. Ich bin sehr gespannt, was Du daraus machst. Blättere auf bestimmte Kapitel zurück oder lies das ganze Buch ein zweites Mal, falls Du das Gefühl hast, nicht alles behalten zu haben.

Deine Heldenreise ist an dieser Stelle noch lange nicht zu Ende, ganz im Gegenteil. Ich wünsche Dir dabei das Beste, was Du Dir vorstellen kannst. Gib Deinem Leben noch mehr Wert und Sinn und koste es bis auf den letzten Atemzug aus. Falls nötig, erfinde Dich völlig neu. So wie Phönix, der verbrennt, um aus seiner eigenen Asche neu zu erstehen. Er ist nicht ohne Grund das Logo meiner Akademie.

Lass mich Dir zum Abschluss eine Geschichte von Hernán Cortés erzählen, einem der berühmtesten spanischen Eroberer der Geschichte. Er landete 1519 an der Küste des damals noch vollkommen unbekannten Aztekenreiches. Ein riesiges fremdes Land voller Gold, Diamanten und vieler anderer unermesslicher Schätze, wie sich kurz nach seiner Ankunft bald herausstellte.

Cortés hatte direkt nach seiner Landung Befehl erhalten, sofort wieder Richtung Heimat zu segeln. Angesichts der prächtigen Reichtümer in diesem Land wollte er aber als Held nach Spanien zurückkehren. Mit diesen unglaublichen Mengen an Gold und Edelsteinen an Bord könnte ihm das trotz einer Befehlsverweigerung gelingen, so glaubte er.

Ohne Umschweife sein Ziel verfolgend, gründete er auf eigene Faust und damit gegen den Willen seines Königs eine Kolonie, um das schier unendliche Reich zu erobern. Wohl wissend, dass ihm bei einem Scheitern dieser Mission wegen Befehlsverweigerung daheim die Todesstrafe drohte — falls er den Krieg mit den militärisch überlegenen Azteken überhaupt überleben sollte. Seine Situation war demzufolge geradezu aussichtslos, er aber war zu allem entschlossen. Um sein ehrgeiziges Ziel zu erreichen und um diese monumentale Entscheidung zu zementieren gab er seinen Männern folgenden Befehl:

„Verbrennt die Schiffe!"

Cortés nahm sich und seinen Leuten bewusst die Möglichkeit zur Flucht. Nun gab es nur noch zwei Möglichkeiten: Im Krieg mit dem übermächtigen Volk der Azteken zu fallen oder einen glorreichen Sieg zu erringen, der in die Geschichtsbücher eingehen würde. Er setzte alles auf eine Karte — und siegte.

Wann verbrennst Du Deine Schiffe?

MathewM

Empfehlungen

„Der Weg des wahren Mannes: Ein Leitfaden für Meisterschaft in Beziehungen, Beruf und Sexualität" von David Deida

„Die 6 Säulen des Selbstwertgefühls: Erfolgreich und zufrieden durch ein starkes Selbst" von Nathaniel Branden

„Erfolg bei Frauen: Wie Sie Ihre sexuelle Anziehungskraft erhöhen, gekonnt verführen und regelmäßig Sex haben" von Kolja Alexander Bonke

„Fieldwork Unfolded - Episode 1: Streetgame Special" mit Mathew Lovel und Maverick Zabel

„Flirten lernen 2.0: Trainiere Dein Charisma" von Mathew Lovel

„Germany's Dating Gurus Live: Frauen treffen, erobern und halten" von und mit Mathew Lovel

„Interview mit dem Dating-Experten Mathew Lovel (Dating-Tipps für Männer)" von Mathew Lovel

„Interview mit dem Dating-Experten Kolja Alexander Bonke (Dating-Tipps für Männer)" von Kolja Alexander Bonke

„Jetzt! Die Kraft der Gegenwart" von Eckhart Tolle

„Training ohne Geräte: Fit mit dem 3D-System" von Kolja Alexander Bonke, Mathew Lovel und 3D-FitnessTeam

„Weck den Sieger in dir! In 7 Schritten zu dauerhafter Selbstmotivation" von Alexander Christiani

3D-FitnessTeam, Frankfurt am Main: www.3d-fitnessteam.com